道德战争

MORAL WAR

现代中国
在价值观上的挑战

张东才 著

中国发展出版社
CHINA DEVELOPMENT PRESS

图书在版编目（CIP）数据

道德战争：现代中国在价值观上的挑战 / 张东才著.
北京：中国发展出版社，2014. 7（2014. 11重印）

ISBN 978-7-5177-0185-9

Ⅰ. ①道… Ⅱ. ①张… Ⅲ. ①社会主义建设—价值论—研究—中国 Ⅳ. ①D616

中国版本图书馆CIP数据核字（2014）第142734号

书　　名：道德战争：现代中国在价值观上的挑战
著作责任者：张东才
出 版 发 行：中国发展出版社
（北京市西城区百万庄大街16号8层　100037）
标 准 书 号：ISBN 978-7-5177-0185-9
经　销　者：各地新华书店
印　刷　者：北京昌平开拓印刷厂
开　　本：787mm×1092mm　1/16
印　　张：21.5
字　　数：260千字
版　　次：2014 年 7 月第 1 版
印　　次：2014 年 11 月第 2 次印刷
定　　价：39.80元

联 系 电 话：（010）68990535　68990692
购 书 热 线：（010）68990682　68990686
网 络 订 购：http：//zgfzcbs.tmall.com
网 购 电 话：（010）68990639　88333349
网　　址：http：//www.develpress.com.cn
电 子 邮 件：10561295@qq.com

推荐序

今年四月，一个世界银行与联合国都有参与的国际机构“国际比较计划”（ICP，International Comparison Program）宣布了一项调查结果，颇使西方世界的人感到震撼。事缘世界各国的物价都不大相同，要比较国与国之间国力的话，必要先把货币之间的汇率及物价的差别做出调整，才可用所谓的“购买力平价”去计算GDP。但ICP发现，过去的计算都低估了中美两国物价的差别，现在经过纠正后，估计在2014年中国的GDP便要首次超过美国，比过去的预期早了几年。但当然，若按官方汇率计算而不理物价差别，中国的GDP要成为世界第一还要多等几年。

这是了不起的成就。事实上，中国经济以史无前例的速度增长，对世界确实带来了重大影响。世界银行一项研究发现，量度整体世界人民收入分布的“基尼系数”，自18世纪工业革命以来，近年首度呈现下降趋势，反映世界人民的贫富差距开始缩窄，而其中最重要的原因，是中国数以亿计的贫穷人口收入得以上升。

但在这些振奋人心的风光背后，我们仍不能不停下来，想一想。就算中国经济的整体板块超越美国，这也只是一个单项冠军，离开十项全能，真正的大国崛起，还差得很远。况且以人均收入计算，中国还不及发达国家的1/4。股票市场有名言，过去的成功不能保证将来的成功。究竟中国会否跌入“中等收入陷阱”，还是会深陷“贪污腐败陷阱”不能自拔，以致“中国梦”破碎，这都是我们必须关注的问题。

从乐观的角度看，“中国梦”能圆的机会并不低。经济能否继续发展，社会能否继续进步，很视乎资本和人力资源积累的速度。而这两方面，中国颇受益于一些传统价值观念。中国文化自周公开始，已显然有“慎始慎终”的忧患意识，积谷防饥的心态更是被人民视作理所当然。中国的总体储蓄率高达GDP的50%以上，与新加坡成为叮当马头，并非偶然。高储蓄率所造成的资本积累，是保证“明天会更好”的重要力量。中国人民重视教育，父母每每肯为子女教育付出重大牺牲，早已闻名世界。当我们在一些内地的书店或是图书馆中看到小孩子埋头阅读，便不能不充满希望，这些勤奋小孩所累积到的人力资本，可使他们在二三十年后成为社会栋梁，使中国能站稳在世界之林中，屹立不倒。

就算是颇难解决的贪污腐化问题，我们也有不用过于悲观的理由。有经济学家发现，中国1996年的实质人均GDP与1870年的美国十分接近，但当年的美国贪污程度的恶劣，是中国1996年的七八倍。到了2009年，中国的人均实质GDP已等于1928年的美国，但1928年的美国的贪污一样不低于2009年的中国。从此等历史史实中，也许我们可安慰自己，中国的贪污可能只是国家发展阶段中一种过程，将来到经济更发达时，此等恶疾有希望能逐步解除。

此种愿望可能成真，也可能成为泡影。我们若只是把所有社会中负面的现象看作是历史的必然，并机械地寄望它们能被经济与社会的发展自动解决，那么在二三十年后，我们有很大的机会看到，这些问题不但不会消失，而且贪污更恶化，贫富差距更大，人与人之间漠不关心，大家一同好食懒飞。

要避免此等结局，我们要充分发挥主观能动性，而其中很重要的一环，便是社会中要不断有人跑出来指出重建优质价值观念及道德的重要性，使我们在向前急跑中不致迷失方向。

我认识张东才教授20多年，知道他年轻时已是“保钓”大将[①]，历来关心国事关心社会。在5年前开始，他在香港科技大学创立了一个平台[②]，使不同领域的同事和学生能一起辩论热门的重大社会议题。东才兄是杰出的科学家，看社会事物自有一套建基于生命科学的独特观点。他正是我上面提到的，社会所需要的敢于站起来说出自己意见，使我们不会迷路的公共知识分子。他把他的观点集结成书，是我们的一种福分。

是为序。

雷鼎鸣

著名经济学家，香港科技大学经济发展研究中心主任

2014年6月

---

① “保钓”是指海外留学生从1970年代初开始的“保卫钓鱼岛运动”。该运动的主旨是维护中国领土主权。

② 这个平台的正式名称是“香港科技大学跨学科论坛”，简称“科大论坛”。详情见 http://blog.sciencenet.cn/blog-226454-584779.html

自序

自从新的一届政府上台以后，“中国梦”成了一个很热门的词。不过，对于许多中国知识分子来说，“中国梦”在过去100多年其实一直存在于他们的心中。中国在最近两个世纪经历了很多苦难，只有在最近30年改革开放以后，我们的国家才得到蓬勃的发展。今天中国在世界上已经有了举足轻重的地位。作为一个中国人，我们感到充满希望。这个所谓“中国梦”已经不是遥不可及的幻想，而是一个可以实现的理想！

所谓“中国梦”，其实就是一个“大国梦”。这个“大国梦”在硬件的发展上已经不是梦。今天的中国无论是在经济还是国防上，都有了长足的进步。我们今天的经济实力已经是世界第二，再过十几年，估计GDP总量就可以超过美国。我国目前在国防上虽然还有些不足的地方，但我们发展得很快，在军事装备上已经赶超了一些西方国家。所以，在富国强兵上，或者说在硬实力的发展上，我们的“大国梦”已经逐步在实现。

但在另一方面，在软实力的发展上，我们还远远没有跟上。从国民的素质、社会的风气，到国民的道德水平、文化发展的成就上，我们和发达国家仍有很大的差距，我们的社会还存在很多严重的问题。

因此，我们可以很清楚地看出来，今天的“中国梦”所面对的主要挑战是什么。这主要是在软实力方面而不是硬实力方面。

事实上，我们今天必须认真地思考：中国梦追求的目标是什么？这显然不单只是富国强兵，而更重要的是要让老百姓感到幸福，同时让中国的文明有能力来带引人类向一个更加美好的世界发展。只有当我们社会的环境得到彻底的改善，我们的精神文明得到蓬勃的发展，中国梦才能真正得到实现。

怎样才能让人感到幸福、让社会充满活泼生动的气息？我认为主要是在人们的心中建立起一套进步和正确的价值观。对于价值观的问题，最近很多人都在谈论。例如国家主席习近平在谈“中国梦”时，就多次提到价值观的重要性。不过，有些体制内的人士可能会担心：价值观使人联想到“普世价值”，讨论价值观是否会导致向西方靠拢？我认为这是一种误解。价值观有它清晰的定义。它主要是一种被社会推崇的道德规范，其内容十分丰富（请看本书第二篇）。西方的普世价值只是其中一种局部的说法。我可以自豪地说，在中华文化里面，老早已经有很多十分卓越的价值观的内容。

对于现代的中国来说，什么才是进步和正确的价值观呢？本书的写作目的就是要探讨这个问题。作者基于他对中国社会和西方社会长期的体验和思考，经过严谨的科学分析，对这问题提出了一套有系统的看法（关于这套价值观体系的具体内容，请看本书第四篇）。本书的贡献不仅仅是提供了一个可供参考的结论，而是详细地分析了为何会提出那样的想法并根据什么理由来提出此想法。本书的讨论主要建立在3个出发点上：首先，这套新的价值观必须适合现代中国的国情，有利于促进我们社会的进步，有助于促进社会的可持续发展；其次，这套新的价值观必须要配合全球发展的趋势。人类现在正处于一个社会发展的革命之中，这在中国尤其突出。我们正在从农业社会跑步进入工业社会，而且已经局部地进入到一个资讯社会之中。同时，世界还在快速地

“全球化”。无论是东方还是西方，以前在农业社会或者资本主义社会里建立的价值观都已经跟不上时代了；最后，这套价值观应该植根于我们固有的文化。中华民族有着优秀的道德传统，我们应从其中吸取营养，并将之发扬光大！不但如此，我们同时也应该吸收其他文化的优秀部分来丰富自己。

大国之间的角力，不但有军事上的斗争、经济上的斗争，更有软实力上的斗争。严格来说，道德也是一个战场。在现代的文明世界里，一个大国只有占据道德的制高点，她才能打赢她的对手，进而引领全球。因此中国的崛起不但要赢得军事上和经济上的较量，她还要赢得道德文明上的较量。而其中的一个关键，就是她是否拥有一套足以使人信服、使人自豪的价值观，并能以此来凝聚国民的共识。

本书就是对这个问题提出一种深入的讨论，全面地分析今日的中国要如何去应对这项挑战。

本书在2008年世界金融海啸发生后开始构思和写作，五易其稿。在写作的过程中，得到多位香港科技大学的同事和同学的帮助。我想特别感谢傅斓、曹文彬、戴晴和黄子航。另外还有几位同学也对本书的写作出过力，我就不能一一道谢了。我要感谢胡承渝对初稿的第五篇给了很多宝贵的意见。在出版过程中，陈静怡和程兵提供了极大的帮助。我还要感谢中国发展出版社为本书的出版尽了许多心力。尤其是钟紫君编辑，对本书的出版做出了重要的贡献。我在此一并致谢！

张东才

写于香港科技大学

2014年1月

目录

第六篇　价值观的可操作性与局限性　207

一套价值观不管它如何美好，如果不具备可操作性，那就很难有现实的意义。本书所建议的价值观是否具备可操作性呢？它的可操作性可以通过哪些渠道来体现？

第七篇　如何在制度上体现新的价值观　247

政府的管理其实是一个复杂的系统工程。人民要做的事情主要是监督。作为民主改革的具体建议，本书提出一种新的政府管理模式——CEO模式。这种模式比较符合中国的国情，或许可以用来作为今后政治改革的参考。

第一篇

现代的中国为什么需要发展一套新的价值观?

本部分主要在介绍本书的宏观架构。作者认为，民族复兴是一项艰巨的工程，在不同的阶段会有不同的要求。世界的发展明显是在遵循着一种大趋势：就是从野蛮的武力竞争，逐渐转变到经济的竞争，再转变到精神文明的竞争。在这个发展过程中，人与人之间的地位会变得越来越平等，而道德会扮演着越来越重要的角色。我们的价值观也当然应该顺应着这种改变，与时俱进。

在这个世界巨变里面，中国正处于巨变的中心。不过，中国今天面对的不仅是挑战，也是机会。

中国的崛起必须在价值观上建立共识

中国要发展软实力

一个国家或社会要能够发展和壮大，不止要看硬件的建设（例如经济与军事实力），还需要有强大的软实力。中国作为一个在全球崛起中的大国，不但要赢得经济上的竞赛、国防上的竞赛，还要赢得道德上、文化上的竞赛！这就要求在软实力上要有极大的发展。在过去的30年，中国在硬实力发展方面已经取得相当大的成功，但是在软实力方面，不管是中国人自己，还是外国观察者，都认为中国在这方面是欠缺的。事实上，现在很多国内的有识之士都在担心我们的国民似乎缺乏了足够的理想和道德观。

软实力的发展需要建立一套共同的价值观

正如硬实力是物质文明的发展，软实力就是精神文明的发展。中国要发展软实力，就首先必须在价值观上建立共识。一套能取得共识的价值观要符合几个条件。首先，它必须要为人们提供一种理想，使人在心理上感觉有吸引力，产生一种自豪感；其次，它应该有促进社会发展的功能，使社会更加稳定、社会力量更加集中。其实这两者是密切相关的。如果人没有理想，只追求各自的利益，社会是很难进步的。但如果有一种共同的价值观，能够激发大部分社会成员的自豪感，使大家都知道为何工作、为何奋斗，就会产生一种凝聚力，很容易推动社会向前发展。在价值观上具备共识的情况下，政府施政也会有一个明确的方针，因而更为有效。

有人可能会问：可否将民族主义当成今天中国人民的共识？这固然可以激励民心，但这样做也是有风险的。民族主义是一把双刃剑，它既有凝聚国人思想的一种正面作用，也可能有导致民族自大或出现狭隘的种族主义的负面作用。而且中国作为一个崛起中的大国，过分强调民族主义会使其他国家担心。即使对于中国内部来说，片面强调民族主义也可能会造成一些少数民族与汉族之间的冲突。所以我认为，中国现在要建立的共识，不能够过分依靠民族主义。

价值观会随着不同的民族复兴阶段而发展

中国目前明显有一个价值观上的空虚期（或者迷失）①，对社会的发展非常不利。形成这种空虚的原因主要是中国传统农业社会在近百年来已被逐渐摧毁，再加上在思想上受到多种外国势力的冲击，因而导致价值观上的混乱。中国的近代史是一部惨痛的历史，每次回顾都会令人心痛。在19世纪，满清王朝的腐败和外国的侵略使得中国不断地挨打，以致中国的社会到了崩溃的边缘。20世纪是中国挣扎着寻求出路的世纪。中国人一方面为求独立而付出了高昂的代价，另一方面在摸索前进中又走了许多弯路。只有到了20世纪末年，中国才迎来复兴的机会，得以开始大规模的工业化和现代化。

当一个民族受到外来的势力挑战而又被打败时，她的成员肯定会感到十分痛苦。不过，如果这是一个有生命力的民族，她会经历四个复兴的阶段：

① 迷失可以表现在理想与实际不一。例如：王绍光根据史天健2002年全国调查数据，指出今天的中国人在价值观上有明显的矛盾，有90%的人同意个人利益应该服从集体利益，可是有近60%的人同意“为集体利益而牺牲个人利益的做法已经过时了”的观点。（转引自潘维：《聚焦中国当代价值观》，2008，P198）。

① 她首先会认识到自己的落后；

② 她接着会模仿打败自己的强者；

③ 经过一段时间的摸索，她会开辟出自己的发展道路；

④ 最后，她会想办法超越对手。

在19世纪和20世纪初期，中国正处于第一和第二阶段。当这个古老的文明发现自己大大落后于西方时，她对自己的文化完全失去了自信，而很自然地急于从“强者”（西方强国或苏联）身上寻求进步的答案。可是在今天，中华民族经历过一个多世纪的奋斗，我们已经开始崛起。中国现在甚至具备了发展成为一个超级大国的条件。在未来的几十年里，中国的发展肯定会突飞猛进。今天我们已经是处在民族复兴的第三到第四阶段，就是要超越模仿对手，进入自我创新。我们应该有充分的自信去建设自己的软实力。因此建立一套新的价值观就成了一个重要的目标。为了达到这个目标，我们必须重新审视自己的文化，并客观地学习其他社会的发展经验（包括正面经验和负面经验），从而建立一套更为先进的文明。

世界发展的大趋势

谁在主导社会？

人类社会是不断发展的，有些政治经济学家喜欢用阶级理论来解释人类社会的发展。这些理论有一个明显的好处，就是它简化了社会冲突的成因。这种理论把社会里的人群简单地分为两个主要阶级。例如：征服者与被征服者；统治者与被统治者；或者资本家（资产阶级）与工人（无产阶级）。这种简单的划分就可以很容易地强调两个不同的利益群体的对立。这样子，一些革命家便可以利用这些理论来鼓励那个占多数的群体来斗争另外一个占少数的群体。

不过这种阶级理论往往是过分的简单了。它基本上是一种一维空间（one dimension）的理论。也就是说，这种理论假设社会在某一阶段中主要是由一种支配元素（determining factor）来决定的。例如：在征服者与被征服者的划分中，主要的支配元素是武力；谁掌握了武力就成为征服者，而不掌握武力的人就成了被征服者。如果主要的支配元素是政权，那么社会就可以划分为统治者与被统治者两种阶级。如果主要的支配元素是财富（生产资料），那么社会就可以划分为资产阶级与无产阶级。

但是在现实中，我们不是活在一维的空间，而是活在多维（multi-dimension）的空间。一个社会里面的支配元素其实可以同时有多种，包括：武力、政权、法权、财富、知识等等。不同的支配元素往往由不同的群体所掌握。而这些垄断了某些支配元素的势力，就形成了不同的支配圈子，例如：①掌握武力的圈子（例如一些军阀）；②掌握政权的圈子（例如一些贵族或政客）；③掌握资源的圈子（例如一些资本家，大地主，财阀，地产霸权）等等。在不同的社会，这些支配圈子有时候是互相重叠的，但有时候也可能是分开的。假如这些圈子不在重叠的状态，它们必然会互相角力。这些支配圈子之间的互动，在很大程度上决定了历史的发展方向。而圈子以外的老百姓，往往只能是一些被动的受支配者（有时候也可以被一些支配圈子吸收成为其同盟者）。

在不同的社会发展阶段，处于主导地位（dominating position）的支配圈子可能不同。这些圈子为了巩固它自己的势力，必然会建造一套最有利于自己的硬体和软体结构。硬体结构包括军队和政治组织等，而软体结构则包括法律、宗教和价值观等等。因此，一个社会的价值观往往反映了当时处于主导地位势力的需要。下一节让我们举一些具体的例子来说明。

从宏观上看人类历史的发展

人类社会的发展出现过多个不同的阶段，其中有代表性的主要阶段包括奴隶社会、君主/封建社会、资本主义社会等等（见图1-1）。在奴隶社会里，处于主导地位的是奴隶主。他们同时掌握武力、政权和资源（土地和生产工具）。因此在这个时候，掌握武力的圈子、掌握政权的圈子和掌握资源的圈子是完全重叠的。奴隶主向奴隶灌输的价值观，就是“服从”和“忠心”。

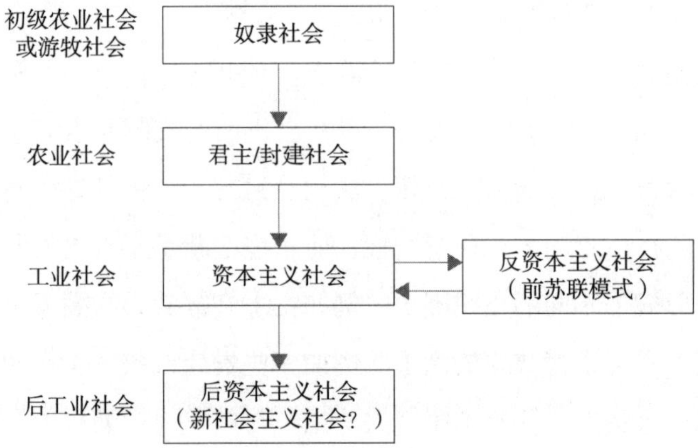

图1-1　人类社会的不同发展阶段及其社会模式

比奴隶社会进步的是封建社会。在西方的封建社会里，处于主导地位的是贵族/君主。贵族同时掌握武力、政权和资源（主要是土地）。因此，上述那3个支配圈子也是完全重叠的。生活在贵族领地里的平民是彻底受支配的群体。他们被称为“农奴（serf）”。而另一方面贵族又要效忠于国王。国王和贵族都是可以通过世袭来继承的。他们利用一套法律和道德上的规范来巩固他们所拥有的特权。因此他们创立了一套有利于维系封建秩序的价值观，就是宣扬忠于贵族的思想（loyalty）和对皇家的崇敬（royalty）。

在最近几个世纪，当西方国家从农业社会向工业社会转化时，社会里占主导地位的势力开始改变。前面讲到的那3个支配圈子不再完全重叠了。起初，政权和武力还掌握在国王和贵族手里，但他们对于资源的掌握开始失控。随着工商业的快速发展，土地不再是最大的资源。财富主要来自贸易和制造业，因此工商业主的势力越来越大。他们不愿再被贵族支配。于是，随着资本主义的兴起，掌握资源的圈子（工商业主）与掌握武力和政权的圈子（国王和贵族）开始分离，这些圈子之间因而产生了利益上的冲突。国王为了自己的挥霍或者为了发动战争，往往要强迫征收高额的税款。这就大大地损害了工商业主的利益。为了抑制国王的权力，工商业主联合了其他力量（主要是平民），设法推翻封建社会的专制统治。在这个革命过程中，不但进行了武力上的斗争，更进行了思想上的动员。其中最重要的，就是创造了一套新的价值观来取代旧日（忠于国王/贵族）的价值观，以支持这种政治上的变革。这套新的价值观就是民主、自由、法治与人权。

工业社会的兴起不单只促进了资本主义的产生，它同时还激发了另外一种相反的模式。在早期的工业社会里，工厂主对工人的剥削非常厉害，产生了极大的社会矛盾。许多有良心的知识分子于是提出不同版本的社会主义理论来为工人争取权利。其中最著名的就是马克思的阶级斗争理论。在20世纪初，列宁利用了这个理论在俄罗斯发动暴力革命，推翻了沙俄统治，成立了第一个“社会主义”政权（苏联）。在苏联的帮助之下，尤其是利用了二战后期苏联军力在全球的大幅扩张，许多亚洲和东欧的国家纷纷进行了革命，建立了苏联模式政权。

回顾历史，这些国家虽然当时自称实行“社会主义”，但实际上其施政与马克思的理想却相差很大。它们之间唯一的共同点就是反对私有制。因此，我们可以把这些苏联模式国家称之为“反资本主义社会”（现在国内把这种体制称之为“僵化的社会主义”）。在这些社会里面，掌握武力的圈子、掌握政权的圈子和掌握资源的圈子又再度完全重叠在一起，处于最终支配地位的就是革命党的领袖。于是，这时候要宣扬的价值观，就是“忠于伟大领袖”。

历史的实践显示，资本主义模式和苏联模式都不是可持续发展的模式。随着生产力在近代的飞跃发展和资讯的大量流通，世界的进步越来越快。到了今天，苏联模式已被证明失败。而同时，资本主义社会本身也出现了越来越多的问题。显而易见，这两种模式现在都已经过时了。因此，现代人类社会需要发展一种全新的模式，我们可以暂时称之为“后资本主义社会”。在这个新社会里，所有的支配元素，无论是武力、政权或财富，都不应该掌握在一些小圈子手中，而应该为人民大众所共享。本书的作者认为，这个新的人类社会就是一种新的社会主义社会，更具体的来说，是一种“以人为本的社会主义”（更详细的讨论请看本书第三篇）。那么，在这个新的社会里，应该树立怎样的价值观呢？这就是本书要探讨的问题。

世界发展的大趋势

纵观人类历史，社会的发展有着一些明显的趋势。例如，人类社会的生产力是不断地提升，社会组织变得越来越复杂，社会成员的教育程度也越来越高。同时，人类社会的组织结构也在不断地改变。人与人之间的互动不但变得越来越紧密，每个人的地位也逐渐变得比较平等。在这个过程中，主导着社会发展的方式也在不断地改变。让我们看这些改变有些什么规律。

首先，社会是从野蛮向文明改变。在前面提到的五种支配元素（武力、政权、法权、财富、知识）里面，武力是最野蛮的；其次是政权和法权；再其次是财富；最文明的是知识。从人类的历史来看，随着社会的发展，居于主导地位的支配元素会不断地改变。

① 武力是在奴隶社会和封建社会的主要支配元素。

② 政权是君主/封建社会的主要支配元素。

③ 法权是资本主义社会（以及某些君主社会）的主要支配元素。

④ 财富是资本主义社会的主要支配元素。

⑤ 可以预言，知识将是未来“后资本主义社会”的主要支配元素。

所以，我们可以看出来，人类社会在宏观上是不断从野蛮向文明转变的。居于主导地位的支配元素也从武力转变到政权，从政权转变到法权与财富。估计到未来，知识可能会起到更大的作用。对支配元素的拥有就是一种权力，拥有武力就是拥有军权，拥有财富就是拥有财权。所以，世界发展的趋势可以概括为社会受不同的权力所主导：

军权 → 政权 → 法权 → 财权 → 智权

第二，人与人之间的地位变得越来越平等；对不同权力的垄断会逐渐被打破。人类历史发展的方向就是社会的公平化，使得支配元素从一些小圈子分散到人民大众手中。在不同的社会里，权力和资源可以有两种主要的分配模式：一种是私有化，另一种是社会化。私有化就是某些支配元素是受到一个小圈子（可以是一个人、一个家族或者一小群人）所垄断。社会化就是打破这种垄断，使得这种支配元素为社会上大多数人所拥有、利用和支配（见表1–1）。

表1–1　　权力和资源的两种主要分配模式

私有化	社会化
支配元素被一个小圈子垄断	支配元素为大多数人所拥有/利用/支配
1. 武力的垄断	1. 武力的公有化
2. 政权的垄断	2. 政权的民主化
3. 法权的垄断	3. 法权的公平化
4. 财富的垄断	4. 财富的社会化
5. 知识的垄断	5. 知识的普及化

人类社会的进化方向就是要打破对于权力/资源等等支配元素的垄断。举例而言，从封建/君主社会到资本主义社会，军权（military power）已经不再能够被少数人所垄断，而是置于一个民选政府的监督之下。从君主社会到资本主义社会，政权（political power）也不能够被一个独裁者或者一个家族所的垄断。在今天的资本主义社会，财权（economical power）虽然仍然是受到少数人的垄断，但估计到了下一个社会发展阶段，这种对于财富的垄断也会被打破。

在今天的资本主义社会，居于主导地位的是掌握资源的圈子。这个圈子通过控制其他圈子（包括掌握政权和法权的圈子），从而支配整个社会。一套进步的价值观，就应该顺应着人类社会发展的大趋势，去推动一些政治和经济上的改革，来帮助打破这些支配圈子的垄断，从而让每个人都有公平的机会。

第三，社会变得更加透明化与公平化。这种变化由多个原因造成，包括①传媒越来越发达，有利于人民对于那些掌握政治权力和财富的人的监督。②信息的自由化。这主要是由于网络与通信技术的高度发达，使得信息可以大量地流通。③国与国之间的紧密交流。在全球化的趋势之下，现在几乎没有一个国家可以闭关自守。因此政府不能够控制所有的信息。

第四，道德会扮演越来越重要的角色。我们在上面已经介绍过，随着人类社会的发展，起主导作用的支配因素正在逐渐改变，从武力转移到政权，再转移到法权。其实政权和法权也是一种间接的武力。它可以威胁到人的自由与安全。在近代，由于资本主义的蓬勃发展，财富成了一种主导的支配因素。换句话说，主导势力对社会的控制已经由“以力服人”转移到“以利服人”。不过，人除了安全与利益的考虑以外，还有是非之心，每个人心里都有一把道德判断的尺。在一个文明的社会，当人们的安全和生活已经有了一定的保障，主导势力很难再使用武力对人们进行粗暴的干预，或者明目张胆的使用利益来收买。在这种情形下，道德的判断就可能成为一种最重要的影响力量。

根据这种趋势，我们可以把近代人类社会的发展归纳为三个主要阶段。

第一阶段（以力服人）：过去5个世纪可以说是一个由西方国家主导的霸权时代（见附录中的背景故事一：中国的科技近代为何落后于西方）。一个国家的盛和衰，一个政权的安与危，主要取决于它的军事实力。但今天人们已经开始告别霸权了。这是因为霸权的成本越来越高，武力的作用越来越有限。一方面，由于武器的威力太大，战争带来的破坏和伤害越来越难以承受。另一方面，在这个资讯发达的年代，使用武力来压制人民会越来越受到鄙视。所以到了今日，以力服人的霸权主义已经很难有太多的前途了。

第二阶段（以利服人）：现在我们基本是处于一个比较和平的世界。竞争主要来自经济方面。可以说我们已经到了一个“以利服人”（专注拼经济效益）的时代。当然，这种经济的竞赛也往往需要有军事的实力来保障。这个阶段同时也出现了很多新的挑战。例如，工业的全球化会造成各个地区经济发展的不平衡。现在有些资本主义国家已经出现严重的赤字和很高的失业率。由于资本主要在追逐利润，它的流动往往会超越国家的利益。所以政府要控制资本也往往显得力不从心。

第三阶段（以德服人）：估计在下一个阶段，国与国之间（或者政治势力与政治势力之间）的竞争可能就是通过软实力的竞赛。谁能够赢得人心的归向，他就会成为社会的领袖。武力与经济当然还是非常重要的。这二者是一个国家生存的保证。不过，这些硬实力只是社会发展的必需条件，而远远不是充分条件。在今后世界的竞赛当中，软实力在思想战线上的较量估计会起到一种更加重要的作用。到了那个时候，主导社会的势力，就只能“以德服人”了

（而一个人认为什么才是“德”，根据的就是他的价值观）。

最后，我想补充一点：上述3个阶段的分析虽然是根据人类历史发展的大趋势而归纳出来的，不过在事实上，在每一个政治或者经济的周期里面，也可能会出现这3个阶段。而且，这3个阶段还不一定是截然分开的，而是以一种组合的形式出现。例如，在一次革命当中，为了推翻一个政权，革命者使用的主要是武力的手段（以力服人）。但他们为了发动群众，也往往会推行一些为群众争取利益的政策，例如给农民分田地（以利服人）。除此之外，为了显示革命在道德上的正当性，革命者也会宣扬一些动听的价值观，例如平等、民主等等（以德服人）。不过，当革命成功以后，这些革命者成了当权派了，他们还要不要实践他们过去提出过的口号，那又是另外一回事了。

现代的社会可以看作是一个生命体

人类未来的社会是往资本主义发展还是向社会主义的方向发展?

如上所述，世界发展的大趋势是一个由从野蛮到文明的过渡。而对于一个社会的控制也逐渐从“以力服人”到“以利服人”，再到“以德服人”。在这个过程中，文化与价值观所起的作用就会越来越大。因此，我们必须讨论在现代的社会里我们应该建立怎么样的一套价值观，这是一个很多人都正在关心的问题。在这本书里面，我们主张采取一种科学的态度来研究价值观的发展。第一，我们必须考虑价值观与社会发展的关系。人类社会是不断发展的。而每一个发展阶段都需要一套与之配合的价值观体系。我们正处于从农业社会到工业社会，再到“后工业社会”的过渡时期。在这个转变过程中，我们要考虑如何建立一套能够适应“后工业社会”发展的价值观。第二，我们建议用一种宏观的视野来探讨人类社会发展的方向。在本书第二章里我们已经提到，当人类社会从农业社会转变到工业社会时，催生了资本主义和“反资本主义（苏联模式）”两种相反的社会模式。历史的实践显示，资本主义模式和苏联的“僵化社会主义”模式都是不可持续的。到了今天，苏联模式已被证明失败。而同时，资本主义社会本身也出现了越来越多的问题（详细的讨论请看本书第三篇）。可以预言，这两种模式都会逐渐退出人类历史的舞台。取而代之将是一种新的人类社会，我们可以称之为“后资本主义社会”。

一个非常重要的问题就是：人类未来的社会是更靠近一种改良的资本主义还是一种改良的社会主义？我认为“后资本主义社会”应该是一个“以人为本的社会主义社会”。

这主要是因为现代的人类社会是朝着资讯型社会和服务型社会的方向发展，教育越来越发达；人的价值会越来越受到重视。今后强调的应该是“以人为本”而非“以物（商品）为本”。而且，随着社会的高度发展，人与人之间的互动和依存也会越来越紧密。个人与社会的关系就变得像一个“细胞”与一个“由细胞组成的生物体”之间的关系（下面有更详细的论述）。如果我们同意用这种生命有机体（living organism，简称生命体）的理论来模拟个人与群体的关系，我们就很容易理解个人与社会是互相依存的。我们既不能过分强调个人的利益，而忽视了社会整体的安全和健康；又不能过分强调社会的利益，而剥夺了个人的尊严和发展权利。而这样的社会，就只能是一个“以人为本的社会主义社会”。

人类社会越来越像一个生命体

那我们为什么认为个人与社会的关系就像一个细胞与生命体之

间的关系呢？首先，我们必须认识到，**社会是一个生命体**。她有一个孕育的阶段；接着有一个发展和成长的阶段；最后，当一个社会不能适应时代的变迁时，它也会进入到死亡的阶段。这与生物界的生命有机体是相似的。这里所谓的“生命有机体”是指一些由“多个细胞组成的生物体（multi-cellular organism）”，例如一只水母，一棵松树，一匹马，或者一个人体。不同生命体有不同的组织复杂程度。例如一只水母的身体结构就远没有一匹马复杂。事实上，生物的进化历时数十亿年。生命体的结构是从简单不断向复杂演变的。这一点与人类的社会发展相似。只是后者的发展历史要远为短得多。

从某一个角度来看，**生命体其实也是一个社会**。例如一个人体是由多个成员（细胞）组成的；细胞与细胞之间紧密互动。这种互动是通过不同的信号系统来协调的。人体作为一个社会，也必须为其成员（细胞）解决很多“民生问题”：例如食物的供应，能源的取得，环境的维护，废物的处理等等。而且，人体社会还要解决内部和外部的“安全问题”。例如在内部，人体有一个强大的免疫系统来抵抗细菌和病毒的入侵；对外，人有皮肤覆盖并具备灵活的运动体能和使用工具的能力，这些就形成了一套有效的自我保护功能。

人类社会的发展与生命体的进化也有很大的相似之处。在早期的生命体，细胞与细胞之间只有比较松散的联系。例如在一些藻类（团藻*Volvocaceae*），各个细胞几乎是独立运作的，它们起初只是粘合在一起，后来才慢慢地进行低度的分化。但到了一些较为高级的生物体，例如一个水母，不同的细胞已经有高度的分化，在体内形成了一种明确的分工。到了哺乳类动物（例如一匹马），各个细胞之间的分工就更为明确和精细了。而人类的社会在最早的时候也是很松散的。例如在原始的采集社会，没有明确的政府组织，或者基础建设。但到了农业社会，政府组织和基础建设就变得非常发达了。而人与人之间也有了明确的分工，有了“士、农、工、商”各个专业阶层。到了工业社会，分工就更加精细。人与人之间的互相依存的程度更高。总结而言，人类社会越发达，它的结构就越像一个生物界的生命体。

细胞理论和螺丝钉理论的比较

把社会当作一个生命体的观点可以说是一种“有机的/有生命的社会主义”理论。这种理论与上个世纪推行的“机械的社会主义”理论不同。在苏联和一些“社会主义”国家，执政党宣传一套僵化的社会主义理论，把每个社会成员比喻为螺丝钉，教育人们只要做好党和政府分派给他们的工作。这种“螺丝钉理论”暗示个人与社会的关系是一个零部件与一部庞大机器之间的关系。这明显与我们建议的把人与社会看作细胞与生命体的关系非常不同。为了方便比较这两种理论，我们在下面列出了一个表（见表1–2）。

表1–2　细胞理论和螺丝钉理论的比较

	细胞理论	螺丝钉理论
	有机的/有生命的社会主义	机械的社会主义
个体的属性	每一个单元是独立的生命体；它是活的。	螺丝钉本身并没有生命；它是死的。
个体与群体的关系	社会是由许多个人组成的超级生命体（super–organism）。在个体和群体的水平都有生命的功能。	个体只是一个部件，只有整体的机器（群体）才具有操作上的功能。
发展的能力	个体是可以发展的。就像细胞有它的生命周期，可以繁殖，分化（differentiate）。	螺丝钉一旦被制造了，它就被固定下来，个体并没有发展的可能。
个体的尊严	一个有生命的个体享有一定的尊严，他的权利要受到适当的尊重。	螺丝钉只是一个部件，它本身没有尊严可言。
控制机制	诱导性控制（Inductive Control）。每个细胞都有做决定的能力。要使得不同的细胞在生命体里有紧密和良好的协作，需要严密的协调（coordination）。这种协调是通过复杂的信号机制来完成的。	指令性控制（Directive Control）。螺丝钉在机器里的位置（作用）是固定的。它本身并没有思想，基本上不需要思考，只需要遵从指令。
驱动力	一个社会成员的行为受到多种驱动力的影响。	主要是组织的约束。

我们先比较这两个理论如何看待个体的属性。第一，在螺丝钉理论里面，个体是没有生命的。在细胞理论中，个体是活的，每一个个体都有着独立的生命。第二，对于个体的发展能力而言，螺丝钉是没有发展的能力的，它在被制造出来时就已经被固定了；但在细胞理论里面，个体是可以发展的，他们有自己的生命周期，可以繁殖，可以分化，从而掌握自己的命运。第三，对于个体的尊严来说，螺丝钉只是一个部件，它本身没有尊严可言；而在细胞理论里面，细胞作为一个独立的生命个体应享有一定的尊严。第四，螺丝钉理论和细胞理论中个体与群体之间的控制机制也不同。螺丝钉理论里面的个体作为一个部件，只能接受机器的控制。它本身在机器里的作用是固定的。它本身并没有也不需要思想，只需要遵从上一级的指挥。在细胞理论里面，细胞主要受到诱导性的控制，包括神经的刺激、荷尔蒙的调节、细胞激素（cytokine）的影响等等。细胞综合了这些信号，然后做出自身的决定。要使得不同的细胞在生命体里有紧密和良好的协作，靠的是严密的协调能力。最后，对螺丝钉而言，组织的约束是它最主要的驱动力。而在细胞理论中，一个社会成员会同时受到多种不同的驱动力的影响。对他产生作用的驱动力可以包括：利益的考量、道德的判断、安全的追求和外部的约束（组织、法律、宗教）等。

总结而言，一个复杂和发达的社会可以被看成是一个生命体。人类社会作为一个群体，经历过不同的发展阶段。在早期一些比较原始的社会，人虽然也在群居，但人与人之间的互相依存度是比较低的。随着生产力的发展，人类社会不断复杂化，人与人的相互依存度不断地提高。在这个高度互相依存的社会里，这种社会就越来越像一个由许多细胞组成的生命体。在这种“进化”过程里面，个体与群体的关系会逐渐地改变。在低度开发的社会里，个人也许不必太多的考虑群体的利益，因为群体能提供给个体的保护并不太多，个人认为可以“独善其身”。但是到了高度发展的社会里，群体的利益就变得越来越重要。因为那时候个体的安全和幸福就几乎完全融入到群体的命运之中了。

群体之爱是必需的

如果我们接受这个细胞理论，把社会看作是一个生命体，那么我们应该如何看待在社会里个人与个人之间、个人与群体之间的关系？首先，我们可以认识到，每个人在社会里都是平等的。大家都知道，一个人体是由千千万万个细胞组成的。每个细胞都是独立的生命个体。不同的细胞有明确的分工，但彼此之间又有高度的互相配合，从而成就了我们身体里种种必需的生理功能（例如消化、呼吸、思考等）。身体里的细胞并无贵贱之分，只有分工的不同。它们是完全平等的。同样的，在一个社会里，每个人虽然分工不同，但其地位也应该是平等的。

其次，一个社会的安危与幸福主要依靠着其成员之间的紧密合作，因此每个成员都必须具备强烈的群体之爱。再以人体为例。一个细胞不能独立生存，必须依靠整个生理系统的保护和供养。人体提供了让每个细胞生存所必需的环境，包括体温的控制，养分和能量（包括氧气）的供应等等。所以细胞与人体是非常紧密的互相依存。如果人体受到伤害，我们身体里面的大量细胞就会死亡。而在现代社会里，个人与群体的关系与上述细胞与人体的关系也非常相似。社会里每一个人都有他独立的生命；但人们又必须紧密地合作才能保证社会的正常运行。如果一个社会出现重大问题，里面的人就会承受极大的痛苦。所以在这个社会模式里，个人和群体是互相依存，荣辱与共的。

在这样的一个社会模式里，每个人都有强烈的义务来关心和爱护自己的社会。这种群体的爱就应该成为这个社会价值观的基础。

但同时，这个社会里面所有的活动，也应该是“以人为本”的。因此在这样的一个社会模式里，个人与群体的关系就必然是一种互相爱护、互相支持的关系。

价值观是随着社会的发展而改变的

这个世界正在迅速改变

根据上述的把社会当作一个生命体的理论来看，今天人类正在经历一个非常快速的“进化”过程。在最近一两个世纪，人类社会是处于一种加速的发展阶段。人与人之间的互动关系变得越来越密切，因此我们的社会也就越来越像一个生命有机体。这种社会快速的改变也要求我们的价值观要跟得上时代的发展。

在过去一个世纪，人类的世界发生了巨大的变化。这些变化跟科学和技术的进步是分不开的；这种进步导致了生产力的迅速发展。事实上，近代的科学技术从18、19世纪开始就已经不断地进步，这种进步在20世纪达到惊人的速度。今天科技的进步，已经渗透到我们生活的方方面面，包括农业、工业、通信、交通、能源、教育、医疗、管理各个方面。我们可以从数字上看出这种飞跃的变化。在20世纪初，全球经济的总量（用本地生产总值GDP来计算）大约是1.97万亿国际元（International Dollar，相当于在1990年一美元的价值），到了2009年，全球GDP是51万亿国际元[①]。在20世纪初，当时使用的主要能源是煤，电力还没有普及，当时全球使用的电力只相当于2万吨石油。今天，我们在生活和工业生产上使用的能源主要是电力，在2000年全球的电力消耗已经达到相当于4.61亿吨石

① Angus Maddison, *Historical Statistics of the World Economy: 1-2008 AD*

油[①]。在20世纪初，汽车才刚刚开始生产；到了今天全世界使用的汽车已经超过8亿辆[②]。从这些指标中可以看到，人类社会的经济发展在过去一个世纪非常的快。

上面讲的不过是在量的方面的变化，在质的方面的变化尤其惊人。由于交通与通讯的便捷，世界似乎变得很小了。在一个世纪以前，我们要从中国去美洲，大概要坐上一个月的船；但现在，只要十几个小时就可以飞到。以前跟一个外地的朋友通信，可能需要一个星期信件才会到达；现在使用电邮，几秒钟就能跟朋友联系上。在以前，外国发生的事情我们觉得非常遥远，甚至还完全不知情；现在通过电视看新闻，数千里外发生的事情我们当天就知道。这种资讯的交流，已经达到一种前所未有的方便。以前要找一些书本上的资料，可能要在图书馆里面翻上好多天；而现在使用网络搜索引擎，一大堆相关的资料几秒钟内就会出现在我们的屏幕。中国以前有一句俗语，“秀才不出门，能知天下事”。现在只要你能用得起一台电脑，天下事就在你的掌握之中。

我们正在进入一个高度互相依存的社会：安危与共

我们事实上已经进入一个崭新的“后工业社会”了。这些科技与经济上的快速发展，为人类社会带来了重大的改变，使得成员之间变为高度的互相依存（inter-dependent）。我们现在已经很难自给自足地独立生存，不但生产活动老早已经社会化，我们的生活也是高度的社会化。我们的衣、食、住、行都是要通过整个社会的紧密协作来提供的。事实上，我们生活的方方面面，都会受到社会上其他人的影响。以食物为例，当我们到一家餐馆用餐时，不但要

① Martin, J. M.（2005）.– "La consommation des sources d'énergie: utilisations finales, efficacité et productivité". In: *L'énergie de demain: techniques, environnement, économie*. Bobin J.– L, Huffer E., Nifenecker H., ed. Les Ulis: EDP Sciences, pp. 47~80.

② IFP Panorama 2005: *Energy Consumption in the Transport Sector*

担心厨师是否讲究卫生，有没有把菜洗干净；种菜的农民有没有把过多的农药留在菜上；我们还要担心餐馆老板有没有用地沟油来省钱。甚至千里之外发生的事情，也会影响到我们的生活。基因改造食物就是一个很好的例子。美国孟山都（Monsanto）公司在十几年前制造出来一种抗病虫的转基因玉米，里面加入人工Bt（*Bacillus thuringiensis*）基因，在1997年9月得到美国环境保护局（EPA）批准用于商业应用[①]。从此这种玉米得到大量的推广。我们今天在超市买到的一些玉米油就可能是用这种基因改造玉米提炼成的。这些基因改造食物，已经进入我们的餐桌。所以一个遥远的国家的科技成果，也可以直接影响到我们的生活。

这种科技的快速发展改变了人与人之间的关系。例如，通过快速的通讯我们可以很方便地跟很多人交流，从而很容易地受到彼此的影响。在以前，当资讯没有充分流通时，很多事情只有少数人得知，因此有些人可以使用黑箱作业。但现在由于资讯的发达，这种小圈子黑箱作业的情形已经越来越难。这样就为社会带来了一些相应的改变，例如现在的民众要求更多的知情权，也更关心对官员的问责（accountability）。

同时，科技和经济的快速发展也为我们生存的环境带来了更大的风险。例如现在传染性的疾病可以很容易地在全球传播。由于今天交通非常发达，基本上只要24小时，人们就可以到达地球上的任何一个角落。当传染病在一个地区发生时，像2003年的SARS（非典）或者2009年的H1N1（甲型流感），这些病毒很快地从地球上的一个地方传播到另一个地方。现在对于疾病的控制最多只能减慢速度，没有一个国家可以完全避免这些新发生病毒的传入。另外，医

① Monsanto Company; Approval of a Pesticide Product Conditional Registration [Federal Register: August 11, 1997（Volume 62, Number 154）] http://www.epa.gov/EPA-PEST/1997/August/Day-11/p21146.htm 根据美国农业部数据，2010年美国的转Bt基因玉米种植面积已经超过55百万英亩，占玉米种植面积的63%。USDA's National Agricultural Statistics Service: http://www.ers.usda.gov/data/biotechcrops/

疗的改善导致大幅度的人口增长，在20世纪初，全球人口只有16.5亿，到了今天，全球人口已经超过70亿[①]。这种快速的人口增长导致了资源的严重不足和环境的迅速恶化。再加上市场经济对消费主义的宣扬，这种资源不足和环境恶化的问题越来越严重。

中国正在处于世界剧变的中心

在20世纪之前，中国是长期处于一个农业社会。从19世纪开始，中国受到欧洲和美国（后来包括日本）等工业化国家不断的冲击。这种冲击对中国是非常痛苦的，因为许多外国（特别是英、法、俄、日等国）利用他们科技的优势，对中国进行了帝国主义的侵略。经过一个多世纪的摸索和奋斗，中国正在开始成功走向工业化。在最近几十年，中国工业化的速度是非常惊人的。我们可以从一些数字里面看出来：根据国家统计局的资料，在1952年中国的钢产量只有106万吨，电力是73亿千瓦小时。到了2009年，中国钢产量是6.96亿吨，电力是3.7万亿千瓦小时。分别增长了657倍及507倍！再看中国在交通上的发展，在30年前中国完全没有高速公路，在今天中国的高速公路的总长度已经是世界第二（2009年有6.47万公里），很快就接近美国了；而中国在高速铁路上的发展更是惊人。仅仅在几年前（2007）中国还没有任何高速铁路，到2010年中国开始运行的里程已超过3200公里，在建的高速铁路约有9000公里，因此中国的高速铁路很快就达到世界的第一位。所以，中国目前工业化的速度是史无前例的。

不但如此，中国目前正在处于一个快速的城镇化过程，大批的人口正在从农村向城市转移。这个城市化的过程也是史无前例的。在20世纪中期，当共和国刚成立时，中国的绝大部分人口是农民，

---

① 联合国世界人口展望UNPD: *World Population Prospects: The 2011 Revision Population Database*

只有12%的人口居住在城市。到了1978年，当改革开放开始的时候，也只有18%的人口在城市。到了2012年初，中国的城镇居民人口已经开始超过了农村人口，达到了总人口的约51%[①]。在历史上，地球上其他的发达国家（包括欧、美、日本等国）花了将近两个世纪才把3亿人口从农村转移到城市去，而中国只用了20年就把这个过程完成。中国城市化的速度是非常惊人的！

中国需要建立一套新的价值观来适应未来社会的发展

这种快速的工业化和城市化给中国带来了许多新的挑战，不但需要在硬件上有大量的建设，包括道路、通讯、能源等等基础设施，也需要在软件上有相应的发展。这个软件上的建设就是精神文明。而树立一套跟得上时代发展的价值观体系，就是建设精神文明的核心部分。事实上，由于中国现在发展的速度非常快，我们在推动工业化的同时，也开始进入后工业社会（资讯社会）。例如，中国的社会已经开始大规模地信息化了。我们现在使用互联网的网民是全世界最多的。所以我们要发展的价值观，应该比一些已经工业化的国家要更有前瞻性。

挑战与机会并存

必须指出，中国今天面对的不仅是挑战，也是机会。中国目前正在快速地现代化，已经逐步向后工业社会过渡。中国的社会由于现在还没有定型，所以我们可以比较容易地去建立一套能适应后工业社会发展的价值观。相对而言，目前那些发达的西方国家，包括欧洲、美国等国，由于资本主义的长期发展，他们已经有一套固定的价值观。要改变这套价值观来适应后工业社会的发展，有相当大的难度。所以在价值观的建设上，中国目前所面临的空虚也同时是

① 根据国家统计局网站数据。

建立一套更适合人类未来社会发展的价值观的一个机会。

我们掌握的另外一个优势就是中国今天在硬件上的快速发展。我们都知道，软实力要靠硬实力来支撑。如果没有一套发达的物质文明，就很难去建设一套先进的精神文明。在这个世界上，某一个社会的精神文明是否会受到其他人的重视，一个很重要的因素就是这个社会是否发达。换句话说，一个社会只有拥有了强大的物质文明，它的精神文明才会受到其他人的重视。例如，在二战以后，为什么美国的文化对全球有非常强大的影响力？也就是因为美国变成了一个超级大国，它的物质文明是全世界最先进的。所以，中国如果要建立一套能够影响全球的精神文明，它也必须先要在它的物质文明方面充分地发展起来。

事实上，一种价值观能否打动人心，往往要看这个价值观有没有一个强而有力的载体，这个载体就是奉行这种价值观的社会实力。举例来说，基督教在欧洲的广泛传播，就是因为罗马帝国在公元4世纪时君士坦丁大帝（Caesar Flavius Valerius Aurelius Constantinus Augustus）把它立为国教。这个强大的帝国大大地推动了基督教的传播。因此，某种价值观能否在人类社会中被凸显出来，跟采用这种价值观的国家在世界上的影响力的大小是直接相关的。再以宗教为例，在过去几个世纪，基督教为何在全球受到大批的人信奉？许多亚洲、非洲、拉丁美洲的地区原来有自己的宗教，但由于欧洲列强在全球扩张，把这些地区变成他们的殖民地或半殖民地，这些地区的人对自己文明的自信便比不过对欧洲宗主国文明的崇拜。因此，很多这些地区的人便改变了信仰去皈依基督教。换句话说，价值观的取向不是完全靠讲道理的，在很大程度上是靠讲实力的。

一个民族如果要发展一套足以自豪的精神文明，它的成员首先必须对自己的民族有充分的自信。这种自信，往往依赖它的经济和国防实力。在今天，由于国力的迅速发展，中国人的民族自信已经大大提高，这就为我们提供了一个发展自己价值观的基础。

价值观的建设需要长期的努力

许多有识之士都会认识到，发展精神文明并不比建设物质文明容易，起码需要更长的时间。中国有句古语“十年树木，百年树人”。在硬件上的建设也许在一两代人里就可以赶上，但在软件（精神文明）的建设上却往往需要好几代人的努力。所以百年树人并不是一种保守的估计。我们要建设一套适合中国社会未来发展的价值观，必须尽快开始，同时要号召大批的有识之士来一起参与，集思广益。只有经过人们广泛的讨论，一套价值观才能逐渐成为社会的共识。因此，我们需要有充分的心理准备，这是一个长期的积累过程，需要大批的有心人在教育上和改变社会风气上不断地努力。

民族自信从何而来?

现代中国要重新建立一套理想可行的价值观体系是一项极大的挑战。这不但需要社会各界的努力，包括政府、传媒、文化界、教育界等等，更需要一些有利的条件来配合。幸运的是，中国人今天的确掌握了许多重建价值观的优势。首先，我们有硬实力的支撑。经过30多年的改革开放，以及最近几届政府的不懈努力，我们现在已经有了强大的国防和经济实力，可以保证国民的安全并满足其生活需要。其次，我们已经进入了一个民族复兴的阶段，中国人今天可以有充分的自信来开创自己未来的道路。第三，更重要的是，我们有很好的文化传统，可以建立我们的文化自信。本书后面会详细说明：现代社会非常需要的一些核心价值，正好也是中国固有文化里面十分重视的价值（详细的讨论请看本书第四篇）。

要有民族自信，就必须先有文化自信

在本书前面几章里，我们已经很清楚地指出：世界的发展是在遵循着一种明显的大趋势，就是从野蛮的武力竞争，转变到经济竞争，再转变到软实力的竞争。换句话说，近代世界的趋势是这样的：

以力服人 → 以利服人 → 以德服人

中国正在重新崛起，顺应着这种世界的大趋势，我们在不同阶段也应该有不同的策略来积极地应对国际与国内的挑战。

① 在第一个阶段，竞争的模式主要是“以力服人”。因此着力点主要是军事的竞赛。在国际社会，我们面对的是国际的霸权主义。而在国内，哪一个势力能够主导政权，主要也取决于它对于军队的控制。这时候，关键的应对策略就是革命工程与国防工程的建设。

② 在第二阶段，竞争的模式主要是“以利服人”。着力点主要是经济的竞赛。在国际社会，我们面对的是经济的霸权主义。而在国内，对于老百姓最重要就是解决民生问题。在这时，关键的应对策略就是搞好民生工程。

③ 在第三个阶段，当国防和经济都已经得到适当的发展以后，竞争的模式转变为“以德服人”。着力点此时便转移到文化/道德上的竞赛。在国际社会，我们面对的是在软实力上的竞争。在国内，一个政权的稳定已经不能光靠控制武力，或者为老百姓提供温饱，而是要看它能否掌握道德的制高点，是否能得到人民的衷心支持。在这时，稳定政权的关键就是能否推动一套成功的人心工程（见表1–3）。

表1–3　社会发展的3个主要阶段及其面对国际与国内的主要挑战

竞争模式	国际社会的挑战	国内社会的挑战	着力点	应对策略
以力服人	国际的霸权主义	枪杆子里出政权	军事的竞赛	革命工程/国防工程
以利服人	经济霸权主义	解决民生问题	经济的竞赛	民生工程
以德服人	在软实力上的竞争	掌握道德制高点，万众归心	价值观的竞赛	人心工程

在这套“人心工程”里面，最核心的工作就是文化的发展，尤其是价值观的发展。因此，我们今天必须认真地分析我们的文化强项和缺点究竟在哪里。要建立一套先进的价值观，我们首先应该重新认识中国自己的文化。选择以中国的固有文化为出发点，并不是说我们要偏袒中国的，而排斥西方的；或是偏袒旧的文化而摒弃新的文化，而是因为文明是一个民族的根，我们首先必须从自己的根出发。而且，中华文化包含着非常丰富的资源，可以为价值观的发展提供很好的参考。现在世界上有很多国家都在兴起研究汉学。在这些汉学家中，许多人都发出了惊叹：中国的文化原来是如此的博大精深！

可是在上一个世纪里，有许多中国人认为自己的文明是落后的。他们认为中国的现代化必须全盘跟随外国；不但在科学技术上学习外国，在文化上也应该全面地认同外国的价值。下面让我们仔细地分析这种全盘西化的想法是否正确。

我们的固有文化究竟是一种资产（asset）还是负债（liability）？

为何许多近代的中国人对自己的文化失去自信？在清末，中国是处在一种严重落后的状态，有些人就把这种落后怪罪于中国的文化。因此从20世纪初开始，中国的许多激进知识分子都在强烈地反对中国的旧文化、旧道德。他们认为那些都是极其腐朽的，必须加以批判。在五四运动时期，有些人甚至打出“打倒孔家店”的旗号。这些主张西化的知识分子又分为左、右两派。右派追随西方的自由主义；左派追随苏联的马列主义。在抗日胜利以后，发生了国共内战，左派赢得了政权。在建立新中国以后，推行了一套“左”的教育思想。把中国的传统文化视为封建余毒，在教育体系里把它彻底地排除。到了“文化大革命”，出于政治的需要，更把儒家思想视为毒蛇猛兽。例如当时党内的一些政治斗争，就以批“克己复礼”、“批林批孔”等运动形式来进行的，把中国传统文化宣传为极端反动的思想。

在“文革”结束以后，中国进行了改革开放。这种反传统的教育有所改善。不过许多人又开始崇拜西方资本主义的思想。西化派在年轻知识分子圈中占据了主导的地位。于是在上个世纪80年代和90年代，“崇洋”又迎来了另一波高潮。不过到了最近，为了发展旅游业和对国外宣传，中国传统文化又被一些人炒热了。有部分的人甚至提倡中国人要复古。

由于上述的种种折腾，中国文化今天在内地已经被扭曲了。一些中华文化里面所倡导的价值观几乎完全丢失。许多文化圈里的人已经不认识中国文化的本来面目。有些人甚至认为固有的中华文化完全是一种负资产。

这种负面的看法是否正确？我认为这里面有不少偏激的成分。首先，如上所述，国内的教育在近代过多地受到政治的干扰，我们的文化受到很大的破坏；其次，中国在近代一直处于挨打的局面。西方在军事和经济上都显示了压倒性的优势，因此许多当时的中国知识分子很容易对自己的固有文明失去信心；最后，许多人错把清代的封建文化视为中华传统文化的代表。满清政权是一个少数民族入侵中原的外来政权，它的统治需要发展一套奴化教育。清朝的统治者本是女真族，他们本身的文明程度并不高，基本是实行奴隶制的游牧社会。所以满清的统治已经在一定程度上扭曲了本来的中华文化。

在今天，中国不再是处于挨打的局面了。尤其是经过30多年的改革开放，中国已经重新崛起。我们发现许多当年欺负中国的西方国家，它们现在发展的活力远远不如中国。我们是否应该重新思考中华文化的价值？我们应否回顾一下：近代中国的落后是因为文化的问题吗？

让我们重新探讨：社会发展由哪些因素决定？

许多中国的知识分子过去有一种倾向，就是往往过分强调文化对社会发展的决定作用，而忽略了很多别的条件。例如，当年五四运动的参与者大都是文人和学生，并不是科学家、工程师或者企业家，他们主要从文化的角度来思考社会的发展进程。不过事实上，影响一个社会发展的因素其实有很多。

① 经济基础。

② 国防力量。

③ 科技水平。

④ 教育水平。

⑤ 社会的凝聚力。

⑥ 政府的管治能力等。

在19世纪的时候，中国在所有上述的发展因素里都处于较低的水平。与当时的欧洲国家相比，中国几乎在每一项都是落后的。这些落后在很大程度上反映了满清政府统治的失败。这些失败不能全部怪罪在文化上面。

中国为何在19世纪面临崩溃？

我认为，中国在清末衰落的主要原因是满清王朝的腐朽和近代的中国错过了参与工业革命的机会。清朝从康熙年间就开始切断了与欧洲国家的官方来往，并排斥了西方的文明进入中国。于是当欧洲在最近几个世纪发生翻天覆地的工业革命的时候，中国仍然停留在一个几千年来一贯的农业社会。

到了19世纪，当一些欧洲国家强迫中国打开通商的大门时，中国当时的工业和科技水平是远远落后的。这种工业水平的落后也反映在国防力量的对比上。当满清士兵还在挥舞着大刀、长矛时，人家已经使用洋枪、火炮了。而西方国家那些用机器制造的轻工业产品也远比中国农村里的一些手工作坊所生产的产品有竞争力得多。所以当时的中国无论在国防还是经济的竞争上都遭遇惨败。

19世纪是工业革命非常关键的一个时期。耶鲁大学的保罗·肯尼迪（Paul Kennedy）教授写过一本很有名的历史巨著叫《大国的兴衰》。里面罗列了很多数据，可以很清楚地看出英国在19世纪的经济崛起和中国的衰落。据肯尼迪教授的研究，人口比中国小得多的英国在1750年只占有全球制造业1.9%的产值；到了1800年，上升到4.3%。可是到了1860年，已急升到19.9%。而到了1880年，英国的制造业更占到全球的22.9%。可是在同期的中国，经济却不断地下滑。中国在1750年占全球制造业的32.8%；到1800年还保持着33.3%。可是在经历过鸦片战争和太平天国之乱后，就大大衰退了。在1860年中国在全球的制造业只占19.7%；到了1880年，更降到了12.5%。

事实上，中国在满清末年正好处于三大周期的末端。首先，那是一个农业社会的末期。这时候正逢人类社会生产力的大变革。欧洲在18、19世纪正在进行历史性的工业革命。人类社会开始从农业社会转移到工业社会。而中国由于没有参与进去，所以在19世纪，中国还是一个古老的农业大国。

其次，中国在19世纪正处于一个封建王朝的末期。纵观中国从秦朝统一以后的历史，经历过多个不同的朝代，而每一个朝代的寿命最多也就是两三百年左右。这个由盛而衰的周期是由很多的因素造成的，包括人口的增长速度超越了土地的开发；土地的逐渐集中使得许多农民失去土地；官僚系统的腐化；宫廷政治导致统治的失效等等。对于这种生命周期的制约，清王朝也不例外。在19世纪的时候，大清王朝已经到了它生命的后期。平定太平天国的战争更大大地消耗了它的国库。所以当时中国的国力正在迅速地滑坡。

最后，清末是一个外来少数民族统治多数民族政权的末期。与中国的大部分其他朝代不一样，满清政府是一个外来政权，占多数人口的汉人心里一直不服。当这个外来的统治者势力削弱了以后，它就很难驾驭全国。而且，一个以外来民族为统治者的政权，它本身就是不稳固的。因为它的决策者与被统治的人民有一种天然的隔阂。

所以清末的中国并不是一个正常的中国社会。而当时的一些社会病态也跟它处在三大周期的末期有非常紧密的关系。所以当时的中国不能够抗衡西方和日本的侵略是完全可以理解的。

这是文化的问题吗？

从上面的分析，我们可以了解19世纪中国的衰落是由很多历史的原因造成的，不能简单地怪罪在中国的文化上。有许多人认为，我国在现代科技的发展上的滞后是由于中华文化对于科学和技术的排斥。这是完全没有根据的。事实上，在明朝以前，中国的科技发展水平在世界上还是领先的。根据李约瑟（Joseph Needham）对于中国文明史的研究，中国文化并不排斥科技[①]。中国之所以失去参与工业革命的机会，主要是清朝闭关锁国的结果。这个政策斩断了中国和欧洲的学术交流。当欧洲在过去3个世纪在科技上有飞跃进步的时候，中国却一直在原地踏步（请参考附录里的背景故事：中国的科

① 李约瑟：《中国科学技术史》。

技近代为何落后于西方？）。

文化对社会的发展有没有影响？当然有。在上面提到的一些发展因素里面，文化都会有一定的影响。但如果仔细地分析，我们会发现中华文化对社会发展的影响主要是正面而非负面的，“利”远大于“弊”。例如，中国的传统文化非常重视教育，也非常尊重知识。而且，中国的传统文化，不是奠基在宗教之上。与其他的文明相较，中国的文化更加注重理性，更加爱智。事实上，根据李约瑟的研究，在15世纪之前，中国的科技发展一直是领先世界的。如果说它对现代化有任何负面的影响的话，就是它比较爱和平、不功利，对于武力和经济的发展重视不够。不过在今天，社会的发展已经到了功利过头的程度了。人人逐利，唯利是图。在这种情形下，提倡中国文化会有一种促进心理平衡的良性作用。

总体而论，我认为中国近代的相对落后，主要是由于中国失去了参与工业革命的机会，以及处于三大周期的末端。当西方从农业社会转变到工业社会的时候，中国并没有进行相应的发展。所以，当西方列强在19世纪用武力强迫中国打开国门时，中国正处于濒临破产的农业社会。这自然没法招架。

传统文化受到批判是因为它被保守势力利用来抗拒改革

在19世纪的清代正是一个由异族统治的封建王朝的末期。它正处于一个衰败的过程，因此社会里不可能有欣欣向荣的气象。当时虽然有很多有志之士尝试推行改革（包括百日维新和由孙中山领导的推翻清政府的革命），但这些改革都受到激烈的抵抗。不论是政府里面的王公贵族，还是社会上的一些保守势力，都在极力抗拒着社会的改革。他们往往会拿着传统的旧文化、旧伦理、旧道德来作为抗拒改革的挡箭牌。这就给人一种印象，中国文化是在为保守势力护航，其实这只是统治阶层一种自卫的手段，并不表示中华的文化就是反对求新求变。

除了与利益有关的保守派，中国社会也有一些文化上的保守派。他们误以为只有传统的才是正确的。如果有人要把祖宗传下来的东西改变了，那是大逆不道。不过，这个世界是不断发展的，文化也不例外。这些保守派对改革的抗拒是不合理的。例如当时有些人就反对白话文的推行。在中国以前只有少数人能够接受教育。当时很多人读书只是为了参加科举。对于这些人，文言文当然不难。但如果要把教育普及，让大多数的老百姓都会写字读书的话，白话文就简易得多。但当时有很多保守派是抗拒这种改革的。这样就会让人觉得那些重视传统文化的人往往是不思进取的。

中国的固有文化其实是一个宝藏

在今天，世界上许多研究思想文明的学者都认为中华文明有着非常丰富的内容。在很早的时候，许多中国的古代学者就已经提出过很多精辟的道德思想，直到今天还可以起到十分重要的指导作用。中国的固有文化里面有很多令我们自豪的内容。例如在先秦时期，中国就已经发展出许多不同的思想流派，包括儒家、道家、法家、墨家、兵家等。道家对于人与自然的和谐之道有非常深刻的分析和体会。儒家对于人性、伦理和道德哲学有非常丰富的阐述。这些思想家的许多名言，即使在今天还可以给人极大的启发。这些中华文化可以作为建立一套新的价值观的重要资源。

当然，不是所有传统文化里的道德观念都是正确的，它也会有它的时代局限性。作为一种贯穿几千年的古老文化，以儒家思想为核心的中华文化并非完美，但是它的确有很多优秀的内涵。我们应对自己的传统文化客观地去深入研究，去除糟粕，汲取精华。

第二篇

价值观与社会发展的关系

本篇探讨了价值观的性质及其与社会发展的关系。什么是价值观？价值观与人性有何关系？价值观是否需要配合社会的发展？作者举出了大量的例证，来说明价值观有它的社会背景。在不同的历史时期，人们会推崇不同的价值观。本篇详细分析了价值观在人类社会几个主要历史阶段的发展，包括奴隶社会，君主/封建社会，资本主义社会，反资本主义社会（苏联模式）。从这些分析中可以很清楚地看出，许多价值观是为了满足当时的社会需要而建立的。

价值观的性质和起源

什么是价值观？

价值观（Values）是一种影响人的判断或行为的准则。它可能是一种理想的精神，或者是一种被当时社会推崇的道德规范。价值观是一个现代的名词，但它的内涵其实相当古老。自从人类开始生活在一个群居的社会，人们就需要有一套相适应的道德原则，以维持社会的秩序。这些原则就组成了当时的价值观体系。这个体系是社会文化里一个重要的组成部分。

价值观的来源有多种，主要可以分为两类。第一种起源是为了对人性的满足和强化；第二种起源是出于配合社会发展的需要。下面让我们首先探讨第一种起源，就是价值观与人性的关系。

价值观与人性

什么是人性？人性受两种因素影响：先天因素和后天因素。先天的因素基本上受生物基因的控制。人作为一种高等群居动物，既具备一般动物的本能（即所谓“兽性”，包括求生存的本能，追求食欲、交配欲和支配欲的满足等），也具备在生物进化过程中产生的有利于群居动物生存的本能（可称为“超兽性”），包括人与人之间的合作和关怀，恻隐之心和是非之心，母爱等等。因此，在先天的本能中，人性既有利己的一面，也有利群的一面[①]。所有动物，都有利己的本能，但只有群居动物，才能在漫长的生物进化过程中衍生出一些对群体有利的本能。这种利群的精神也不限于人类，许多群居动物包括蜜蜂、狼群和蚂蚁，都会愿意牺牲小我，成全大我。例如，蜜蜂就会为了保护蜂巢而不惜牺牲自己对入侵者进行猛烈抵抗。

后天的因素是指人在出生以后受到文化教育等等所产生的影响。随着人类社会的发展，个人与群体的互动越来越多，人性受到文化教育的影响也就越强。后天的因素对人性可以产生多方面的影响，既可以增强利己的本能，也可以强化个人与群体的融合。举例来说，在利己方面，现在许多人不断受到人们对金钱崇拜的刺激，就会强化了他对追求财富的欲望。又如，人们目前经常受到媒体上广告宣传的洗脑，刺激了他们对消费的欲望，甚至会崇尚一些并非必需的奢侈品。在利群的方面，后天的因素对人们也会产生很大的影响。譬如，我们从小就被教导要遵守一些风俗习惯和做人的规矩，包括遵守社会秩序、不能伤害或者欺骗别人、扶助弱者等等。这些教导强化了我们先天具备的利群的本能，例如把我们的恻隐之心强化为人道主义精神，把我们的是非之心强化为对公义的坚持。无论是小说、网络、电影等等，都会对人产生潜移默化的影响。它们一般会加强我们的道德观念。不过有时候，一些不良的宣传也可能会导致价值观的扭曲。

所有这些影响人性的因素，都可以说是属于价值观的范畴。不过，一般更加强调与道德有关的价值观。当某些想法或精神让人们感到自豪，并不断地受到其他人的肯定时，这些精神就慢慢会发

---

① 除了这些以外，人性中还有一些已经超越了利己和利群的价值。许多人相信这些价值是人类独有的。这些价值包括求真、求善、求美。求真不一定是利群或利己的。最初人去求真是为了满足自己的好奇心，但是求真带动了科学的发展，最终也能起到利群的作用。求善当然有利群的价值，不过有些人做善事也可以把它当作一种自我的满足。而求美更是已经超越了动物求生存的本能，主要是在后天的文化教育里受到了一些熏陶而培养出来的。

展成为道德上的价值观。这类从人的善良天性出发的价值观是无私的，人们甚至会因它而愿意承受肉体上的痛苦。还记得2008年四川发生汶川大地震时，有一个母亲在倒塌的房屋下，用自己的身体抵挡倒下来的墙壁和石柱，来保护她怀里的婴儿。当她被石头压住，临死之前，还继续为婴儿哺乳。此后的两三天里，她的婴儿就靠吸着这位垂死的母亲的奶来维持生命，直到被救出来。

在汶川大地震的时候，不只是母亲要保护婴儿，我们还听到了其他很多感人的故事，譬如有些老师，为了在地震时疏散学生，他们自己却不幸被掩埋在瓦砾之中。很多学生在地震发生时，自愿冒着生命的危险都奋不顾身地把同学救出来。这些都是人性在发扬积极一面。人有恻隐之心（儒家的所谓“仁”）；人也有是非之心，追求公义（儒家的所谓“义”）。这种天赋的仁义之心，驱使我们无私地去帮助别人。

价值观与社会发展的需要

第二类价值观的起源是出于社会的需要，包括维系社会秩序的需要、经济发展的需要和统治的需要。例如，近代西方社会强调民主和法治，就是因为它们可以有利于稳定社会的秩序；东方社会过去推崇孝、悌、忠、信，也是因为这些道德能有助于规范人与人之间的关系，以达至社会和谐的目的。

经济需要是价值观一个重要的起源。西方所强调的法治，不单是为了维持社会秩序，同时也有助于为社会上的经济活动带来规范。譬如在刑法里面有很多条文就是为了阻止经济犯罪（包括偷盗、抢掠和诈骗等）。而民法在经济领域的实用价值就更大，它直接提供了经济活动中人们应遵循的准则。而在旧日的中国，人们不太注重白纸黑字的法律条文，却特别重视信用。“诚信”是东方社会推崇的价值，“一诺千金”是过去中国商人们成功的必备条件。

所谓合约，往往只是一个口头承诺而已。在清代，山西商人的钱庄通行全国，他们靠的就是“讲信用”。因此“诚信”就是一种有利于经济活动的价值观。

有很多价值观是直接出于统治的需要而发展出来的。“服从”在西方奴隶社会被塑造成一种美德，因为接受了这种价值的奴隶就不会反抗，任凭他们的主子支配。“忠”在东西方的封建社会都备受推崇。这种下级对上级，百姓、臣子对帝王的忠诚，非常有利于君王对臣民的统治。另外，在西方基督教社会里，“神”是稳定社会秩序的一种主要威慑力量[①]，“对神的敬畏”成为一种十分重要的价值观。在基督教的《旧约》圣经里，一个人的好坏，是以他对上帝是否虔诚来判定的[②]。

价值观可以具有多重身份

在此必须指出，上述关于价值观的起源分为两类的说法并不是非常严格的。因为有许多价值观既是从人性出发，但也具备一定的社会功能。例如“公义”，它既是出于人的是非之心，它又为法治制度提供了一个非常重要的基础。事实上，许多价值观都可以同时具有多重属性。以自由或民主为例，它既是一种合乎人性需求的理念（concept），也同时可以是为某些政治或经济制度服务的软工具（political tool）。

一个社会在其发展过程中，需要有多种力量来支撑这个社会的架构，使它得到稳定。这些支撑依靠着不同的硬工具和软工具。

---

① Bertrand Russell在《为什么我不是基督徒》（1927）指出：“我认为宗教基本上或主要是以恐惧为基础的。这一部分是对于未知世界的恐怖；一部分是像我已说过的，希望在一切困难和纷争中有个老大哥以助一臂之力的愿望。”

② 基督教强调“因信称义”。例如：“我们若照耶和华我们神所吩咐的一切诫命，谨守遵行，这就是我们的义了。”（《旧约·申命记》6：25）；“亚伯兰信耶和华；耶和华就以此为他的义”（《旧约·创世纪》15：6）；“正如‘亚伯拉罕信神，这就算为他的义’”（《新约·加拉太书》3：6）；“乌斯地有一个人，名叫约伯；那人完全正直，敬畏神，远离恶事。”（《旧约·约伯记》1：1）

而价值观就是一种重要的软工具。随着人类社会的发展，社会结构越来越复杂，价值观的社会功能越来越重要。例如在早期的奴隶社会，支撑它的主要是武力。征服者是奴隶主，而被征服者成了奴隶。社会比较简单。但到了封建社会，事情就比较复杂了。统治者虽然也是靠武力，但不是每样事情都是可以拿刀来架在脖子上办的，因此他们在武力之外，也会加强思想上的控制。统治者需要一种无形的软工具，要制造一种信仰，宣扬忠于君王、忠于贵族的思想，使人民能更加自然地顺从统治者的意志。

到了近几百年，商业和工业在西欧得到大力的发展。新兴的工商业阶层要向旧的贵族争取对社会的控制权。在这个夺权的过程中，人们需要建立一套新的价值观来打破原有的崇尚忠于贵族的思想。这套新的价值观就是自由和民主。通过宣扬自由与民主，新的思想唤起人们对于自己权利的诉求。追求自由是人的一种本能，追求民主也是一种美好的愿望，这二者比“忠”的道德价值更能打动人心。所以它们一出现，很快就能打倒旧的以忠为本的封建思想。基于民主这种理念而产生出来的民主选举制度也很快取代了封建的世袭制度。所以，在欧洲由封建社会向资本主义社会转变的过程中，自由和民主就成了一种重要的思想工具。

价值观的时代性和永恒性

不论是起源于人性的价值观（第一类），还是起源于社会需要的价值观（第二类），其发展都有一定的历史社会背景。相对于第一类的价值观，第二类的价值观更加受到经济发展和社会结构的影响。譬如在封建社会里，非常强调人民对统治者的“忠”，而在资本主义社会，则更加强调民主和法治。在欧洲古代的封建社会里，人们非常歧视商人，认为做买卖来谋利是一种道德低下的行为；但是到了资本主义社会，谋取利益是天经地义的事情，企业家和银行家成了社会上最受尊敬的一群人。而在一些实行苏联模式的国家（例如苏联或改革开放前的中国），资本家却成了罪恶的代表。显然，对于争取经济利益的正当性，不同的社会有非常不一样的价值观。

因此，价值观显然有它的社会背景。在不同的历史时期，人们会推崇不同的价值观。但这并不表示，所有的价值观在下一个社会发展阶段就一定会被遗忘了。有些价值观是紧紧依附于某种社会制度的，譬如封建社会的“忠君”，或者苏联式国家中的“阶级斗争”，它会随着社会组织的变化而消失。但另外一些价值观，譬如“人道”“公义”，它是依附于人性善良的一面，它不会因为政治体制的改变而丢失。事实上，许多符合人性的正面价值，都会超越时代而有它的永恒性。

价值观必须配合社会的发展

价值观与社会及经济的发展密切相关

从上一节可以看得出，价值观不是一个抽象的东西，它是要跟社会的发展相适应的。在不同的历史阶段，不同的社会形态，不同的经济发展体系，价值观就会跟着改变。从唯物史观的观点来看，社会的进步跟生产力（包括生产技术）的发展是直接相关的。生产力直接影响着一个社会的生产方式（包含生产关系），而生产方式又影响它的社会结构。当生产力或者生产方式改变的时候，社会组织跟着改变，而此时往往也需要建立一套相适应的价值观体系（见图2-1）。

事实上，生产力、生产方式、社会制度和价值观可以说是一个社会不同的组成元素，这些元素可以互相影响，它们之间的关系

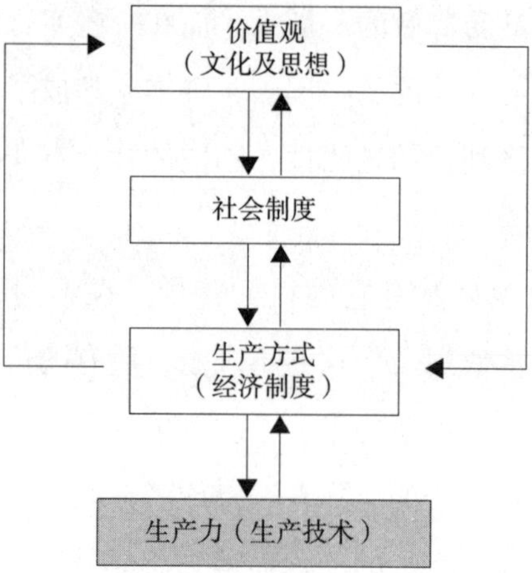

图2–1　价值观与经济及社会发展的关系
见附件1，图7–1

也并非单向的。一般而言，生产力决定生产方式，从而影响社会制度以及它的价值观；但在特定条件下，文化和思想（包括价值观）的改变，也可以影响到社会制度，从而影响一个社会的生产方式。举例来说，中国大陆自1978年开始的改革开放，改变了中国人的思想。思想的开放，使得经济得以飞跃发展，而政治上也有了极大的进步。再举个例子，欧洲在很长的一段时期内，基督教教会严格地控制思想，到了14、15世纪的时候，教会的控制减弱，文艺复兴才得以产生，使得欧洲在艺术、科学和技术上得以有了长足的发展，为后来的工业革命奠下了基础。而工业革命又大大促进了欧洲的生产力的发展，新的资本主义的生产方式从而建立。

当然，随着生产力的发展愈来愈发达，生产方式对社会结构的影响愈来愈大。而且，有些制度的产生（例如资本主义），必须依赖生产力和生产方式达到某种程度的发展（例如工业和商业的发达）。我们很难想象，在一个以游牧为主的社会，会实行资本主义制度。反过来说，我们也很难想象，一个资讯高度发达的工业社会能容许奴隶制度。

人类社会经历过不同的发展阶段

在人类历史里，有过多种的社会制度模式。这些模式往往是配合着当时社会生产力的发展。根据这个思路，人类社会可以分为多个不同的发展阶段，包括：采集/狩猎社会，游牧社会，初级的农业社会，高级的农业社会，现代的工业社会。不过，现时更常用的社会分类方法是根据社会制度模式的变化来划分的。例如，近代许多研究马克思主义的学者，就提出把人类社会划分为：（1）原始共产主义社会，（2）奴隶社会，（3）封建社会，（4）资本主义社会，（5）社会主义社会。马克思本人并没有看到第5阶段的出现，那只是他的预测。但在过去几十年，马克思的提法在中国大陆已经成了标准教材，在教科书里被广泛地采用。

不过，这种分类并非无争议的。举例来说，原始社会的组织是什么就很难界定。因为在生产力尚未充分发达时，社会制度的选择可以有很多种。由于文化和自然环境的不同，在世界不同的地方可能产生不同的社会制度。比如说，有些地方在最早期或许实行了奴隶制度，有些地方却可能会实行一种原始的共和制度。在更多的地方，原始社会可能会以一种氏族社会的形态出现。另外，由于处在地球不同角落的社会在生产力的发展并不同步，在每一个历史时期，会有多种社会制度在地球上同时存在。这些不同的文明既有互相冲突，也有互相影响。即使在同一个国家里面，有时候也会并存着多种社会制度。例如2000年前的罗马，在公元前27年奥古斯都称帝以前，是采用共和体制，史称罗马共和国；在奥古斯都称帝以后，罗马成为一个帝国，是一个君主社会，但同时也实行大规模的奴隶制度。再以19世纪的美国为例，既是一个发达的资本主义社会，号称实行民主的政治制度，但又广泛地使用着奴隶。这种国家内部的不调和最后导致南北战争。

研究社会发展是一门非常复杂的学科。本书的目标主要在于探讨价值观与社会发展的关系。因此，为了方便讨论起见，我们只能采用目前比较通用的分类法，抽取一些有代表性的人类社会发展阶段作为样本来加以分析。这些抽样的阶段包括：奴隶社会，君主/封建社会，资本主义社会，和“反资本主义社会”（即是“苏联模式”）。

表2–1　价值观与社会模式的关系

社会模式	经济模式	社会内部的主要支配元素	价值观的主要功能
奴隶社会	初级农业社会（包括游牧社会）	武力	巩固奴隶主的利益
君主/封建社会	农业社会	政权/武力	巩固君主和贵族的利益（在东方，价值观同时要促进社会的和谐）
资本主义社会	工业社会（市场经济）	财富/政权/法权	巩固资产阶级的利益
反资本主义社会（苏联模式）	初级工业社会（指令性计划经济）	组织/武力	巩固革命党及其领导人的权威
后资本主义社会（以人为本的社会）	后工业资讯型社会/服务型社会（有计划的市场经济）	知识？	促进个人与社会整体的幸福

在表2–1中，前面4种社会模式都已经在人类历史里出现过。第5种模式（后资本主义社会）则是我们即将进入的未来社会。它的具体内涵还不能很清楚地界定。我们只能根据人类历史发展的大趋势来猜测它的走向。我国近年正在积极地发展一种有中国特色的社会主义，这也许可以作为后资本主义社会的模式之一。在目前，我们起码可以确定这个未来社会是一个资讯型和服务型社会，采用的是有计划的市场经济模式。在社会内部起主导作用的支配元素估计再不是武力或者财富，而是知识（knowledge）。这里所指的“知识”不单指作为现代社会第一生产力的科技知识，还包括管理、法律、历史、社会等等各方面的知识，甚至包括艺术与人文素养等等。

从表2–1中可以看出，在不同的社会模式里面，价值观的主要功能并不一样。在下面几章里，让我们扼要地回顾一下人类社会在不同的历史阶段，怎样去建立不同的价值观来适应当时社会发展的需要。

回顾奴隶社会的价值观

什么是奴隶社会?

让我们首先回顾奴隶社会的价值观。奴隶社会就是大规模采用奴隶制度的社会。在奴隶社会里面，生产的劳动力主要由奴隶来提供。奴隶与自由人的主要区别在于他们并不拥有人的权利，他们是奴隶主的一种财产，就像牛马一样，完全由奴隶主来支配。他们的工作并没有酬劳，奴隶主仅仅提供让奴隶勉强维持生存的条件。奴隶对生产资料完全没有支配的权力，例如他们不能拥有或者承包土地，他们只是单纯地为奴隶主服务——提供生产的劳动力。

在最早的奴隶社会里，生产力较为原始，它的生产方式也比较简单；主要是狩猎和游牧，有时候也包括初级的农业。它的社会组织往往以部落为主，少数地方可能是族群。部落和族群里面，有明显的领导层。社会成员一般可以分为3层：最上面的是统治者（如部落首领及其家族），中间是平民，平民的下面就是奴隶。更原始的奴隶社会可能只有两层，就是奴隶主跟奴隶。

奴隶制度存在于很多国家的不同历史时期，但有奴隶制度的社会不一定就是奴隶社会。例如很多君主国家使用奴隶，甚至一些资本主义国家（如美国）也长期实行奴隶制度。只有当一个社会中大部分的生产活动都是依靠奴隶制度来完成时，这样的社会才被称为“奴隶社会”。奴隶的命运是非常悲惨的。奴隶如果逃跑或者反抗，会受到非常残酷的对待，甚至被杀。欧洲在罗马的时期，逃跑或者反抗的奴隶会被钉在十字架上，让他痛苦地慢慢死去。

奴隶的来源

奴隶的来源是什么？大多数时候是战争中被打败一方的人民及其后人。当一个部落征服了别的部落，被征服的人民就变成征服者的奴隶。直到现在，一些住在亚马逊河（Amazon）流域原始森林里的少数部落会实行奴隶制。有时候，他们一个村会攻击另一个村，被掳掠的村民就成为奴隶。

典型的西方奴隶社会包括两千年前许多地中海沿岸的国家，例如罗马帝国和希腊城邦社会。当罗马人征服别的国家时，他们会将战俘和当地的居民收为奴隶。除此之外，当时的希腊有些城邦也会迫使异教徒成为奴隶。他们完全由奴隶主支配，带着镣铐从事苦役。有时他们甚至被放到角斗场进行人与人或者人与兽的搏斗，为当地的社会提供娱乐。

奴隶的另外一个起源是奴隶贸易。在欧洲人移民到美洲后，奴隶制度曾经广泛存在。在17～19世纪时，大批非洲黑人被欧洲白人掳走，然后被运到美洲去当奴隶。很多中南美洲的土著民也曾沦为殖民者的奴隶。在美国早期，也大批使用从非洲运来的黑奴。它的奴隶制度直到林肯赢得南北战争以后才被废除。但黑人在当时仍然受到很多的歧视，直到一个世纪以后，他们才获得公平的待遇（请见附录中的背景故事二：大西洋黑奴贸易）。

中国有没有明显的奴隶社会？

对于中国是否存在一个长期的奴隶社会一直存在争议。现代大陆的教科书都说中国有奴隶社会，而且持续到周朝末年、战国时期。这一说法主要是由以郭沫若为代表的左派学者提出的。对于这种说法有很多的学者质疑。第一，中国的封建社会以前是否必然是奴隶社会还缺乏权威的证据。不少人认为郭沫若等的理论是硬把马克思理论来套入中国的历史。马克思理论本来是根据他对西欧历史的了解所创立的，他自己并不认为他的阶段论适用于所有人类社会，尤其是东方的中国。第二，周代更像一个封建社会而非奴隶社会。首先，周代已经有了很明显的分封制度[①]，符合封建社会的政治结构。其次，根据周代的社会体制，也可以看出当时的农民并非奴隶。周代广泛使用“井田制”，等同于农民只需要上交他们耕作田地上的收获的1/9[②]，这表示他们已经拥有合法的土地使用权，明显地超越了奴隶的身份。

在中国改革开放后，有些学者也提出了反对周朝是奴隶社会的说法。例如黄现璠等学者曾提出“中国有没有奴隶社会”的意见。他们认为中国虽然有某些少数民族采用了奴隶制，比如蒙古族、女真族等，但在中原这并非主流。有些学者将各历史时期赋予不同的定位：殷至战国为“领主封建社会”，秦汉至鸦片战争为“地主封建社会”；或是夏、商、西周至春秋为“村社封建制社会”，战国后转为“地主租佃制封建社会”；另外一种分类法是把夏商两代定为“氏族封建制社会”，西周为“宗法封建制社会”，东周后为“地主封建制社会”。总之，虽然奴隶制度在中国曾出现在很多历史时期，但它与其他社会制度是并存的，未必是当时的主要生产方式。但究竟哪些历史阶段可划入奴隶社会，至今仍有争论。

奴隶社会的基础是强者支配

在早期的奴隶社会里面，它的价值观是什么？我们认为一个社会的价值观体系会分很多层，就像一个建筑物一样，它是建立在一个基础（foundation）上面（见图2–2）。

---

① 周代实行分封制度已有很多历史记载，例如《左传·僖公二十四年》：“昔周公吊二叔之不咸，故封建亲戚以藩屏周”。

② “昔者文王之治岐也，耕者九一，仕者世禄，关市讥而不征，泽梁无禁，罪人不孥。”（《孟子·梁惠王下》）

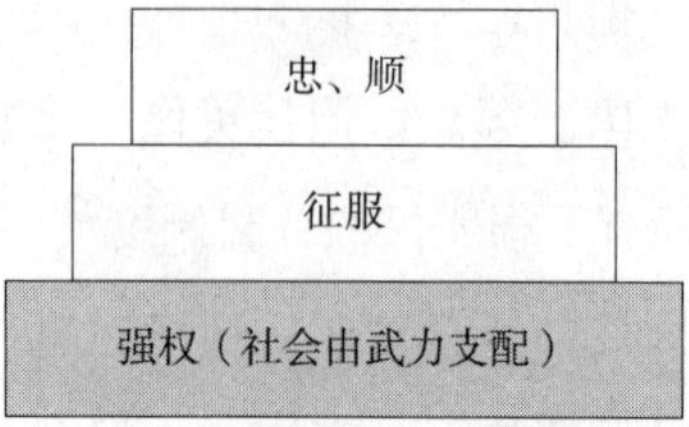

图2–2　奴隶社会的价值观体系

这个基础就是当时社会里得到普遍接受的原则（类似于数学里面的公理）。在奴隶社会，它的基础是什么呢？很明显它的基础就是“强权”。谁当奴隶，谁当统治者，并不取决于一个人的道德是否比人家更高，学问是否比人家更好。真正的决定因素是他的力量！而这个力量，纯粹是武力，这是极端野蛮的。如果我这个族的人，把你这个族的人打垮了，把你的人抢过来了，你就是我的奴隶！所以在那样的一个社会制度里面，就是武力决定一切，社会由强者支配。

奴隶社会的主要价值观是征服和忠顺

在这样的一个游戏规则里，它最主要的价值观就是“征服”！统治者必须保持强者的身份，他也要训练他的下一代成为强者。这个社会里面崇拜的英雄，就是能够打胜仗的人。但是，在一个社会里，主宰的统治者毕竟是少数，被统治者是多数。而且在奴隶社会里面，奴隶的日子是非常悲惨的。所以必须要找一个软工具，让那些被统治着的人，能够安分守己。不然，如果奴隶经常造反的话，统治者也很麻烦。所以要鼓吹另外一些价值标准：那就是“忠”、“顺”。以便使这些被统治者相信忠于统治者是一种光荣的事情。于是，统治者对于那些忠心的人会加以奖赏；而对于那些不忠心的人、想挑战的人，会很残酷地对待他。

所以，为了使社会稳定，需要有多层的价值观（见图2–2）。对强者，有一套价值标准；对弱者，也要有另外一套价值标准。这样才能使得强者能够继续强，弱者能够继续安分守己地呆在他弱者的位置。事实上，要训练弱者当顺民，不仅是在奴隶社会，在封建社会也是如此。譬如，当满清入关的时候，他就强迫汉人剃发："留头不留发，留发不留头！"剃不剃发为什么那么重要？其实就是要强迫汉人表示效忠。

我们可以发现，那些奴隶社会的价值观在许多现代的社会里仍然受到保存。例如，近代许多欧洲帝国主义国家入侵美洲、非洲和亚洲并建立了很多的殖民地，他们也要训练那些被征服的人民去接受"忠"与"顺"、乖乖地听宗主国的话。近代许多法西斯主义国家，也都积极地教育人民要忠于领袖。

回顾君主/封建社会的价值观

在奴隶社会之后，随着生产技术的改善，以及人口的增长和集中，人类进入了一个新的社会形态，就是农业社会。在这个时期，它的主要生产方式是耕作和养殖。不但大批地开荒造田，并逐渐开展其他的配套工程，包括水利、道路，建筑等。那时候人的群居规模更大了，逐渐从部落发展到城邦，从城邦再发展到国家。这时候最主要的生产要素，就是土地。谁控制了土地，谁就是统治者。在这样的生产关系下，就产生了封建制度。

什么是封建社会?

"封建"这个词在现代往往被视为一个负面的形容词，表示"落伍"、"独裁"、"专制"等等。其实在中文里面，"封建"就是"封邦建国"的意思，只是对于历史制度的一种描述。关于

“封建社会”这个名称，可以有多种意思。在本书里面，我们采用了一般约定俗成的定义，封建社会就是由君主和贵族统治的社会，也就是所谓“泛封建社会”。不过严格来说，封建制度只是在君主统治社会里面的一种分封制度。古代帝王把爵位、土地分赐亲戚或功臣，使之在各该区域内建立邦国。这种分封制度据说在黄帝时候开始，到周朝的时候已经非常完善。在《礼记·王制》里面就有提到：“王者之制禄爵，公、侯、伯、子、男凡五等……天子之田方千里，公、侯田方百里，伯七十里，子、男五十里。”

秦统一中国以后，实行高度的中央集权制度，施行“郡县制”。国家被划分为大大小小的行政区域，由朝廷派官员管理，定期调换。官员只负责管理该区域，而不拥有当地的资源。刘邦建立汉朝以后，除了继续实行中央集权的制度，也分封一部分的子弟和将领作为王侯。所以形成了郡县制和分封制共用的局面，后来被称为“郡国制”。郡国制度贯穿中国其后的各个朝代，只不过有时分封制的比重较大，有时中央集权程度较大。

因此，“封建制度”这个词在不同的使用环境下可能有狭义和广义之分。根据狭义的解释，“封建制度”只是分封制度。但是在近代，许多人把英文的feudalism翻译成“封建制度”，它的含义因此被扩大了很多。这种广义的封建制度，包含一切独裁统治的君主专制制度，不仅仅局限在分封制，也同时包括中央集权的郡县制或者郡国制。不过，对于中国秦以后的君主统治制度能否称为“封建制度”，有些学者仍有争论[①]。

在西方，“封建制度”（féodalité or feudal system）这个名词的出现比较晚，首先出现在17世纪初[②]，到了18世纪才被广泛运用。封建制度主要是用来描述欧洲在公元5～15世纪期间的社会形态。在那

① 侯建新：《“封建主义”概念辨析》，中国社会科学，2005年第6期，173~188页。

② 见《Encyclopaedia Britannica》。

个时候，欧洲有许多城邦国家由大小贵族统治。统治模式分为好几层：在大的帝国里面，统治者是皇帝（emperor）；在一般的国家，统治者是国王（king）。国王也可以把一部分土地再分封给其他大大小小的贵族（封臣），他们是领邑中的统治者。由于当时百姓的生活依附于农业生产，贵族便掌握了领邑中包括土地和人力在内的一切资源。

封建制度的理论基础十分简单。那就是：一个国家是属于统治者及其家族的。统治者的支配地位通过血缘继承并由武力来维持。不过为了政权的稳定，他们也必须做出一些使得老百姓信服的解释，好使他们相信统治者的地位是超乎人力的。于是创造出了“君权神授”的神话。即国王的权力基础被宣扬是神的意志。在东方，虽然没有一个绝对的神，但也使用了相似的宣传手法。最高的统治者被称为“天子”，使老百姓相信他的地位是天命所归。

在本书内，为了方便讨论起见，我们把所有由君主和贵族统治的社会都统称为“君主/封建社会”，不论它是采用“分封制”、“郡国制”或是中央集权的“郡县制”。在君主/封建社会里，统治者有不可挑战的权力。简要而言，君主/封建社会的统治有几项特质：首先，统治者有绝对的权威，他的意志实质上就是国家的法律。其次，统治者是终身制的，无任期限制。第三，封建统治者的政治权力主要来自武力夺权或者世袭制度。只有通过战争才能把一个统治者推翻。

世袭继承制度的确立

为什么在君主/封建社会产生了世袭的继承制度？这主要是为了维持政权的稳定，避免出现过多的战争。我们可以举个例子来说明：在某一个王国里面，当这个王国刚刚创立的时候，也许它的国王是非常能征善战的。他能带着军队冲锋陷阵，打败原来的统治者，建立他的王国。但是在获得政权以后，他希望有一个稳定的长期统治。当国王年老或死去的时候，是不是下面那些将军和大臣，又要发动一次战争，决定谁的武力最强，来担任新的国王？如果那样做的话，每隔十几二十年，就要打一次战争，这样不但国家不稳定，人民的生活也很苦，而且当权者也没有任何安全感。所以后来人们就发明了世袭的继承权，让王者的后代，通过世袭制度来继承他的王位。这样，别人就不必争这个位置。国王的后代在继承王位的时候，也同时继承了一群原来在政府里面当官的人，他们还可以继续掌权，不会失去他们的地位。这样子，政府的组织就会相对地稳定了。

世袭的继承制度不但适用于王位的转移，也可以适用到贵族的特权，并扩大到私人的财产。比如说一个平民拥有一些田产，当他年纪大的时候，或者临死的时候，他可以把这些田产交给他的子女。所以他不必担心在他力量衰弱的时候，别人会把他的田产抢去。其实，继承权是人类历史中一个很重要的发明。它为人类社会创造了两个重要的概念，第一个是承认私有的财产，就是为财产的私有化给予一个合法的地位。第二个是财产是可以通过亲属关系来继承的。这样就免除了很多对于财产拥有权的争议，让社会得以安定。当然，它也有负面作用，就是造成社会的阶级地位的分化；统治阶级跟被统治阶级往往代代相传，使得权力与财富集中在少数的家族手中（事实上，世袭制度到了资本主义社会还继续保存着）。

封建制度在中国的发展与欧洲不一样

君主/封建社会是人类历史上很重要的一个发展阶段。从人类开始有文字记载的文明一直到工业化开始，中间经过了几千年的时间。在这个阶段，大部分国家都是采用封建制度。因为有长时间的发展，君主/封建社会在后来已经变得非常的庞大和复杂。像在中国，自从秦统一六国以后，就成了一个庞大的帝国。从汉朝到明朝初，人口保持在5000万左右。为了管理那么大的帝国，就需要有一套庞大的官吏系统。同时它也要发展出一套适用于那样一个社会制度的文化和思想的体系（包括价值观体系）。这套价值观体系有两个主要的目的：一个是为统治阶级服务的，使得统治的基础得以稳固；另外一个是为了社会的和谐，使得人与人之间的关系有一个良性的规范，帮助维系着社会的秩序。这样就使得当时的社会变得稳定。这些封建社会的价值观是什么呢？东方的历史跟西方的历史是不一样的，所以就发展出两套不同的价值观体系。

西方的封建社会崇尚征服以及对神的敬畏

在欧洲，自从罗马帝国崩溃以后就一直处于分裂的状态，从来没有统一过。大小国家之间的战争连年不断，造成西方国家一向重视武力和霸道，信奉强者支配。因此西方封建社会的价值观在很大的程度上与奴隶社会相似，信奉“强权就是公理”。另外，在罗马帝国把基督教奉为国教后，教会在欧洲有非常大的势力。因此，西方的价值观体系需要同时建立在“君权”和“神权”的基础上。事实上这两者是相关的，因为国王的权力往往号称是来自神的意志，就是所谓“君权神授”。

西方封建社会跟东方的封建社会最大的不同，就是它的思想长期受着宗教的严密控制。自从罗马的君士坦丁大帝把基督教定为国教以后，整个欧洲几乎都在神权的统治之下，教会几乎有着绝对的权威。基督教的教义被认为是神圣的，绝对不容许怀疑。一个人的德行，主要取决于他是否对宗教虔诚和对上帝敬畏，而不在于他是否仁慈。如果一个人不相信基督教的教义，那么他就是异端，可以被关起来甚至被烧死。不但在欧洲如此，当清教徒移民到美洲以后，他们对于宗教也是极端排外的，在历史上曾记录过多次宗教迫害的事件。譬如在美国早期，在一些农垦场（plantation）里面，曾多次发生“捕猎女巫”（witch-hunt）的惨剧[①]。有人怀疑一些女人偏离了正统的基督教信仰，认为它们是女巫，而把它们活活地烧死。其实，所谓“女巫”往往是一些比较有医药常识的女性（例如助产妇），它们可能有些言论或主张跟当时的长老不一致，就被认为是异端或者违反教义。

在欧洲，君主的地位不管来自征服或者继承，都必须由教会来确认，这样才是合法的。在新君主加冕时，往往都是由大主教把皇冠放到新登基的国王的头上。所以国王的统治，也需要神权的认可。

因此，西方封建社会的价值观体系必须同时建立在君权和神权的基础上。在这个体系的上一层，包括有几种价值：相对于神权的就是“虔诚”，而相对于君权的就是“征服”（对统治者而言），以及“忠心”和“服从”（对被统治者而言）（见图2-3）。关于“征服”，它的需要跟奴隶社会很像。因为君主的地位在最开始是打出来的，以后也要靠武力来维持。所以征服就成了成功的必要手段。只有征服了对手以后，才可以把他的地抢过来，把他的人民抢过来。他们把人民叫做subject，意思是把被统治的人当作一种财产。所以他们的第一个价值观就是“征服”。

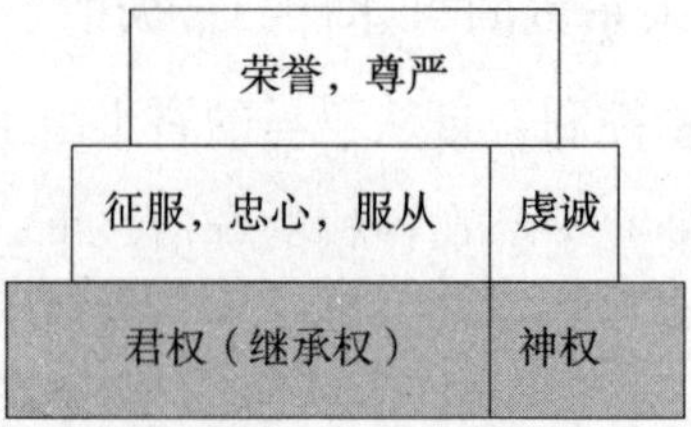

图2-3　西方封建社会的价值观体系

① Jenny MacBain, *The Salem witch trials: a primary source history of the witchcraft trials in Salem, Massachusetts*（2003）.

事实上，从很多西方的历史故事里面，可以看到他们歌颂的英雄，主要是一些征服者，比如恺撒、亚历山大大帝等等。这些征服者大都是很残酷的，他们其实是侵略者。当他们攻陷下别的国家的城堡时，往往屠杀了很多无辜的平民[①]。这种崇尚征服的思想，一直影响着欧洲。所以当西方国家开始工业化的时候，也同时推行了帝国主义。通过武力，向世界的其他地方大力扩张，这就是延续着他们在封建社会的征服主义。

为了使得被统治的人服从封建贵族的统治，他们还培养了另外一些价值观，就是忠心和服从。比如一个贵族住在城堡里面，附近的土地归他管辖，他需要平民对他供养，需要征税征兵。如何让那些平民甘愿去供奉那些贵族呢？一方面需要用武力的胁迫，另一方面又要培养一种道德观，教导平民要服从和忠于贵族阶级，鼓吹服从是一种美德。而且不但是平民要忠于贵族，贵族所养的一些武士也要甘心乐意的为贵族卖命。例如，当国王命令武士去执行一件任务，即使要冒着生命的危险，武士也必须去执行命令，因为服从就是当时一种重要的价值观。这种价值观，在今天的军队里还一直保存着。

这样在君权和神权的基础上，就发展出了征服、忠心、顺从与虔诚这些价值。为了让人们觉得忠心与服从是光荣的，同时就创造了“荣誉（honour）”和“尊严（dignity）”等概念，来把这些价值神圣化。对于一个好的武士或者贵族来说，荣誉跟尊严可能比生命更重要。不过在封建社会里，“荣誉”有时候会变成美化“霸道”的包装。因为“荣誉”往往是靠比武来捍卫的。在西方许多的文学著作里面可以看到（例如大仲马的《三剑客》），如果一个贵族跟另外一个贵族发生冲突，他可以提出决斗。而另一方为了捍卫他的

① 例如，亚历山大大帝于公元前335年在攻陷底比斯（Thebes）时，施行屠城以威慑其他的希腊人臣服。

荣誉就必须接受这个挑战。在这种情形之下，“荣誉”是靠武力来决定，而不在事情的对错。这其实就是体现了“强权就是公理”（Might is right）这种野蛮的规则。

西方封建社会培养的另外一个价值观是“尊严”。尊严可以说是一种心理上的自我肯定。培养尊严对于军人尤其重要，这主要是因为他们经常都要面对战斗，得冒着生命的危险。怎样让他们愿意接受命令，自觉地去奋勇作战呢？这就需要教导他们十分重视自己的尊严。为了保护他们的尊严，他们就不能够打败仗，或者临阵逃脱，或者投降，成为俘虏。“尊严”于是成了驾驭军人的一个软工具，因此也巩固了统治者的权力。所以“荣誉”和“尊严”在一个贵族社会里面有着非常崇高的地位。

直到现代，荣誉和尊严仍然保存着一种非常正面的地位。但已经不是依靠武力来取得，而是依靠事业的成功或者社会的地位来得到。事实上，荣誉和尊严在今天已经成为“精英”阶层优越感的主要来源（在一个高度文明的社会，荣誉和尊严在心理上的重要性可能会超越财富）。

东方的封建社会偏重社会的和谐

东方的君主/封建社会，与西方不太一样。首先，中国过去拥有土地的主要有两个阶层：除了贵族（包括君主，诸侯或者封建领主）以外，更多的是平民的地主。第二，中国的传统文化强调王道而非霸道。第三，宗教在中国社会里并非一个主宰的力量。在中国过去几千年以来，没有信仰一个很具体的神。中国当然也有很多重要的宗教，包括道教、佛教等等。但是在封建社会的早期阶段，这些大规模的宗教还没有出现。比如在春秋战国的时候，只有道家思想而没有道教，佛教也还没有传入中国。所以在中国的文化形成的早期，宗教不是处于一个支配的地位。即使到后来，有些朝代曾经盛行过佛教，譬如隋朝和南北朝时，在有些地方佛教几乎成了国教。但是佛教跟基督教不一样，它没有很强的排他性，所以不致造成宗教迫害。

由于宗教在中国社会的影响力比较弱，社会的秩序就只能靠一套道德规范来维持。因此古代的中国需要一套更强的道德观。这套道德观是经过长期的发展而形成的。事实上在先秦时期，中国的文明已经相当发达。不但农业、畜牧业已经非常有规模，一些其他的生产技术，包括陶瓷、冶金、纺织、建筑等等都已经相当发达。尤其在人文思想领域，在先秦时期，中国已经发展出一系列先进的伦理学、心理学、社会学和哲学。包括道家的顺乎自然的思想，法家的法治制度，儒家的民本思想等等。在过去2000年里，中国的文官制度有了高度的发展。不少朝代都能够统治两三百年，这就表示她有一套能够稳定社会的统治办法。

在中国，代替宗教的主要是伦理思想；尊崇的是“天、地、君、亲、师”①。天和地都是不同层次的自然。地比较接近人，就是给人休、养、生、息的大地。天就是天命，代表一种超自然（super-nature）的力量。但是这个“天”并不是拟人化的，不像基督教圣经里的“上帝”那样，或者像希腊神话里的“宙斯”。中国当然也有其他的神话，比如盘古开天辟地，女娲补天等等，但并不是我们祈祷的对象。中国虽然也有“君主受命于天”的说法②，但这个“天”并不是指神，而是“天命”，也就是自然的规律。所以宗教在中国的支配地位远低于西方。

中国封建社会的价值观主要建立在“伦常”的基础上。所以在

---

① 天、地、君、亲、师于战国时期已经成形。“礼有三本：天地者，生之本也；先祖者，类之本也；君师者，治之本也”《荀子·礼论》）；东汉《太平经》已经有“天地君父师”的整齐说法，明后开始在民间广为流传。参见徐梓《“天地君亲师”源流考》，北京师范大学学报（社会科学版）2006年第2期。

② “皇天上帝，改厥元子，兹大国殷之命，惟王受命，无疆惟休，亦无疆惟恤。”（《尚书·召诰》）。

"天、地"以外，就是"君、亲、师"。"君"就是君权，"亲"就是父权。像西方一样，东方的封建社会也宣扬"忠君"这种价值观。关于对"忠"的推崇，中国有许多感人的故事。例如，据《韩诗外传》上记载，在春秋的时候，晋国公子重耳流亡在外，有一次逃到卫国，他的粮食被偷光了，饥饿难当。为了让重耳活命，他的一个追随者名叫"介子推"，暗地里把腿上的肉割了一块，与野菜同煮给重耳吃。想想看，在他们断粮的时候，介子推自己没得吃，已经很痛苦了，但是他还愿意把腿上的肉割出来，这需要多大的牺牲精神！这就是"忠"这种价值观的威力！介子推这样做并不是为了日后得到国王的宠信。因为当重耳后来成为晋国的君主（晋文公）之前，介子推就退隐了，并没有到朝廷去做官。所以他对重耳的忠心并不是一种争宠的谋略。

"君"之后，就是"亲"和"师"。"亲"主要是指父权。为什么父权重要？就是因为后辈能够继承先辈的财产（在农业社会，这主要是土地），所以必须对先辈十分尊重。这其实是配合继承权的一种价值观。至于"师"为何也受尊重？因为在古代，受教育是一种特权。大部分的农民并没有受教育的机会。知识分子在中国一直有很高的地位。为了巩固教育制度，必须宣扬尊师重道。比如私塾的老师过去在农村是一直很受尊敬的。对知识的尊重，是中华文明一种优秀的传统。

不论西方和东方，继承权都是封建社会的重要支柱。在东方的封建社会，价值观体系的基础就是君权和父权（见图2–4）。但是和西方有点不同，东方比较不强调征服。事实上，东方社会因为以儒家思想为主，宣扬的是王道而不是霸道。"以德服人者王，以力服人者霸"。但如果不靠强权，那靠什么来巩固社会的秩序呢？这就要对被统治的人民宣扬"忠"跟"孝"。为了巩固君权，必须宣扬"忠"；为了巩固父权，必须宣扬"孝"。东方文明比较强调

“利群”，所以“忠”的思想不但只是对上司而言，甚至可以扩大到对自己的平辈。因此对于朋友，也是要忠。事实上，“忠”也包括“信”。忠跟信是分不开的，忠发展到平辈的时候就是信。《论语》里有一段曾子的名言：“吾日三省吾身”。其中两种他要经常反省的就是：“为人谋而不忠乎？与朋友交而不信乎？”所以，在儒家思想里，忠跟信是做人的重要基本准则。

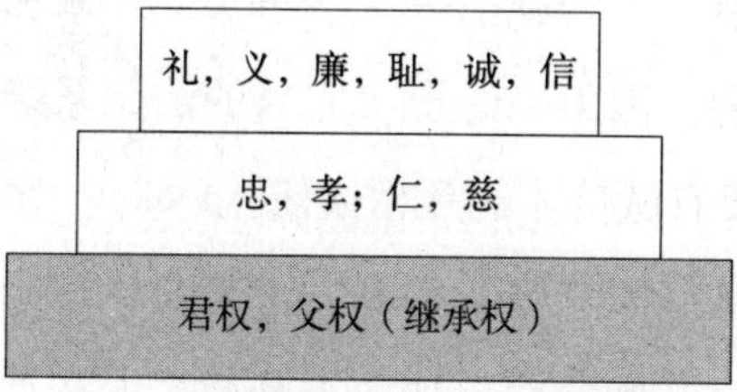

图2-4 东方封建社会的价值观体系

在东方，孝道是非常重要的。在很多文学作品里都加以颂扬。而且有许多民间故事，都在宣扬孝的精神。例如《二十四孝》，里面讲述了很多戏剧化的关于孝的故事，比如“卧冰求鲤”之类（不过，有时候这些民间故事会被荒谬地夸大了）。

忠跟孝是下级对上级的态度，不只是简单的服从，而是把它升华成一种道德。在古代，忠是很光荣的事情，孝子也是很受人尊敬的。但在王道的精神里，不只要求下级对上级必须尊敬和服从，同时也要求上级对下级要有一种爱护的态度。因为只有这样才能建立一个和谐的社会。所以中国的传统文明也推崇“仁”跟“慈”。仁是对君来讲；统治者，要行仁政。好的帝王就应该爱民若子。在家庭里，长辈要慈；一个模范家庭必须“父慈子孝”。忠和孝是服务于君权和父权的，仁跟慈就是对忠和孝的适当回应。这两者同时规范了上下级之间互动的正确态度。在这样一个道德的基础之上，就能有效的维持社会的稳定与和谐。

中国的封建社会，经历过几千年的发展。形成了一套卓有成效的价值观体系。当然，这套价值观主要是为农业社会服务的。与西方社会的取向不同，它强调维持群体的利益，而非拓展个人的利益；它强调谋求社会的协调与稳定，而非对外扩张；它强调以德服人，而非以力服人。经过几千年文明的积累，这个价值观体系内不但包含有为统治阶级服务的价值观（例如忠与孝），也包含许多发扬人性光辉的思想（例如仁与慈）和促进社会和谐的一些文明规范（包括礼、义、廉、耻和诚信等）。事实上，诚和信也是一个社会经济发展所必需的。因为当时没有完善的法制系统，要使到贸易得以推行，就必须要有诚信才能互相信任。

至于"礼、义、廉、耻"等等，也是要从道德上发挥稳定社会的功能。人都有自私的一面，如何去平衡个人和社会的利益，是一个复杂的问题。深入人心的道德观，可以从心理上抑制一些"自私自利"的冲动。这对于一些掌握权力的官员尤其重要。由于中国的官员历代都是从知识分子中考选提拔，故先贤们一直告诫读书人要建立无私的价值观，以减少他们当官后贪腐的危险。

传统日本社会的价值观——菊与刀

要研究封建社会所产生的价值观，除了欧洲和中国以外，日本可以提供另外一个很好的案例。第一，日本社会的传统是比较突出的，比别的社会明显。第二，一直到二战以前，日本长期处于一个相对稳固的封建社会。既没有像中国一样多次受到外族（游牧民族）的入侵，日本的皇室也一直来自同一个家族，它的国民因此有一个恒久的效忠对象。第三，日本是一个最早现代化的东方封建社会，在近代成为一个举足轻重的大国。因此研究日本的文献非常多，有利于我们较清楚地了解日本社会的价值观。

传统的日本和中国虽然长期都是封建社会，但这二者的制度并不一样。中国在秦以后主要实行中央集权的郡县制，而日本则主要实行分封制，情形跟早期的欧洲封建社会很像。因此，日本既吸收了很多中国的传统文化，又出现了一些类似于西方的崇尚武力的价值观。

在二战后，有一本非常有名的书叫《菊与刀》[①]，专门讨论日本的民族性。二战时美国军方为了摸清楚他的对手，邀请了一些学者对日本社会进行调查研究。美国一位人类学家鲁思·本尼迪克特（Ruth Benedict）为此写了一份详尽的研究报告。这篇报告后来在1946年正式出版成为一本书，就是《菊与刀》。这本书比较客观地描述了日本民族的双重性格[②]。日本人既有爱美、有礼、文明优雅的一面，日本的军人却又兼具勇猛、好胜和残忍的性格。这本书的影响力非常之大，它被翻译成30多种语言出版，在过去60多年成为研究日本的经典之作。

二战前的日本人为什么被认为同时具有“菊”与“刀”的二重性？我认为，与其说这种二重性是日本人的民族性，不如说这是日本传统社会塑造出来的价值观；而这种价值观的出现，主要是由于日本有一些独特的历史条件。

1. 二战前的日本基本上是一个发达的封建社会。

2. 日本很早就接受了中国的传统文化，这种文化对日本的发展有非常大的影响。

3. 日本社会有一种非常严密的等级制度，大大地强化了日本人的封建意识。

4. 日本的教育非常发达，尤其重视他们的幼儿教育。人们很早

① *The Chrysanthemum and the Sword: Patterns of Japanese Culture*, Ruth Benedict, Houghton Mifflin company, 1946.

② 有些学者认为，要描述日本的民族性，“樱与刀”可能比“菊与刀”更为贴切。“菊”代表高雅，例如日本皇室用的家徽是菊，“樱花”代表美，是日本国民最喜欢的花。所以对于大多数日本人而言，他们重视美的性格应该用樱来形容更为准确。我国著名的军事理论家蒋百里早年留学日本，他就曾经写道：“花是樱花，人是武士”！多么美呵！……因为樱花当它最美的时候，正是立刻就要凋谢的象征。好像武士当他最荣誉的时候，就是他效命疆场的一刹那间。——录自蒋百里《日本人，一个外国人的研究》。

就被灌输一套固定的价值观。

5. 日本有一个万世一系的天皇，这就大大地强化了日本人“忠”的传统。

6. 在明治维新以前，日本没有一个统一的中央政府，各个地方诸侯经常互相征伐，战争不断。

下面让我们分析日本这些特点为何会影响他们的价值观。

日本形成菊与刀之二重性的主因

日本社会在“菊”的方面的表现包括重视礼，欣赏美，守法，忠心和敬业。这些价值观是怎么形成的呢？这与日本的社会发展有密切的关系。

第一，日本很早就受到中国儒家文化的影响。日本从公元3世纪就开始输入中国的文化，到唐朝时大规模地向中国学习。儒家的很多价值观，包括忠、孝、礼、义在日本的社会一直有着极大的影响。

第二，日本是一个有着非常严密等级制度的封建社会。日本的等级制度比中国和欧洲都更加严密。日本人十分强调“各得其所，各安其分”①。这就使人自然地遵守等级所带来的社会秩序，鼓励了日本人更重视礼和守法的习惯。

第三，日本的教育十分发达。他们的等级观念从幼儿教育开始已经潜移默化地深入到每个人的心中。因此日本社会有一套被广泛认同的价值观。这种共通的价值观使得他们的社会容易变得有序。这种“各得其所，各安其分”的观念的推广，再加上日本教育的普及，使得每一个人都很清楚地知道他在社会上处于什么样的位置，知道如何做好自己岗位的工作。

① 中文翻译引自：《菊与刀》，鲁思·本尼迪克特著；吕万和，熊达云，王智新译，北京，商务印书馆，1990。这个词在英文的原文是“Taking One's Proper Station”。

第四，日本社会的等级制度也强化了个人的责任感。每一个等级的人既明白他的权利，同时也知道他要承担相对应的责任。例如在一个日本家庭里，根据性别和长幼有明确的尊卑等级。父亲是一家之主，可以在家里享受最多的权利，大到决定儿女的婚姻和工作，小到每顿饭第一个动筷子。除了父亲以外，长子就是最权威的。他不但要继承家业，他还可以指挥他的弟弟和姐妹们。不过，“权力”意味着“责任”，当父亲引退时，长子也必须承担整个家庭的责任，包括提供经济收入来源等等。

强烈的责任感不但存在于日本人的家庭，也贯穿于日本的企业之中。长期以来，日本的公司采用一种终身雇佣制；即使公司不赚钱，也不会轻易解雇员工。因此，这培养了员工对企业的忠诚和团队精神。这与日本的企业文化建立在封建社会的价值观上有关。明治维新以后，日本开始工业化。有很多新企业都是由原来的贵族经营（例如三菱集团，三井集团）。这些新的财阀就相当于旧日的领主，他们要求雇员对其忠心，也愿意负起照顾雇员的责任。这种职业上的安全也回过头来鼓励了企业的员工发展出一种精益求精的精神。

日本社会除了有“菊”的一面，还有“刀”的一面。“刀”可以表现为作战勇敢，不服输，崇尚武力，有时候甚至残忍。这些价值观是怎么形成的呢？这与日本社会的发展也有密切的关系。

第一，日本有一个崇尚武士道的传统。武士是日本社会一个重要的阶层，代代相传。在日本的传统社会里，贵族必须养一批武士来保卫或者扩张自己的领地。贵族本身也必须是武士。他的领地是靠武力来维持的，基本上是“武士刀里出政权”。武士有很多特权。只有武士才可以佩戴和使用兵器。一般的平民是不允许私藏武器的。如果一个武士和一个农民起冲突，武士可以把那个农民杀掉，而不必承担法律的惩罚。武士的地位是一直受到尊崇的。

因此，日本人非常崇拜武士道的精神。一个好的武士必须作战勇敢，对主公非常忠心，能够毫不犹豫地执行命令，不惜用生命来捍卫自己的荣誉。在古代，假如一个武士没有尽到自己的责任去完成任务，他要用剖腹自杀的办法来谢罪。这种武士道的精神，使得日本人崇尚武力，在作战时也比较凶残，展现出“刀”的性格。

第二，“忠”是封建社会的一种共通的价值观。二战前的日本可以说是一个发达的封建社会。在本章的前面已经提过，无论是西方的封建社会还是东方的封建社会都十分重视“忠”的价值。对于封建社会的统治者来说，只有宣扬忠才能使得他的子民甘于服从。为什么“忠”的价值观在日本受到特别的强化？这有几个原因。首先，日本从中国输入的儒家文化里面已经吸收了忠的概念；其次，日本由于是一个等级非常严明的社会，对于忠的对象非常明确；最后，日本的天皇是万世一系的。天皇被神化，据说是天照大神的后代，因此具有神的地位。这就大大地强化了日本子民对天皇的效忠。

第三，古代日本地方诸侯之间长期征战不断，所以锻炼出一种好战的尚武精神。在明治维新之前的日本与中世纪的欧洲有点类似，群雄割据[①]。为了争夺土地和权力，地方诸侯经常互相征战。所以领主们需要养一批能勇敢作战的武士。而武士为了报答领主的恩惠，他们必须不怕牺牲并对领主尽忠。而且，武士的唯一出路也就是参与战争。日本古代的武士是不允许耕作的，他们只能依靠领主发给的薪俸过活。这也在客观上逼着武士要重视他的尚武精神。

第四，日本由于实行严密的等级制度，它的文化缺乏一种平等的精神。上下级之间，性别之间，都有严格的尊卑之分。例如子女

① 日本名义上的最高领导当然是天皇。但在明治维新以前，实际上政权经常旁落在地方诸侯手上。在幕府时代，幕府将军是实际政权的掌控者。在将军以下，有着很多称为“大名”的诸侯。大名以下，还有很多更小的地域性的领主。长期以来，日本出现了很多的“国”（相当于中国古代的“州”）。还有“藩”（日本江户时代对于将军家直属领地以外大名领国的非正式称呼）。在日本明治维新废藩之前的总数共有276藩（引自维基百科“藩 [日本]”）。

是完全不敢对父亲的意思有任何异议，士兵对军官的命令当然也不敢违抗。日本人对于国际事务也持着同样的等级观念。他们会把别的国家分成几等。日本在亚洲是最早开始工业化的，它比邻近的亚洲国家发达。因此日本的军国主义分子就把日本看作是亚洲国家的长兄，而中、韩等国家只是他的小弟弟，必须受它管束。于是他们不觉得出兵侵略这些国家有何不妥。

第五，日本天然条件的恶劣可能也是一种导致它倾向对外侵略的诱因。日本的天然条件比较恶劣，地震海啸频发，地狭人稠，可耕地少，而且天然资源也很缺乏。有的学者认为这些因素助长了日本人向外侵略的企图心。这种说法有时候更被日本的右派用来开脱他们在二战前对亚洲邻国侵略的责任。不论这种说法有没有根据，这种危机感在客观上强化了日本军队中“刀”的性格。

综合而言，由于日本的封建社会有一个长期的发展，它所形成的价值观是根深蒂固的。这套价值观就成为日本的传统。这种根深蒂固的价值观使得日本社会有强大的向心力，因而形成了一个高度有序的社会。日本作为一个发达的封建社会是很独特的。它既吸收了东方封建社会的传统文化，又发展出像早期欧洲城邦社会一样的尚武精神。在明治维新以后，又鼓吹“脱亚入欧”，学习了欧洲强权的帝国主义思想。这种特殊的背景，使日本同时糅合了东方和西方的价值观，从而形成了一种独特的“菊与刀”的文化。

回顾资本主义社会的价值观

当人类从封建社会进入到资本主义社会时，价值观也随之改变。资本主义社会的形成，主要是由于近几个世纪经济飞跃的发展。第一，是航海事业的发达导致国际贸易快速的成长。参与这个过程的国家主要在西欧。而贸易的推广，又导致了对外寻求资源及市场的需求。第二，由于商业的兴旺，带动了制造业的发展，产生了很大的动力去改善生产的效率。由于生产技术的不断的改良，越来越多使用机器，最终导致工业革命。第三，贸易带动了对殖民地的需求，造成帝国主义在全球扩张。

工商业的发展，促进了资产阶级的形成。这些资产阶级主要是工商业主，大多数是从平民中发展出来的。当这些工商业主的力量逐渐壮大时，原来在国家里面占据统治地位的贵族就成了他们的绊脚石。这就产生了一种变革的需要，要求推翻旧的制度。有了变革的动力，人们开始寻求在思想上进行突破。这种推翻封建制度的思想突破就是欧洲18世纪的启蒙运动（请看附录中背景故事三：欧洲启蒙运动）。它为日后的革命运动提供了理论基础，在欧洲和美洲都产生了极大的影响。

什么是资本主义?

资本主义包含起码两种意思，它既是一种经济制度，也是一种社会组织和运行模式。在封建社会没落以后，资本主义就成为西方的主流社会模式。它有几个主要的特点：（1）生产资料的私有化；（2）商品的生产和流通采用市场机制，（3）收入的分配根据市场来决定。西方发达国家一般不会否认自己是资本主义国家，但会较喜欢用一些更好听的名词，例如称为“自由市场经济”。

资本主义的自由经济理论最经典的代表是亚当·斯密（Adam Smith）在1776出版的《国家康富的性质和原因的研究》（*Inquiry into the Nature and Causes of the Wealth of Nations*）（简称《国富论》）。他认为经济的运作应该让有自我调节能力的市场来自由决定。用亚当·斯密的话来说，每个人“只想得到自己的利益”，但是又好像“被一只无形的手牵着去实现一种他根本无意要实现的目的……他们促进社会的利益，其效果往往比他们真正想要实现的还要好”（《国富论》，第四卷第二章）。举例来说，当一个社会需要某些产品，而这些产品的供应并不充足的时候，它的价格自然会上升，为生产这种短缺产品的生产者带来巨大的利润。而这种巨大的利润也鼓励了其他的生产者来生产这种产品，这样便解决了产品短缺的情形。而且，由于更多的厂家生产这种产品，它的价格会降低，最后达到一个合理的水平。所以，通过自由经济市场运作，社会需要的产品一定不会短缺，而且它的价格也是合理的，这样就保证了经济的效率。

虽然资本主义的经济制度，在16世纪已经开始，但“资本主义”这个名词，却出现得很晚。对于“资本主义”这个词，学者有很多争议。黄仁宇在1991年出版的《资本主义与二十一世纪》书中对资本主义此名词的起源作了许多考证。他引述法国历史家布罗代尔（Fernand Braudel）研究资本主义多年后得到的考证如下。

> “事实上要到20世纪之初，‘**资本主义**’这个名词才在政治论坛的争辩中，轰轰烈烈的被视为社会主义的反面。宋巴特（Werner Sombart）爆炸性的著作《现代资本主义》（Der moderne Kapitalismus，初版，1902），更将之引进学术界。在很自然的情况下，这个马克思从未使用的名词，却被归并于马氏的规范之中。自此，奴隶社会、封建制度与资本主义，被视为《资本论》作者的三阶段之演进。这名词在出现过程中的含糊不清，可能是由于它成为一种政治上的名目。20世纪初年，经济学家长期的拒绝使用，如纪德（Charles Gide）、康瓦斯（Canwas）、马歇尔（Marshall）、西利格门（Seligman）、卡萨尔（Cassel）。直到第二次大战之后，才在《政治学辞典》（Dictionaire des sciences politiques）中出现；《大英百科全书》迟至1926年版才赋予一篇解释。《法国研究院辞典》则迟

> 至1936年才加以介绍并给它一个啼笑皆非的定义："资本主义：资本家之整体。"这书至1958年仍未有显著的改进："一种经济体制，内中生产的品物属于私人或私家行店。"
>
> 事实上自20世纪初年以来，资本主义即被重重推压着不同的意义，而尤以1917年俄国革命之后更盛，曾使很多人感到尴尬。有声望之历史家如希亚通（Herbert Heaton）曾提议将之废弃不用。他曾说："在各种主义之中，最扰乱听闻的乃是资本主义。这字眼有了如此五花八门的解释与定义，任何人都可以说，资本主义与帝国主义相似。"费伯微（Lucien Febvre）认为它既然被过度滥用，实应自此放弃①。可是如果我们真的放弃，又必立刻感到怅然若失。南非德（Andrew Shonfield）②说得好：'还在继续使用资本主义这个名词的原因之一，是没有人（包括最严峻的批评者在内）可以提出一个较好的字来代替'。"

根据《大英百科全书》，资本主义的兴起可以追溯到16世纪。虽然在更古老的世界里，也有个别崇尚致富的地方，但在欧洲原来带有强烈宗教色彩的社会里，对于牟利是看不起的。到16世纪基督教新教改革开始的时候，这种想法才有所改变。新教徒认为富有的也可以是道德的。经济上的不平等，开始被合理化。

导致资本主义发展的有利条件是强大民族国家在欧洲的兴起。这些国家逐步建立一些社会条件，使私有化的生产受到鼓舞。这些条件包括货币的统一以及一些有利于自由贸易的法规的建立。英国从18世纪开始，资本主义的发展从贸易向工业转移。在早几个世纪累积的资本可以用来投资在技术上面。这样就使得工业革命成为可能。

当法国大革命和后续的多场战争把欧洲封建社会摧毁后，资

① Lucien FEBVRE, L'économie liégeoise: au XVIe siècle (Jean Lejeune. La formation du capitalisme moderne dans la principauté de Liège au XVIe siècle)., in Annales E.S.C., XII pp256 sq.

② Andrew SHONFIELD: Le Capitalisme d'Aujourd'hui, 1967, pp41~42。

本主义在欧洲得到蓬勃的发展。但从19世纪末在20世纪初，西方世界发生多次激烈的经济震荡。最厉害的一次是1929年的金融崩溃，带来20世纪30年代的大萧条。整个西方资本主义世界经济发展大大倒退，失业率非常高。原来那种自由放任的资本主义受到极大的怀疑。很多政府，尤其是美国，开始采用凯恩斯（John Maynard Keynes）的理论，来修正资本主义，大规模增加政府对经济的干预和投资。在第二次世界大战以后，这种改良的资本主义在美国、英国、西德和日本得到积极的推行，并在经济上取得很大的成功。

资本主义社会价值观的基础是追求个人的利益以及资源利用的最大化

资本主义在发展的过程中，建立了一套新的价值观体系。这个体系里面最根本的原则，就是肯定追求个人利益的合理性。这明显跟封建社会的强调君权和神权不一样。在资本主义社会里面，宗教当然还是存在，但已经不是这个社会的主导思想。当然，宣扬基督教，是欧洲早期帝国主义扩张的主要目的之一，但到了工业革命以后，已经不再起主导作用了。资本主义社会跟封建社会最大的不同，就是把君权抛弃了。取而代之的是“追求个人利益的权利”。另外，由于商品经济的快速发展，导致了人们追求“资源利用的最大化”。工业革命的发展，刺激了大量的采矿和各种能源开发，包括煤矿和石油等。在最近两个世纪，几乎所有资本主义国家都在全球扩张，其主要原因，就是要掠夺资源。他们到非洲去抢夺黄金、钻石和其他矿产；到亚洲去抢掠森林木材、橡胶、锡矿和石油等；到美洲去开采金矿和银矿。

资本主义社会强调自由与竞争

总结而言，资本主义社会价值体系的根基就是建立在两个想法上面：一个是对资源的最大利用；另一个就是追求个体的利益。这个利益归属的“个体”可以是“个人”或其家族，可以是一间公司（比如“东印度公司”），或者一个政府（相对于国际社会而言）。在这个追求个体利益的基础上面，要建立一套怎么样的价值观呢？图2–5显示了资本主义社会价值观的结构。在基础上面的第一层，就是“自由”和“竞争”。

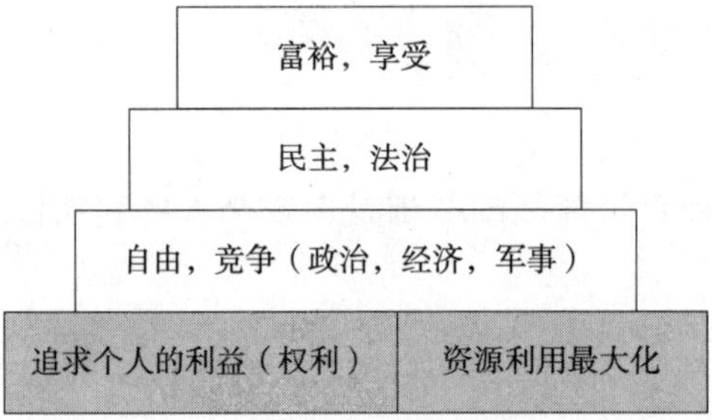

图2–5　资本主义社会价值观的结构

自由，自然是一种美好的理想，在欧洲启蒙运动中尤其受到极大的宣扬。自由，在英语里有两个不同的词，即是freedom和liberty。这两者的意义有轻微的差别。Freedom主要指“不受限制”；例如自由地选择宗教，自由恋爱等；而liberty主要指“不受压迫”，例如反对贵族对平民的压迫，反对奴役等。美国所重视的自由，主要指freedom，这里面最有代表性的是宗教自由。这可能与美国独特的历史有关。当年最早移民到北美的欧洲人，主要是逃避欧洲宗教迫害的清教徒①。美洲当时一片蛮荒，生活条件极其艰苦，从欧洲到美洲的海上旅途也是危险重重。欧洲移民们不惧艰险，誓要到达美洲，就是为了逃避欧洲的宗教迫害，要到新世界追求自己的信仰，获得

① 第一艘运载清教徒从英国向美洲移民的船是“五月花号”，在1620年抵达马萨诸塞州的普利茅斯（Plymouth，Massachusetts）。搭乘该船的乘客共有102名，在途中死了两人，约有一半乘客是英国的清教徒；在其后20年间，有大量的清教徒向美洲移民。此后清教徒在马萨诸塞州迅速扩张，1650年人口已超过15,000。

宗教上的自由。这种宗教自由，与法国大革命时鼓吹的不受贵族压迫的自由（liberty）是不一样的。这也可能部分解释了为什么先祖追求自由（freedom）的美国，在20世纪之前会长期剥夺其他肤色人种的自由（liberty）。他们在享受自己宗教自由的同时，并不觉得侵犯其他人的人权（包括大批使用黑奴，对美洲印第安人进行种族灭绝，歧视华人等等）有何不妥。

资本主义是一套以经济发展为主的思想模式，它建立的价值观自然也是为了有利于经济的发展。推崇“自由”的一个主要目的就是为了鼓吹“自由经济”。我们在前面已经提到，这种自由经济思想最早期的代表是英国亚当·斯密（Adam Smith）的《国富论》；较近代的有美国芝加哥学派（以Milton Friedman为代表）；更有现代意义的就是过去十几年华尔街投资银行家积极推动的“虚拟经济”（virtual economy）。这些银行家以“自由经济”为名极力反对政府对金融衍生产品的监管。最后导致了2008年拖垮全球的金融海啸。

资本主义另外的一种重要价值是“竞争”。这是因为自由的市场经济必须鼓励竞争。通过竞争，优胜劣败，可以淘汰落后的生产者，而使到生产更有效率。不过，我们必须注意到，资本主义强调的“自由”和“竞争”不单只是指导着经济的发展，它同时也指导着军事、政治以及社会整体的发展。所以，在资本主义社会里，国家与国家之间不单在经济方面竞争，同时也积极地在政治和军事上面竞争。因此在最近的几个世纪里，西方国家之间战争不断，而且战争的规模还越来越大。到20世纪，甚至演变成为两次世界大战，死的人以千万计。

在资本主义社会，竞争绝对是重要的。竞争不但在国与国之间，即使在人与人之间，公司与公司之间，也在强调竞争。这种对竞争的重视，也成为19世纪西方帝国主义在全球扩张的理论根据，他们甚至把它称作“社会进化论”（Social Darwinism）。进化论本来是用来解释自然界生物的演化。它认为物种之所以能够变得越来越先进，是因为他们不断的改变基因，然后通过“物竞天择，适者生存”，就可以产生一个进化的过程（evolution）。但是，把一个人类的社会当作一个动物的世界，来合理化残酷无情的竞争是不道德的。因为野兽处在一个蛮荒的环境，弱肉强食，并不具备道德的约束。把这种野兽的竞争规律应用到人类的社会当中，是极端不合理的。

现代的资本主义社会也重视民主与法治

早期的资本主义社会是相当野蛮和无情的，对劳工尽量剥削。到了现代，它已经大大地改善了。由于资本主义奠基在经济利益之上，它很自然地要强调自由和竞争。只有通过自由竞争，才能汰弱留强。不过，自由和竞争也需要有些规则，让竞争能有序地进行。那就好比人们在参加一项运动时，必须有比赛的规则，否则这个运动就无法进行。于是，资本主义同时也要宣扬民主与法治，因为只有这样，社会里的自由竞争才能有所规范。

民主和法治，是人类现代文明里的重要组成部分。民主是一种十分美好的理念，也是一种非常进步的思想。相对于奴隶社会或者封建社会里面依靠武力或者血缘来取得政治权力，民主制度当然合理得多。在近代的文献中，有无数的作品，对民主进行歌颂。一般认为民主的起源主要在2000多年前的希腊，当时有些希腊的城邦，就采用了民主的政治模式。不过在东方，也出现过类似于“民主”的“民本”思想。中国2000多年前的孟子就曾提出过“民为重，社稷次之，君为轻”（对于民主更详细的讨论，请看本书第六篇）。

同样，法治也是一个美好的概念。在人类社会中，很早就出现了法律。在西方，最早出现的法典有：古代两河流域乌尔第三王朝创立者乌尔纳姆颁布的《乌尔纳姆法典》（据说是世界第一部成文法典）；古巴比伦第6代国王汉穆拉比制定的《汉穆拉比法典》；约公元前621年古雅典颁布的《德拉古法典》；公元前450年古罗马颁布的《十二铜表法》（为古罗马第一部成文法典）。基督教《圣经》里面的十诫，也可说是一部简单的法律。在中国战国时代有法家一派。该派的商鞅在秦国受到重用，为秦以后统一六国打下了基础。不过，在封建社会里，往往君主的意志就是法律，即使有成文的法律规章，也只是一纸空文，不足以保护人民的权利。

在资本主义社会里，法治得到大大地加强。这反映在几个方面：（1）法律的独立性得到保障，立法与司法不再从属于行政系统；（2）立法权力归于议会，人民可以通过代议制影响立法；（3）确立"法律之前，人人平等"的概念，比以往的社会公平。由于法律体系的不断完善，也使得社会里正当的经济活动得到保障，并有序地进行贸易。这样，又带动了资本主义社会的繁荣。

资本主义社会最顶层价值观是富裕和享受

有了民主与法治，资本主义更上一层的价值观是什么呢？那就是富裕与享受。在一个自由经济的体系里，致胜的关键是占领和扩大市场。因此，为了推销商品，资本家必须鼓励人们去消费。而且，消费的价值愈高，利润愈丰，经济愈发展。所以资本主义社会崇尚追求富裕和享受。我们可以看到，现在不管报章杂志等平面媒体，或者电视与网络，都充满了广告，吸引人们去消费。有些节目甚至直接宣扬那些有钱的人怎么了不起，能有怎么样的享受。享乐主义的盛行，不但可以促进经济的繁荣，而且还可以争取民心，吸引资本主义社会以外的人，使他们想加入资本主义社会。富裕与享受有非常强的吸引力，因为它符合人性。事实上，资本主义在这方面也的确交出了很好的成绩。在过去两个世纪里，由于生产力飞速发展，人类的生活有了极大改善。我们活在现代的社会，能享受到的比几百年前的许多王公大臣还好得多。所以资本主义对于物质文明的发展，的确有极大的贡献。

资本主义有它的黑暗面

但是我们不能忽视，资本主义也有它黑暗的一面。在许多社会里，除了正面宣传的价值观外，还有一些“光做不说”的“潜价值”。这就像一个人一样，每个人的心中既有向善的一面，也有自私的一面，在不同的情况下可能表现不一。在资本主义社会里，除了自由、民主、法治等正面的价值观外，同时也有一些负面的潜价值，包括自私，贪婪，功利、伪善等。由于过分强调竞争及个人利益，功利和贪婪有时候到了失控的程度。这两种潜价值在金融及政治领域中尤其突出，2008年发生的全球金融海啸就是一个显著的例子。而在各个资本主义社会中，政府里的各种贪腐丑闻，也从不间断。

另外，资本主义也继承了奴隶社会和西方封建社会的强权思想。在国与国之间，公义几乎不存在。实际上奉行的是“Might is Right”（强权就是公理）的原则。因此，在近两个世纪，资本主义社会虽然已变得非常发达，世界和平却一直受到威胁。

回顾反资本主义社会的价值观

什么是反资本主义社会？

在工业社会阶段，出现了一个主流的社会形态与一个支流的社会形态。主流就是资本主义，支流就是苏联模式（可以称之为“反资本主义”）。反资本主义（Anti-capitalism）可以说是资本主义的相反模式（counter-model）。资本主义的特点是生产资料私有化，商品的生产和流通采用市场机制，收入的分配根据市场来决定。而苏联模式的特点是：（1）禁止生产资料的私有化；（2）反对商品的生产和流通采用市场机制；（3）收入的分配是由政府而非市场决定。反资本主义的兴起曾经局部借用了马克思的社会主义理论，但在实践时与马克思的理论却并不一致。有些西方的学者把这种体制称为“国家资本主义”或者“列宁—斯大林主义”。

苏联模式是一种扭曲的“社会主义”

当人类社会开始工业化、进入初级资本主义社会时，产生了很多社会问题，包括严重的剥削，极度的贫富不均和频密的经济衰退周期。于是一些学者（包括马克思和恩格斯等）为了解决这些问题，构想出另一种社会模式，他们称之为“科学的社会主义”。他们的社会主义与资本主义的最大区别主要表现在三个方面。

第一，在生产资料的所有制上，资本主义社会鼓吹生产资料的私有制。个人财产神圣不可侵犯，不仅一个人不能侵犯另一个人的财产，政府也不能侵犯私人的财产。与之相反，社会主义社会要消灭私有制，生产资料以公有制为主。其理由是劳动力是生产中最关键的元素，提供劳动力的劳动者理应分享大部分生产成果。为了防范其他人倚靠占有生产资料（如资本、土地）来剥削劳动者，所以要消灭私有制。

第二，在生产成果的分配上，资本主义社会既不是按劳分配，也不是按需分配，而是根据市场价值进行分配。就像今天的一些影视歌星担任某些公司的代言人拍一些广告，收入是非常可观的。他们的待遇远高于许多辛勤工作的科学家或者工程师。这样的待遇既不是按劳分配，也不是按需分配。至于在社会主义社会里，理论上在初级阶段应该实行“按劳分配”，在高级阶段（即共产主义社会）应该实行“按需分配”。[①]

第三，在经济模式上，资本主义社会强调自由经济（市场经济）；而社会主义主张计划经济。资本主义经济的理论创始人亚当·斯密在《国富论》中曾清楚地指出：市场仿佛一只看不见的手，有自然的反馈调节能力。政府对生产的管理，根本是多余的。而社会主义的拥护者则认为，放任自流的市场机制是行不通的。国家必须了解人民的需要，并根据这种需要，计划和指挥生产。

受到这个社会主义理想的鼓舞，在20世纪有很多国家进行了革命，建立了所谓“社会主义政权”。不过后来发现，这些政权虽然自称是社会主义，他们在实践中却与社会主义的理想有很大的距离，因此我们只能把这种实行苏联模式的社会统称为“反资本主义社会”（以下简称为“反资社会”）。西方一直把实行反资本主义的国家称为“共产主义国家”，这些国家包括以苏联为首的华沙条约国家（如东德、罗马尼亚、保加利亚、波兰、捷克斯洛伐克等），苏联的加盟共和国（如白俄罗斯、格鲁吉亚、乌克兰、哈萨克斯坦等），独立的南斯拉夫和东方的北朝鲜、北越（统一前的）、红色高棉和改革开放前的中国等等。事实上，把反资社会等同于共产主义社会是不准确的，因为根据马克思的理论，共产主义是社会主义的高级阶段，应当出现“人尽其能，各取所需”的理想境界。但显然，这种理想的社会在人类历史里并不曾出现过。

那么，把反资社会看作“社会主义社会”又如何呢？这似乎也并不妥当。因为“社会主义”是一种很广阔的理想，不同的国家和政党对它有不同的理解，实践的方式也很不一样。例如目前北欧的福利国家，他们把福利社会当作社会主义社会；苏联时期实行的是

---

① 在共产主义初级阶段：“每一个生产者，在作了各项扣除以后，从社会领回的，正好是他给予社会的。他给予社会的，就是他个人的劳动量”……在共产主义高级阶段：“只有在那个时候，才能完全超出资产阶级法权的狭隘眼界，社会才能在自己的旗帜上写上：各尽所能，按需分配！”（《马克思恩格斯全集》第22卷《哥达纲领批判》）。

国家资本主义，它也自称是“社会主义社会”；更为极端的是红色高棉，它实行的社会改造模式是把城市人民强迫迁到农村，为此制造了许多人道的灾难。但红色高棉的领导人也自诩在柬埔寨实现了“社会主义”。所以打着“社会主义”旗号的政权很多，但所做的却有很大的分别，很容易造成一种误解。

另外，那些实行“反资本主义”国家的实况，也不符合马克思的理论。根据马克思的构想，社会主义社会应该产生在高度工业化以后。当生产资料集中在少数人手上，大部分人被迫成为无产阶级。这些无产者最后联合起来革命，成功夺取资产阶级的政权。但历史的发展却并非如此。所有反资本主义国家在建立时，他们的工业化程度都不高。苏联、朝鲜、越南、中国建国时基本上都是农业社会，没有庞大的工人阶级。所以，发生在这些国家的所谓“社会主义”革命，并不是工人阶级革命。另外马克思认为，工人阶级革命应当是国际性的。因为它发生的时候，世界大部分国家都已经高度工业化；同时，被压迫的工人阶级实际上应该没有祖国，他们革命成功后，国与国的界限会减弱，国家机器会自然消亡。可事实上，在一些建立了苏联模式政权的国家里，国家机器却越发严密，国与国的冲突也日益严重。

马克思和恩格斯虽然主张私有制最终应该被废除，但是他们并不认为无产阶级夺取政权以后应该马上用一种强迫的手法废除私有制，而只能用和平的手段逐步改造社会。对于这个改造的过程，他们提出了一些具体的措施，包括：用累进税、高额遗产税、取消旁系亲属继承权、强制公债等来限制私有制；也可以用国有工业竞争的办法或者赎买的办法，逐步把资产阶级的财产转变到公有制上去（引自恩格斯《共产主义原理》1847年10月）[①]。但是无论在苏联还是后来成立的新中国，都没有按照马克思和恩格斯的想法去做。

① 《马克思恩格斯全集》第4卷，第357~374页。

还有，马克思主义强调基层民主，他所推崇的治国模式，是巴黎公社。理论上，基层民主在社会主义里应该得到充分的发挥，因为以前垄断了生产资料的资产阶级已经不再存在。但实行反资本主义制度的国家基本上与此背道而驰，不论是苏联、罗马尼亚、朝鲜或者红色高棉，权力几乎集中在一个人手里，领导人也不受任期的限制。统治的方式往往采用暴力手段（镇压、搞政治运动），而非法治、民主。因此，历史上出现过的反资本主义（苏联模式）国家实行的只是一种扭曲的或者僵化了的“社会主义”。其中有些政权还具有浓厚的封建色彩。

反资本主义宣扬的价值观是“革命”和“阶级斗争”

在反资社会里的价值观体系是什么？它的基础当然与资本主义不一样。资本主义的基础是追求个人的利益，而反资本主义宣称的是追求“无产阶级的利益”（更确切地说，这里的“无产阶级”其实是“无产阶级的先锋队”）。在这个基础之上，反资本主义宣扬的价值观是“革命”和“阶级斗争”。这种价值观在新中国成立后的头30年一直成为对人民教育的主流。到“文化大革命”更加成为神圣的口号。这些价值观给人们带来什么好处，能许诺什么？它追求的就是平等（见图2–6）。但事实上，不论是资本主义或反资本主义，它们在实践上和理论上往往有很大的不一致，本书在以后会有更详细的讨论。

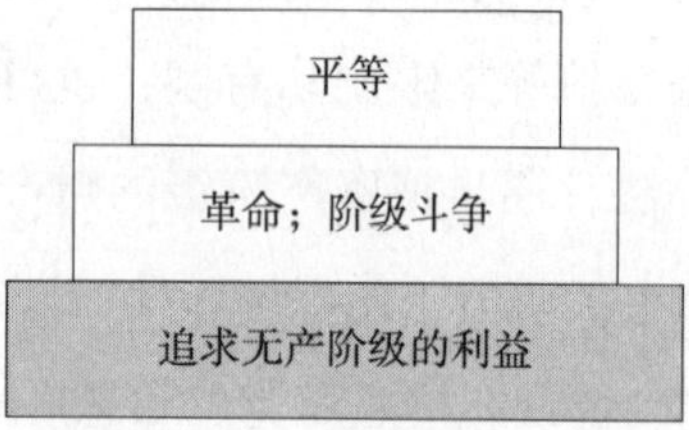

图2–6　反资本主义社会价值观的结构

反资社会只在人类的历史长河里昙花一现，它的生命周期比资本主义社会短得多。反资社会只在20世纪短暂出现。苏联是第一个反资本主义国家，从1917年十月革命爆发，到1991年苏联解体，前后不足80年。在它的解体之前，东欧许多在第二次世界大战后成立的反资本主义国家，包括罗马尼亚、保加利亚、东德、捷克斯洛伐克、波兰等都相继抛弃反资社会制度了。在1949年成立的新中国起初也属于反资社会，但在1978年开始改革开放后，已经基本放弃僵化的"社会主义"。今日的中国实行的是社会主义市场经济，政治上也不再强调阶级斗争（现在推崇的是建设和谐社会）。所以中国的反资本主义历史只有30年。

苏联模式为何失败?

在人类历史里，没有一个反资社会是成功的。为什么它不成功？第一个主要的原因是它的生产力比资本主义落后。它在实行计划经济的时候，完全否定商品经济和市场的功能。国家制定的生产计划完全没有经过市场的反馈，所以生产出来的产品不一定是人们需要的东西；而人们需要的东西他们不一定生产。这就造成很大的浪费。第二，它的经济没有再生能力。它不能通过竞争使产品的质量提高，或者扩大生产的规模。由于生产单位不能创造利润，它无法进行再投资使它的技术提高，产品也不能改善。因为缺乏这种反馈的资本的积累，这种制度是不利于工业化的发展的。第三，由于缺乏竞争，不能优胜劣汰。生产和行销的效率不能得到改善。第四，由于生产落后，供应不足，人民的生活自然难以满足，只能靠使用一些票证（如粮票、肉票、布票等）来限制人们的需要。这就使得生活在反资社会的人民非常羡慕资本主义社会的富裕，在政治上失去向心力。第五，在反资社会里，它宣扬的"平等"往往是不尽如人意的。它不但有着森严的等级制度，规定给予不同的人不同的待遇，并有许多政治上的歧视。

反资本主义社会的价值观没有稳定社会的功能

反资社会失败的另外一个原因是它的价值观不能发挥稳定社会的功能。当一群革命党人在推翻一个旧的政权时，他们要号召人民起来革命。但当旧的政权被推翻了以后，他们成了新的当权派，他们还要鼓吹革命吗？他们革谁的命啊？到最后就只能革自己同志的命。于是党争不断。

对一个居于统治地位的政府来说，把“革命”作为一种理想的价值观来宣传是不智的。鼓吹革命只能激化矛盾。政府应该教育人民通过长期的奋斗来改善社会。今天的中国仍然受到过去“不断革命论”的影响。现在国内有许多人（尤其是年轻人），很愤世嫉俗，只要看到社会上有一些不公平的事情，往往就要使用一些过激的言论把事件夸大，甚至集体起哄。现在中国有不少网民的言论并不理性。例如在2010年夏天，中国湖南省永州市发生一起枪杀法院法官的事件。一名任职邮局保安的男子因不满法院对其离婚案财产分配的判决，持枪闯入该市法院，向法官乱枪扫射，三名法官当场死亡，另有一名法官和两名书记员受伤。男子行凶后吞枪自杀。中国的互联网上出现了许多叫好与同情枪手的言论。不少网民对事件大表开心，甚至发出“咱们老百姓，今儿真高兴”这类的留言。网民的跟帖包括：“没有无缘无故杀人，也没有无缘无故被杀”；“当法律不再公正时，那只有自己去讨说法了”……这类偏激的言论为什么存在？一方面是中国目前的社会缺乏公义的情况比较普遍，而且缺乏有效的民意表达渠道；另一方面是群众比较缺乏一种平和、理性的心态。这后者极可能受到过去几十年“不断革命论”和“造反有理”教育的影响。所以，宣扬革命不但不能稳定社会，反而会使人更加不满现状，强化了社会不安定的因素。而阶级斗争，也有它的后遗症。阶级斗争长期下去，就容易造成社会的疲劳、残酷，使得人与人之间不能互相信任。

暴力革命只能是社会发展历史里的非常态

在历史上，当一个社会模式向另外一个社会模式转移时，例如从封建社会到资本主义社会，或者从封建社会到反资社会，往往会经历一个暴力的革命过程。在马列主义里面，革命被放在了最高的地位，因为它认为，只有把旧社会的秩序打破了，人们才能建立一个新的社会秩序。但是这种暴力革命的办法，只能是社会发展历史里的非常态。只有当一种过时的模式严重地妨碍着社会的进步，不得不把它推倒时，才可以采取革命的手段。鼓吹不断革命论是危险的，因为那样会使社会难以得到安定，也难以让一个社会得到和平发展的机会来逐渐自我完善。

所以，在我们讨论人类社会未来的发展方向时，我们不能把革命当做是主要的价值观。尤其在今天的中国社会，需要有一个和平过渡、不断发展、不断完善的过程。在这个意义上，一些能维持社会安定与和谐的价值观会更加重要。

第三篇

人类正在从资本主义社会向“后资本主义社会”过渡

在过去几十年，人类社会发生非常重大的改变；不但生产力有了飞跃的发展，人类各种活动的社会化程度也大大地提高。因此社会结构和人与人的关系已发生了根本的改变。这预示着人类社会正在进入一个新的发展阶段。我们暂时可以把这个新的阶段称之为“后资本主义社会”。从旧有社会发展而来的价值观体系，已经无法满足未来社会的需要。在这个新的社会里，人们必须更注重个人与群体利益的平衡，更需要追求可持续的发展。因此，我们必须发展出一套与这种形势相适应的新价值观。

资本主义社会是不是人类的终极社会?

在过去几个世纪，资本主义国家无论在政治还是经济上，在全球都占有领导地位。虽然在20世纪中间曾出现过一个向它挑战的反资本主义阵营（苏联模式国家），不过到了20世纪后期，反资本主义社会基本上已经随着苏联集团的解体而结束，只剩下很少数的国家（例如朝鲜），仍然实行反资本主义社会制度。在世界上绝大部分国家，包括俄罗斯和改革开放后的中国，已经广泛地实行市场经济。在目前，资本主义俨然成为世界的主流。但这是否表示资本主义就是人类社会的终极模式呢？很多西方人认为确实如此。20世纪90年代初，苏联刚解体的时候，美国有位著名作家福山（Francis Fukuyama）就写了一本畅销书《历史的终结》（The End of History and the Last Man），引起很大轰动，并受到西方知识界的高度推崇。这本书的基本观点，就是认为资本主义社会的自由主义将是人类社会的终极模式，随着苏联的解体，资本主义社会不会再有新的挑战。

但是，这种看法实在是太天真了。目前已经有大量的证据表明：资本主义不可能是人类社会的最终模式。无可否认，资本主义在人类历史上取得过巨大的成功。它推动工业革命，大大提升人们的生产力。它同时创造了条件，推动近代科学的快速发展。今天人们享受到的商品与服务，是史无前例的丰富。但是，资本主义的成功是要付出很大代价的。资本主义的发展为人类社会带来很多问题，甚至埋下了让人类毁灭的因素。由于片面强调追逐利润，缺乏适当的监管和协调机制，资本主义社会的经济发展一直存在着极大的不稳定性[①]。大大小小的经济危机一浪接一浪：例如20世纪30年代有大萧条，本世纪初有科技网络泡沫的爆破，最近又有席卷全球的金融海啸等。而且，为了利益的争夺，资本主义国家之间不断进行战争。在20世纪发生了两次世界大战，几乎为人类带来毁灭。

另外，严重的贫富分化也是发展资本主义带来的代价。在许多国家里（包括中国），贫富悬殊已经成为一个非常突出的问题。这种贫富悬殊不但出现在一个国家内不同阶层之间，也同时存在于不同发展水平的国家与国家之间。2009年夺得多个奥斯卡奖项的电影《一百万零一夜》以印度孟买的贫民区为背景。那里的生活条件就像地狱一样——房子破漏、垃圾堆积、污水横流——与欧美的富人能拥有跑车、豪宅、游艇甚至私人飞机，形成强烈的对比。最后，资本主义的发展更带来环境的恶化。为了享受和提高生产的效率，人类正在大量地消耗地球的资源，造成严重污染和全球暖化。因此许多有识之士纷纷呼吁，人们必须改变过去的发展模式。

对于资本主义的一些尝试的修正

由于认识到自由经济理论在实践上的缺陷，在过去一个世纪，许多国家都尝试用行政或立法的办法来干预市场。这些重要的干预办法包括：（1）从20世纪初，美国等国家通过一系列的反托拉斯（anti-trust）立法，打击垄断行为，并强迫一些垄断性企业，例如标准石油公司（Standard Oil）以及美国电话电信公司（AT&T），分拆为多间公司，以促进竞争。（2）为了应付周期性的经济危机，有些国家，例如美国，采用凯恩斯的理论，启动了大规模的公共开

① 资本主义的不稳定性（经济周期）有多种原因，恶性竞争是其中重要的一环。另外，在资本主义经济系统里存在着由于贪婪和恐惧造成的正反馈，机理上导致了经济的不稳定性。可参考：Hersh Shefrin：Beyond greed and fear: Understanding behavioral finance and the psychology of investing, Oxford University Press, 2002。

支计划来刺激经济（请看附录中的背景故事四：凯恩斯和他的经济理论）。这些刺激手段包括进行多项大型的基础设施建设，开展大规模的就业计划，政府大额度增加拨款来实行社会保障计划，对银行注资来拯救濒临破产的金融机构等等。到了今天，这种由政府干预的做法已经被很多国家采用。（3）为了防范财富的过度集中，许多西方国家采用累进制所得税制度，收入越高的征税的比例越大，以此达到财富在社会中分配较为合理的目的。

资本主义在今天仍然存在着很多问题

上述这些对资本主义的修正，的确起到了很大的作用。在过去的一个半世纪，资本主义国家的经济总量有了相当快速的发展。工业和服务业的水平在此期间也在不断提高。人均GDP总体都是持续增加的。即使如此，资本主义社会在今天仍然存在着许多难以克服的问题。首先，虽然今天许多国家已经通过反垄断立法防止了一些市场操控行为，但是在许多领域，大公司对产品供应的操控仍以各种形式存在着，包括利用本身庞大的经济规模优势，或者政府的政策扶持，进行对于供应链的垄断，甚至利用知识产权的保护来打击对手等等。例如，许多西方制药厂都想尽办法对某些紧要药品的生产进行垄断，以牟取暴利。这完全忽略了病人的需要。美国有一家药厂叫Myriad Genetics，拥有两个乳腺癌基因（BRCA1，BRCA2）的专利。通过对这两个基因分析的血液测试，可以知道一个病人患乳腺癌及卵巢癌的风险。由于这家公司独家垄断了这个基因的知识产权，他们把测试的收费定得非常贵（约3200美元）。没有其他人可以合法地测试这些基因，也不能发展与这些基因有关的治疗药物[①]。

① Should Firms Be Able to Own Your Genes? – 60 Minutes 节目 – CBS News http://www.cbsnews.com/stories/2010/04/01/60minutes/main6354069_page4.shtml 美国分子病理学会（Association for Molecular Pathology）几年前已向美国的法院控告Myriad Genetics，要求取消它们对乳腺癌基因的专利。2013年6月，美国最高法院终于作出有利的判决，认为人类基因不能被专利。这种不合理的利用专利来垄断医疗服务的行为，后来在美国受到挑战。

在资讯行业，有些大的供应商（例如美国的微软公司）经常被指控利用自身在市场上的优势扼杀了其他的竞争者。另外在一些资源供应商里面也有发生垄断的情形。例如现在全世界的铁矿石主要被控制在三家供应商手中，即澳洲的必和必拓（BHP Billiton）、力拓（Rio Tinto Group），巴西的淡水河谷（Companhia Vale do Rio Doce）。他们在2008年联手将铁矿石在中国的入口价提高了100%。由此看来，现在垄断的规模已经越来越大，垄断已经不局限在一个国家，而是扩展到整个世界。

其次，采用政府干预也不能完全避免周期性的经济危机。自从第二次世界大战以后，西方国家已经经历过多次经济衰退，包括上世纪70年代初石油涨价导致的经济衰退，1997年的亚洲金融风暴，2001年的科技股泡沫爆破，2008年的世界性金融危机，以及2012年欧洲多个国家发生的政府信用危机。事实上，现在许多经济大国都存在着非常严重的政府赤字。政府欠的债越来越多，单是支付债务利息就已经为政府带来了巨大的财政负担。

最后，虽然大部分西方国家都采用了累进制所得税制度，但是富人还是有很多办法可以逃税。近年来收入的不公变得越来越大，像近几年华尔街的一些大银行的主管，他们的收入（工资加奖金）可以达到每年几千万美元，相当于当地工人收入的1000倍。事实上，从整个世界来看，资本主义的发展导致了越来越大的贫富不均。根据联合国《人类发展报告1999》，生活在最富裕国家的20%人口与生活在最贫穷国家的20%人口之间的收入差距近100多年来一直在扩大。在20世纪末，生活在最富裕国家的 20%人口拥有全球86%的GDP，而最穷的20%人口只拥有GDP的1%。在1913年，最富有的20%的人与最贫穷的20%的人的收入比例是11倍，而到了1997年，这个比例已经达到70多倍（见图3-1）。所以，随着资本主义的不断发展，地球上收入的两极化愈演愈烈。这种情形是难以持续的。

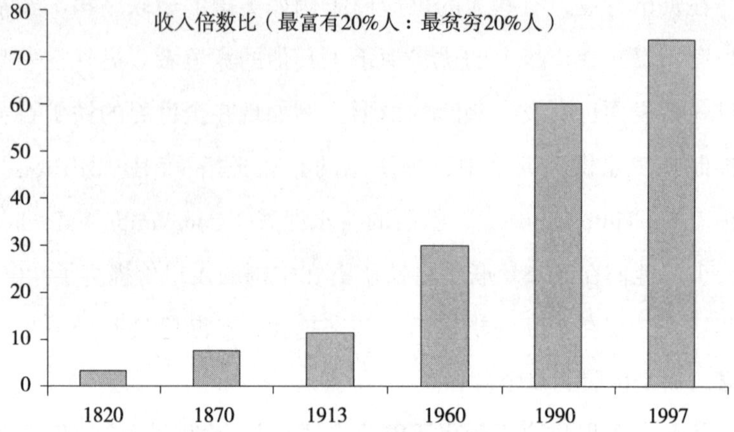

图3-1 最富1/5人口收入与最穷1/5人口收入的比较

数据来源：联合国：《人类发展报告1999》

一个单纯靠利益驱动的社会是危险的

一个社会不能单纯靠利益来驱动。即使自由经济理论的创始人亚当·斯密也很早就看到这一点。有些人认为斯密只是一位主张维护商业利益的经济学者，但这种看法是不正确的。斯密本人并非商人，他在格拉斯哥大学担任过逻辑学和道德哲学教授。他先于1759年出版了《道德情操论》一书，获得学术界极高评价。而后于1768年开始着手著述《国富论》，此书在1776年出版。在《道德情操论》一书里，斯密主要强调人类在慈善动机下的意图与行为的同步性；而在《国富论》里，斯密则强调在自由市场里，个人依照自己的利益行动时也会提升群体的利益。19世纪末期一些德国学者包括熊彼特等认为亚当·斯密在《道德情操论》中提出的同情（sympathy）原理与在《国富论》中提出的利己原理相互矛盾。因此，有人推断亚当·斯密可能是受了法国唯物论的影响，导致了从前者到后者的思想上的转变。对于这个问题一直有很多的争论。目前最广为接受的看法是亚当·斯密认为私利与群体的利益两者之间并不存在矛盾。因此，强调同情的《道德情操论》与强调私利的

《国富论》两书间并不存在冲突。事实上，在《国富论》一书出版后，他又发行了经过修正的《道德情操论》版本。在亚当·斯密一生中，他从来没有否定过道德情操的重要性。

亚当·斯密经常强烈地痛斥垄断商的活动，要求将其铲除。但在今天的资本主义社会里，强调的主要是利益而不是道德。这种以利益为驱动的制度往往会带来很多对社会不利的行为。例如，有很多商人为了增大自己的利润，会制造劣质的产品来降低成本，或者完全忽视了产品的安全性。在一些发展中的社会，当法治和法制还未充分完善的时候，这种由利益驱动的自由经济制度会产生更多的问题，包括造假、欺骗和不公。中国目前正处于市场经济的初级阶段，这种负面的行为尤其普遍。例如在食品安全上中国近些年发生了很多重大的问题：包括用含有甲醇的工业酒精制造假酒事件，用苏丹红等致癌颜料作为食品添加剂事件，加入三聚氰胺的毒奶粉事件，利用地沟油作为食用油事件等等。欺骗投资者的例子包括利用“层销”（大陆称“传销”，pyramid）手法的推销骗局，非法私募集资骗局（欺骗投资者有高回报的投资活动，事实上是用后来投资者的本金来偿付早先投资者利息的骗局）等等。即使一些合法的上市公司，最近也发现很多账目造假的情形。

利益的追求带来环境的破坏

以市场为主导的自由经济理论有一个很大漏洞，就是生产者往往并不承担生产的间接社会成本，例如资源不可再生的成本，环境污染或者生态破坏等成本。一些厂家为了增加消费，故意在产品设计上制造浪费，缩短产品的使用寿命。例如许多现在市面上出售的运动鞋，鞋底的胶都做得很薄。如果经常运动，很快就磨破。虽然此时鞋面还很新，却不得不再买一双新鞋。这样不仅造成了资源的极大浪费，而且产生了大量的垃圾。有些环境破坏来自工业生产过程。不少工厂为了节约成本而不采取废料的净化处理，例如许多造纸厂、化工厂等排放的废水废气严重污染了环境，导致当地居民患癌的比例大升；污染的农田河流使农副产业被迫终止，百姓民不聊生。此外，很多工业产品，像农药、废弃的电子产品等等本身就会污染环境。

这种由于利益的追求带来环境的破坏，在发展中国家尤其严重，因为它们的环境保护法律法规比较不健全，而且政府往往会更重视经济的增长，甚至以此作为考核官员的依据。因此，很多发展中国家的经济发展都是以环境的破坏作为代价。即使在法规相对完善的发达国家，一些企业为了节省成本，有时候也会铤而走险省略一些生产安全措施，以致造成严重的环境污染。一个著名的例子就是2010年英国石油公司（BP）在墨西哥湾的漏油事件[①]。该公司有一个钻井平台出现大量漏油，长期不能封堵，导致美国南部几个州的海岸严重污染。英国石油公司的内部文件指出石油泄漏的主要原因是公司为了追求利润而偷工减料。在正常情况下，每个油井需安装21个扶正器来保证油管安全。而BP公司为了降低成本、尽快投入生产，不仅将扶正器数量减至6个，而且省去了混凝土坚固度测试。这个被BP工程师们称为“噩梦般”的油井，最终导致了美国历史上最严重的漏油事件，造成了非常严重的生态灾难。

目前奉行的市场经济不断地鼓励人们去消费。为了增加利润，商人想尽办法利用种种宣传手段来刺激人们的消费欲望，甚至鼓励人们去购买许多不必要的商品（例如短暂流行的时装，化妆品等）。因此在社会里面产生了很多的垃圾。随着人们收入水平的不断提高，垃圾产量越来越大。根据美国环境保护局2009年报告，美国在1960年时的生活垃圾产生总量大约是每年8812万吨；到2008年已经将近每年24961万吨，足足增加了3倍多。发展中国家产生垃圾

① 见香港《明报》2010年6月16日的报导。

的增长速度则更快。在中国，垃圾产生的总量没有可靠的统计，但我们可以找出每年在城市里收集的垃圾的总量。根据国家统计局网上公布的环境统计数据，1980年中国600多个城市生活垃圾的清运总量是每年3500万吨[①]；到了2008年这个量已经增加到约每年16000万吨。不到30年垃圾增加了近4倍！对于垃圾处理的问题，现在很多国家几乎已到了无法解决的地步。

经济挂帅损害了人的自由和尊严

在资本主义社会中的另外一个问题就是那些处于经济地位低层的人往往会失去人的尊严。在以经济挂帅的社会中，处于主导地位的是少数控制资源的人，其他既不掌握权力又不掌握资源的人只能被支配，他们的自由和尊严往往会受到损害。这种现象在发展中国家尤为突出，因为这些国家经济发展程度比较落后，处于社会底层的人口占多数，就业的竞争很大。例如当今中国，很多农村人口进城务工，他们的工作待遇极差，不能享受城市医疗，子女也不能就读于城市学校，备受歧视。在2010年初，深圳有一家著名的电子制造厂（富士康）在数月之间，连续有13名工人跳楼自杀。为什么会有这样的事情发生？有人认为这是由于这个工厂为了保证效率，对劳工进行半军事化的高压管理，在精神上弱化了劳工的人格。但事实上，富士康还算不上是“血汗工厂”，它的劳工待遇在内地还算是较好的。有很多在珠三角以出口为主导的工厂，对工人的待遇更差。他们被迫长时间加班工作，而工资少得可怜。厂主有时候甚至用种种借口来克扣工人的工资。工人由于不愿失去就业的机会，只能忍受非人性的管理。这种经济地位的不平等使得他们遭受着自由和尊严的损害。（必须指出，自从中国的劳动法出台以后，这种情形有所改善。）

① 生活垃圾清运量：是指报告期收集和运送到各生活垃圾处理场和回收站的生活垃圾的数量。该指标数据来自住房和城乡建设部。这些只是中国600多个城市的数据，其他县城、城镇数据不在统计之列，如果加上所有这些城镇数据，那么垃圾量可能增大一倍。

另外，在过去200年资本主义的发展过程中，国家与国家之间收入的差距拉得非常大。只有在一些发达国家的人才能享受比较富裕的生活，而在很多发展中国家里面，大部分的人都很贫穷。这样就导致了很多贫穷国家的人偷渡到发达的国家去。而这些偷渡者，由于缺乏合法的身份，只能任人剥削，甚至过着不见天日的生活。他们就更谈不上拥有自由和尊严了。

资本主义的发展模式是不可持续的

资本主义的价值观基础是追求个人的利益。这种不断扩张的发展模式是不可持续的。资本主义的发展使得很多国家要求不断向外掠夺市场和资源，而这种掠夺往往只能通过武力。在近代历史上，欧洲利用它的海上霸权来开拓殖民地，美国向西部开拓领土，都是资本主义发展扩张性的表现。不过，在早两个世纪，世界上还有大量的所谓“处女地”，可以让欧洲人到美洲、澳洲、非洲等地方去殖民，掠夺当地的资源。然而，在21世纪的今天，地球已经再没有处女地可供开拓和掠夺了。况且，地球的资源是有限的。如果现在的“发展中国家”都一心按照资本主义的模式发展，人们将陷入无休止的斗争与残杀，人类将长期生活在战争的阴影里。何况，现代战争中使用的武器，威力是非常巨大的，任何两个大国之间如果发生全面战争，都会为地球带来大幅度的破坏。

人类的生存已经受到严重的威胁。我们今天使用的武器，已经足以毁灭地球上所有的人类！在工业革命以前，当不同国家或族群间发生战争时，他们使用的武器只是长矛、大刀和弓箭等，这些武器的杀伤力是有限的。到了最近两个世纪，枪械和大炮成了主要的武器，其威力就大大提高了。到了第二次世界大战，武器的威力发生了一种根本的改变，出现了核子武器。1945年美国首先使用了原子弹轰炸日本的广岛和长崎，把这两个城市完全摧毁。当时就有几十万人死亡。此后，原子弹遗留的核辐射所造成的患病人数更是难以计算。到了1950年初，氢弹又研制成功。原子弹的威力通常相当于几十万吨级TNT炸药的能量，而氢弹的威力则可大到相当于几千万吨的TNT。一颗氢弹可以轻而易举地毁灭一座有百万人口的城市。而且，它可以通过多种载体投掷，包括洲际导弹、巡航导弹等等。这些导弹可以从陆地、潜艇以及飞机发射。因此，它们可以从地球任何一处在很短时间内就能投射到一些指定目的地。也就是说，如果有一个大国想发动核子大战的话，它完全可以在几分钟内把几千个氢弹投掷出去。

根据2010年世界核军力现状的报告，今天已有9个国家拥有了核弹，现在世界上总共的核弹头有大约22000多个（见表3–1）。假如今天发生一次全球性的核子战争，这些核子武器可以把地球上的人类全部毁灭。即使有少数人逃过核弹的直接杀伤，核弹造成的“核子冬天”和在大气层中的长期辐射，也可以使那些留下来的人染上癌症而慢慢死亡。有人说，第三次世界大战肯定是人类的最后一次大战。因为，如果发生这样的战争，人类本身就会被毁灭！

根据上面的种种分析，我们认为资本主义社会不可能是人类的终极社会，自由主义也不可能是最后的答案。人类的终极社会应该是可持续发展，并且是健康、安全的。在全球化的进程里，人与人、社会与社会之间的距离越来越小。一个地区的灾难瞬间就能扩散到别处。人类的命运紧密相联。资本主义这个以追求个人利益为基础的发展模式已经不合时宜了。

表3-1　　世界核军力现状2010[1]

国家	战略核弹头	非战略核弹头	部署核弹头	总库存核弹头
俄罗斯	2,600	2,050	4,650	12,000
美国	2,126	500	2,626	9,400
法国	300	n.a.	~300	300
中国	180	?	~180	240
英国	160	n.a.	<160	185
以色列	80	n.a.	n.a.	80
巴基斯坦	70~90	n.a.	n.a.	70~90
印度	60~80	n.a.	n.a.	60~80
朝鲜	<10	n.a.	n.a.	<10
总量	~5,600	~2,550	~7,900	~22,300

我们正在进入一个新的社会发展阶段

简单地说，资本主义可以说是人类从农业社会过渡到工业社会的产物。今天种种迹像已经表明，从20世纪后期开始，随着生产力和科学技术的高度发展，人类正在开始进入另外一个新的发展阶段，可以称之为“后工业社会”。这些改变的迹象包括：人类的生产活动正在走向信息化和智能化，经济的增长主要依靠服务业的兴起，生产方式变得越来越社会化甚至全球化，交通和通讯的发达快速地拉近了人与人之间的距离等等。这些发展导致社会里各个部分和各个成员之间大大地增加了互相依存的关系。下面让我们详细地讨论，这些趋势为何会导致一种新的社会发展模式。

① Federation of American Scientists.（2010）http://www.fas.org/programs/ssp/nukes/nuclearweapons/nukestatus.html

生产活动正在走向信息化和智能化

在过去的5个世纪，欧洲日渐发达的国际商品贸易，促进了资本主义的发展，建立了市场经济。到了18、19世纪，又刺激了工业革命的发生，因而大大地提高了生产力。从此以后，人类不断利用科学与技术的发展，去提升生产的效率。在最近几十年，这种生产力的提升更是出现了新的变化，达到了质的飞跃。随着生产力的改变，交通及通讯的发达以及市场经济的发展，人类的生产方式也随之发生根本性的变化。

首先，由于机械化和高度分工，再加上信息化的物流管理，现在的生产效率非常高。在目前，光是珠江三角洲的鞋厂一年就能生产几十亿双鞋子，足以满足全世界的需要。其次，生产自动化、智能化的趋势日渐明显。举例来说，汽车是一种复杂的产品。在第二次世界大战以前，生产汽车需要很多人工的劳动程序，可现在的汽车装配线，许多工序都可以由机器人来完成。另外，生产电器（例如电视机）也大量利用自动化来完成，甚至把元件嵌入电路板也是由机器做的。从前由人手操作的车床，现在已大部分变成数控车床。自动化、智能化深入到生产的方方面面，使生产又快又好。

产业链规模的迅速扩大和生产的全球化

高效能的生产同时要求生产的高度社会化。现今的生产方式已经朝着“大规模集成化”（large integration）的方向发展。再以制造汽车为例，生产一台汽车需要几千个零件。这些零件包括机械的、电子的、化工的，也有玻璃、钢板、塑料等材料的。它们现在是由不同的厂家供应，而这些厂家往往分布在很广的区域，包括不同的国家。比起生产汽车，生产飞机更加复杂，所需的零部件比汽车更多，参与生产的组织就更是分布在世界各地，跨越各行各业了。在目前，一台飞机是被拆分成多个部分，由不同的公司生产，最后才统一装嵌。譬如空中巴士A330由在法国Toulouse的Airbus公司组装，但它的发动机是由美国的通用电气公司生产，它的电子舱门由中国的西安飞机公司制造，起落架和机翼也由其他的公司负责供应。当今的生产（尤其是复杂产品的生产）已经不是单靠一家工厂、一个集团或者一个国家完成了，生产全球化（Globalization）已经成为普遍的做法。而实际上，连简单产品的生产也变成全球性的。例如美国餐饮公司麦当劳在香港的一家分店，它的牛肉可能来自美国，土豆可能来自中国大陆，鸡肉可能来自越南，很难说清楚麦当劳卖的究竟是哪个国家的产品。与之类似，耐克（Nike）球鞋是美国的牌子，但它们大都在亚洲生产（越南或者珠三角），面料也来自其他地区。美国总部负责的就只有设计、销售和广告而已。总之，生产全球化在现在已经相当普遍，估计在未来更加会成为主流。

在这种情形下，企业之间既有竞争，也需要合作。而且许多合作是跨国进行的。例如空中客车是由法国、德国、英国和西班牙等多家飞机公司协作生产的。它的竞争对手波音公司，也采取类似的策略。又如上海汽车公司是中国的汽车制造商，可它也与美国的通用汽车公司合作，生产通用汽车其中一种品牌系列（Buick）在中国销售。实际上，上海汽车与美国通用的关系远不止于此。它们互相生产对方的零件，既是竞争对手，也相互依存。在现代社会，这种既竞争、又合作的生产方式将越来越流行。生产效率的提高将不单纯依靠竞争，还要求企业、生产单位的合作。

经济的增长主要依靠服务业的兴起

生产力的变化还体现在服务业的兴起上。以前人们生产的主要是“硬件”，即有形的产品，可是现在生产的更多是看不见摸不着却有重要功能的东西。举个例子，一台计算机的母板、记忆硬盘、屏幕等是有形的，是计算机的硬件。而它的操作系统是无形的，就是它的软件。毫无疑问，软件是计算机最重要的组成部分之一。没有软件，计算机只是一堆废铁罢了。而生产这个操作系统是需要庞大的人力和时间的。微软公司（Microsoft）的视窗系统经过20多年的发展，通过大量的投资，才成为今天功能强大的操作软件。服务业不单体现在仪器和设备上，它还满足人类各种各样的需要。例如金融服务满足人们理财的需要，各级学校满足人们教育的需要，医疗服务满足人们保健的需要等等。还有娱乐事业、文艺事业、饮食、旅游等，不一而足。而服务业创造的财富是巨大的，它带来的GDP占美国经济将近80%，比工业、农业还要多。

人类活动的社会化程度已大大地提高

生产大规模智能化、集成化、全球化的趋势以及服务业的兴起都为人类生产力和生产方式的发展带来极大的改变，这必将带动社会结构以及价值观的变化。在现代社会里，由于高度分工，对人们互相配合的要求便大大地提高。现在不单生产已经社会化，连生活也是日趋社会化。以前的人可以单独完成多样事情来满足自己生存的需要：例如他们可以自己耕种获取粮食，自己挖井获取饮水，自己砍柴获取能源，自己建房子获得家居。现在的情况却完全不一样了。社会有严密的分工。例如，一个大学教师的工作，就是教学。他通过提供教育服务来换取满足衣食住行的必需品。同样的，政府官员的工作就是处理好政务，警察的工作就是维持治安，工人专注生产，医生则专心为病人治病。他们完全不需要为食品、安全、能源等事情操心，因为这些物品和服务都由社会上的其他人提供。只要他们做好自己的本分，就可以换取这些东西。

事实上，在现代社会，一个人的生存完全依赖社会系统的良好运作。当人类的社会越来越发达，社会化的趋势就越来越明显。现在基本上没有一个城市的居民可以独立于社会的其他成员生存。

譬如我们生活用的主要能源——电力，就要靠发电厂、煤矿和石油工人等的工作来保障。生活最基本的能源不是由我们自己提供，而是依赖于一个庞大的工业系统。至于生存必须的水和食物，人们也越来越依赖整个社会。水的取得、过滤都在水厂完成，然后输送到千家万户。粮食、肉类等食品，再也不用靠个人自己耕作、打猎获取，人们可以到市场里购买，而它们的供应，就要靠分散在世界各地的农民、牧民、食物运输工人等通力合作。而当我们驾车出行时，车用的汽油，车的维修保养，和它行走的道路都不可能由我们自己来提供和完成。因此在现代社会里，没有社会多方面的配合，我们的基本生存，包括衣食住行，都会成为问题。陶渊明诗中那种“采菊东篱下，悠然见南山”中自给自足的闲适生活，已经成为遥远的过去。至于医疗、教育和安全保障，人们更加要依赖于整个社会。如果碰上盗贼持械打劫，我们要靠警察帮忙；如果有外国武力入侵，我们要靠军队抵抗。这些事实都说明，现在的人们作为社会的一分子，已经不可能脱离社会而生活。个人的利益因此也与社会的利益密切相关。没有人可以在一个贫穷、不安全或是卫生条件差的社会里独善其身。我们已经到了一个个人的利益必须依存在社会的整体利益之中的阶段。

交通和通讯的发达快速地拉近了人与人之间的距离

不但人与人之间相互依存的程度大大提高，由于交通和通信的高度发达，人与人的距离也明显缩小。以前，一个人要到数百里之外的城镇，往往要走上几天；而现在乘汽车几个小时就到了。在清政府组织留学生出国的年代，从中国到美国要在船上颠簸一个月；可现在乘飞机，不要一天就到了。以前把信寄到千里之外，要花上几个月；而现在打电话、发电邮，几秒钟就能接通，真是“天涯若比邻”！由于人与人之间接触紧密，我们感觉到个人生存的空间已大大缩小，好像生活在一个地球村里。这些生存环境的变化固然带给人们很多方便，但同时也造成一些潜在的危险。一方面它过分扩大了个人的影响力，例如一个人的恶性谣言可以通过电话、网络迅速传播到四方，在社会上造成不良影响；另一方面，交通的发达也加速了传染病的传播。以前的瘟疫仅局限在一个区域，可现在，它可以在24小时之内传遍世界每个角落。

人类正在面临地球资源短缺和环境恶化问题，今后必须采取可持续发展的模式

人类现在还面临着一些严重的挑战，包括地球资源的迅速枯竭和环境的恶化问题。这些问题主要都是伴随着资本主义的发展而产生的。现在许多人对这些问题的认识还不深，因为到目前为止发达的资本主义国家在全球仅占少数。它们可以用其他国家的资源来填补自己的不足。但这种情形是难以继续的。在联合国200多个会员国中，高度发达的资本主义国家只有二三十个，仅占全球人口的1/10，它们能享受到很高的生活水平。而占全球人口大多数的发展中国家（和不发达国家）的生活素质远远落后。从一些简单的数据可以看出，当这些发展中国家的经济改善时，它们不可能采取现在这些发达的资本主义国家的生活方式。举例而言，美国人口占全球的5%，它的能源消耗却是世界的25%①。近年来，有些发展中国家（包括中国和印度）在经济上取得了长足的进步。倘若这些国家都模仿目前发达资本主义国家的发展模式，地球将不堪负荷。就拿中国来说，假如以后的中国人都按照美国人目前的生活方式生活，地球的石油、水都将很快耗尽。因此，我们显然不能照搬资本主义国家过去的模式来谋求发展。

① 根据CIA的数据，2007年美国石油消耗是2100万桶/天，而全球的消耗是8500万桶/天。

这个新的社会发展阶段需要建立一套新的价值观

从上一章的分析，我们可以很清楚地看出来人类正在从资本主义社会向后资本主义社会过渡。这个新的社会与旧社会的要求显然是不一样的。为了适应这这种改变，我们就必须调整我们的价值观，使它能更好地配合我们的社会在未来的发展。下面让我们分析后资本主义社会有哪些特别的要求。

现代社会要求更多的合作

在资本主义社会里，它的发展动力主要来自竞争。到了后资本主义社会，竞争虽然仍然重要，但同时也需要有更多的合作。这种改变是由多种原因造成的。

首先在经济上，人类的生活已经越来越全球化，生产的协作也变得非常复杂。我们在前面已经提到，现在有很多生产商品的厂家，他们不会把所有的生产程序都自己来做。现代企业在生产过程中的许多环节，包括产品的设计和加工，都可能是外包的。而且，由于很多产品的生产都是很复杂的，众多精密的部件不可能由同一个企业完全自己独立生产。比如说一些汽车公司或者飞机公司，它们的零件、器材非常多，如果通通由它们自己做的话，成本就太高了。因此，它们可能只制造某一部分的零件或者关键的器材，而另外的零件是从其他的厂家买过来的。于是就出现这样一种情形，本来这些厂家是互相竞争的，但是它们又为对方制造零件，成为各自零部件的提供者。因此不同汽车制造商之间不仅是竞争者的关系，也是合作者的关系。

另外，在今天的国际关系上，也有类似的情形。在以前，当一个国家和另外一个国家竞争时，它们只是敌对的关系。但是在今天，已经很少有一个国家和另一个国家完全处于敌对状态。往往是不同国家之间，既是竞争者，又是合作者。就拿美国和欧洲国家来说，美国和法国在某些方面是竞争者，但它们也同时参加了《北大西洋公约》，在里面成为盟友，共同对抗俄罗斯（或苏联）。今天的中国和美国也是竞争者，尤其在台湾问题上，双方几乎是敌对方。但是在亚洲事务上，为了维护亚洲的和平，中国和美国也有很多的合作。在地区安全的维护上，在反海盗、反恐怖组织的活动上，中国和美国有大量的协调活动。至于在经济方面，中美之间的合作就更加广泛。所以在今天的社会里面，各个单位或是国家之间，不单纯是竞争，也有很多合作。

而且，在整个社会的运作方面，我们也可以发现类似的情形。现在的社会分工非常细，每个人处于不同的岗位。人们要把一件事情做好，不仅要做好自己岗位上的工作，还需要别人把他们岗位上的工作做好。只有大家负责任地一起协作，才有可能把事办好。

现代社会要求更注重人的价值

在后资本社会里，人的价值必然会受到提升。“人”和“物”是社会里面两个相关的概念。在资本主义社会里面，对物的重视可能要比对人的重视更大。物就是一种资源、一种产品。在一所公司里面，管理层关心的往往是产品有没有竞争力，能不能给公司带来利润。而人只是生产要素之一。管理层只考虑要雇用什么样的人，这些人能不能按要求生产产品。例如中国大陆有些电子工厂，它有几十万工人。这些工人在公司里面的地位是很低的，只是生产程序里面的一个螺丝钉而已，每天重复做一些简单的工序。公司只关心怎样能把一些主要客户（例如美国的Apple公司）的产品做好，让它以后能拿到更多订单。对于工人的管理，主要就是为了满足这个目的。事实上，不只在资本主义社会，才会出现“人”的地位不如“物”的情形，在更早的西方封建社会里，一般老百姓的地位也是很低的。在过去西方贵族统治的封邑里，人连土地一起是属于贵族的，老百姓只是“农奴”而已。

这种不合理的情形正在逐渐被改变。这主要有几点原因：第一，经济的发展导致中产阶级的兴起，社会里许多人的经济地位获得提升。这使得人们更加自信，对自己的价值有更多的肯定，而不轻易地接受别人的支配。 第二，教育的普及和资讯的流通。今天在整个世界上，教育越来越普及，大大地提高了人们的知识水平。资讯的流通更使得每一个人掌握的知识越来越多。这就增加了人们的自主意识。第三，衣食足而后知荣辱。当生活水平不断提高以后，人们关心的不再是温饱。而且，商品的供应越来越丰富。人们难以再满足于对物质的要求，而希望在精神上得到满足。

资讯的发达导致社会比较透明，人们对于公平和正义有更多的期望

今天由于资讯的发达，我们可以知道许多发生在地球不同角落的事情，这样就使得很多违反公平、正义的事情很容易被曝光。在以前，有些国家在征服其他国家时，可能会采取一些违反人道的暴力手段，杀害了很多无辜的平民。但在今天，一些侵略者很难做这样的事情，因为现在有各种传媒（包括网络及电视）在监视着。当大家在电视上看到一个国家的军队犯了战争罪行时，他们都会群起批评。即使那些出兵国家的国民，他们也觉着这种做法可耻。所以，当资讯能充分流通以后，许多人就不敢去做一些明显违反人道和公义的事情。事实上不只在战争方面，在政治操作方面，资讯的流通也使很多贪官污吏无所遁形。在以前资讯不发达的时候，有些官员可以通过黑箱作业，来进行贪污腐化的勾当。而现在，这些不法的事情就很容易通过传媒的报导，或者网络的传播而公之于众，这样对于那些想破坏公平、正义的人，就会有所抑制。

现代社会要求更有效的环境保护

目前人类生存的环境有不断恶化之虞。在最近几十年，由于人类生活水平不断提高，对能源的需求大幅增加。一个研究就表明，2000年的全球耗能量是20世纪初的16倍[①]。如此大的能源消费，对地球环境造成非常沉重的负担。不仅这样，工业化在许多国家带来了严重的环境污染，威胁着许多人的健康。例如，工厂排放废水使许多淡水资源不宜饮用，这在发展中国家尤其严重。汽车、工厂排放的废气含有多种致癌污染物，污染大气，危害人类生存。另外，由于化石能源的大量使用，造成了大气中二氧化碳的含量急剧上升。因此，近年许多人开始关注全球暖化（global warming）问题。地球的暖化可能会产生严重的后果，包括气候异常、极端的天气状况和海平面升高等。

所以，人们不能仅仅考虑自身的利益，不负责任地追求资源利用的最大化。我们应该考虑地球长远的可持续发展，把资源利用的最大化转变为对资源的尽量保护。在过去，企业的生产往往不去计算环境的代价，以后必须把这种代价加入到经济发展的成本里面去。

人与人之间的紧密依存要求社会更加规范

在后资本主义社会，人与人之间的互动关系变得更加紧密，变成一个高度互相依存的社会。在这种情形下，我们在不知不觉中，就造成很多互相的影响。今天我们自身的安全，其实已经很大程度地掌握在别人手里。例如，我们食物的安全就需要社会上许多的人来负责。在以前，饭是自己煮的、菜是自己种的、家禽也可以自己养，我们对食物的安全不需要太担心，因为完全可由我们自己的家庭来掌握。但在现代的城市里面，食品主要是购买回来的。我们不知道自己买的菜有没有超标的农药，买的肉含不含瘦肉精。我们到

① http://www.altenergyaction.org/mambo/index2.php?option=com_content&do_pdf=1&id=11

一家餐馆去吃饭，我们不知道他们买的食材有没有受到污染，他们用的是清洁的油还是地沟油。如果一个妈妈用奶粉哺育婴儿，无论她如何小心，也不能保证奶粉里面没有有毒物质。我们现在已经进入了一个非常紧密、互相依存的社会。这样就要求社会整体更加规范。单就食物的安全而言，我们就必须要求每一个与食物有关的环节，包括生产、收购、储藏、加工，都必须受到有效的监管。

其实不论衣、食、住、行以及医疗卫生，莫不如此。例如现在为了交通的安全，严格禁止醉酒驾车。在汽车普及以前，一个人喝酒与否跟别人并不相干。但现在就不一样了。如果一个人喝了酒再去开车，很容易引起交通意外。不但害了他自己，还可能害一些无辜的人。所以现在大部分国家（包括中国在内），对驾驶者体内的酒精浓度都有很严格的规定（根据中国2011年出台的法令，如果喝了半杯红酒去开车，一旦被检查出来，驾驶执照就要被吊销了）。对于喝酒的人来说，这样做当然会损害他的自由，但为了整个社会的安全，这种规范还是必需的。所以在一个高度互相依存的社会里面，自由和责任的平衡点必然偏向于责任一边。

为了取得个人与社会利益的平衡，权利与义务必须并重

从现在的趋势可以明显看出，人类活动的社会化程度越来越高，生产分工也越来越细，每个人都要依赖他人提供的产品和服务才能生存，因此，我们必须意识到，在追求自身利益（或者权利）的同时，也需要履行对他人的义务。争取个人利益是人的本能，就像动物有觅食、自保、交配等本能一样。但在一个社会里，人们互相依赖的程度如此之高，如果每个人都只顾争取自己的权益，而忽视对他人的义务，这个社会就不能运作了。权利与义务必须是相辅相成的。在一个高度发达的社会里，一个人的权利是否得到保障，其实是依赖于其他人能否忠实地履行他们的义务。社会内的成员在追求自己利益的同时，也应尽对他人的义务。只有这样，一个社会才能安定繁荣。在目前的资本主义社会中，它的价值观比较重视追求个人应享的权利，而很少强调每个人应尽的义务，这样的价值观是不能满足未来社会发展的需要的。

目前的社会已经不能单纯依赖法律或者宗教来规范人的行为

既然个人与社会利益的平衡对社会的和谐与发展如此重要，它能不能靠目前资本主义社会里的民主和法治来保证呢？光靠民主显然是不足够的，因为民主着重在唤起人们对权利的诉求，并不特别强调人的义务。在民主选举中，候选人为了争取选票，他只会许诺给选民带来怎样的好处，却绝不会要求选民去尽一些什么义务。所以很难通过选举来达到权利与义务的平衡。至于法治，它虽然可以解决一部分问题，但整体上对个人与社会利益的平衡作用有限。这是因为法律只能用来惩罚一些可以被证明的不当行为，例如证据确凿的凶杀、偷盗、强奸案等，却不能从道德上遏制人们犯罪的意图。资本主义鼓吹追求个人的利益和自由，非常符合人自私的天性。法律很难抗衡这种自私自利的心态。

再来看看宗教对人类行为的约束作用。在过去将近2000年，西方社会主要依靠宗教去规范个人的行为。这与较不重视宗教、而更多地依赖传统道德价值的东方社会不一样。在早期的资本主义社会，西方人可以依靠宗教来抑制个人的私利心态，从而维持了个人与社会利益的平衡。但是到了现代社会，科技日新月异，人们不仅能通晓天文地理，还能知道生命系统的运作原理。现在已经很难让一个接受过现代教育的人相信上帝用6天创造了整个世界。宗教理论的说服力也就越来越弱了。过去在美国，很多人每个周日都会虔诚地去教堂做礼拜。现在上教堂的人已经大大地减少了。有的人即使在周日上教堂，也仅仅把礼拜当成社区的聚会活动，以此来联络邻居的感情。在现代社会，很难期望宗教能继续成为制约个人利益的有效软工具，发挥它曾经具有的维护社会稳定的功能。

在2009年，美国华尔街发生一起轰动一时的麦道夫诈骗案[①]。该诈骗案的主角名字叫做麦道夫（Bernard Madoff），据说是一位很虔诚的犹太教信徒，在犹太教社区内很受尊重。他设计的投资骗局涉及数百亿美元，受害者包括无数名人和一些慈善基金。这事件显示了现在人们对宗教的忠诚，往往敌不过金钱的诱惑。

既然民主、法治和宗教都不能够在现代社会里有效地平衡个人与社会的利益，我们就更加需要道德的力量。也就是说，我们非常需要发展一套合理的价值观体系，使它能深入人心，让大家能自觉地去遵守一些行为规范。

后资本主义社会的指导原则应该是什么？

综上所述，在最近半个世纪，生产力与生产方式已经发生质的变化，无论生产活动还是生活的社会化程度都大大地提高，社会结构和人与人的关系已经发生了根本性的改变，显示人们正在进入一个新的发展阶段，我们称之为“后资本主义社会”。从旧有社会发展而来的价值观体系，已经无法维护未来社会的安定及和谐。新的社会将会发展出一套与之相适应的新的价值观，使之更有效地平衡个人与社会的利益关系。新的价值观的主要功能，就是帮助我们建设一个更为美好并以人为本的社会。

现代的社会应该是一个以人为本的社会

为何现代的社会是朝着以人为本的方向发展？首先，人类社会

① 可参考：http://finance.ifeng.com/topic/news/maidaofu/

的发展是一个从野蛮到文明的过程。在这个过程里面，每个人在社会里面的地位不断提升。在一个野蛮的社会里面，社会由其中极少数的人所控制。这些人可能是奴隶主或者贵族。大多数人得不到平等的地位。当一个社会变得越来越发达的时候，这种地位的不平等就慢慢减少。到了现代的社会，理论上每个人都是平等的。随着教育的普及和人的觉醒，民众的主权意识越来越高，而统治者的地位越来越弱。政府逐渐从一个统治机器变为公共服务的提供者。所以“以人为本”是世界的大趋势。

现代的社会将趋向于社会化（socialized）

从种种迹象来看，后资本主义社会将会是近似于一个“以人为本”的社会主义社会。对于社会主义的定义，不同的人可能有不同的看法。尤其是在过去一个世纪出现了许多号称是“社会主义”的政权，但是它们实践的政策却各不一样。即使同一个政权，在不同的时期也会实行很不一样的方针和政策（例如中国在改革开放以前和以后）。那么，什么才可以称得上是社会主义？

我认为，社会主义不一定是消灭私有制或者排斥市场机制。一种合理的社会主义应该包括下列的性质：

① 生产达到充分的社会化。

② 支配元素（包括：武力、政权、法权、财富等等）基本上实现社会化。

③ 建立完善的社会保障制度，使每个人都可以活得有尊严。

④ 采用服务型政府。

⑤ 权利和义务有合理的平衡。

在本书的第一篇已经阐明，人类历史发展的趋势是把支配元素逐渐社会化。垄断不断被打破，世袭越来越不受认可。可以预言，随着社会的发展，人们会要求资源的分配越来越趋于公平化。至于生产的社会化，人与人之间的紧密互相依存等等，在本篇前面各章已经举出清楚的例证，说明我们今日的社会正在朝着那个方向发展。因此，现代的社会在宏观上已经逐渐趋向于社会主义的理想。

只有一种以人为本的社会主义才能保证人类社会的可持续发展

人类社会的发展处在一种不断完善的过程中。这就意味着后资本主义社会必须修正资本主义社会出现的缺陷。资本主义最明显的缺陷就是财富的分配不均和不择手段地追逐利益。这种过分重视对利益的追求导致了社会的不和谐，从而造成了很多的精神压力。因此，在未来的社会里，我们必须尽量抑制人的占有欲，鼓励无私的奉献精神。同时不断地完善社会的保障制度。这样就可以让人活得有尊严，得到心理的健康。

在资本主义社会里，由于利润的追求，不断过度地鼓吹消费。这就往往导致了资源的浪费和环境的破坏。在今天，这种环境破坏在许多国家里面都已经造成严重的后果，例如土地的沙漠化，水源和空气的污染，沙尘暴的频发，温室效应等等。我们现在一些重要的化石能源，例如石油和天然气等等，很快就会面临枯竭。这些都不利于人类社会的可持续发展。如果我们不尽快改变现有资本主义的生产和生活方式，人类在几代人以后就会面临十分悲惨的境地。

当下的资本主义与社会主义其实已经逐渐交融

回顾最近一个世纪的发展，我们可以看到人类社会其实已经开始朝着一种以人为本的社会主义方向发展。在上一个世纪里，许多资本主义国家已经逐渐采用了一些社会主义的政策，这样做主要是为了修补它的缺陷。例如，美国在20世纪初，出台了很多反托拉斯的法案来防止主要产业（例如石油、钢铁、铁路等）受到少数人的垄断。在1929年，美国发生了经济大萧条（The Great Depression）。

在以后近10年里，美国的工业和农业都萎靡不振。为了拯救美国的经济和解决失业问题，罗斯福总统推行了一系列的“新政”（New Deal），包括通过《国家产业复兴法》、《农业调整法》、《社会保障法案》等法案，并成立社会安全基金。这些政策基本上都接近于社会主义的思路。

除此以外，许多西方的资本主义国家都逐渐采用累进所得税制度。那就是说，收入越高的人要缴纳所得税的税率也越高。美国在1950年代，最高所得税税率高达91%（年收入在20万美元及以上）。到1965年削减到70%，仍然很高。这种累进所得税制度可以大大地抑制财富的集中。另外，几乎所有的西方发达资本主义国家都设立了公共教育和医疗制度。使得即使收入很低的穷人，也能上得起学，治得起病。

而在另一方面，许多原来号称“社会主义”的国家在近年也纷纷改变政策，采用了资本主义的市场经济。这样做也是为了修补它的缺陷。例如，中国在“文革”结束以后就进行了大规模的改革开放，把原来全面公有制的计划经济，改变为混合型的市场经济。许多国有企业都已经改为股份制。到了最近，政府还出台了一系列的政策来扶持民营企业，尤其是中小企业以及个体户的发展。同时，中国还积极地吸收了大量外资到中国投资，成立了许多的合资企业。连最反资本主义的北朝鲜政府现在也在搞与外资合营的工业园区（比如开城工业园区）。

更有趣的是，今天一些发达的资本主义国家在某些领域里的社会化程度甚至已经超越了过去那些所谓“社会主义”国家。而过去一些号称“社会主义”国家的资本主义化却可能比资本主义国家还要严重。例如在全民医疗保障方面，许多资本主义国家（如加拿大、德国、法国等等）都做得很好。远比许多“社会主义”国家先进。量度社会贫富差距的一个常用指标是基尼系数（一般认为，

0.5 已接近社会容忍度的极限）。2010年前后，日本的基尼系数是0.376，英国是0.40，美国是0.45，而中国的基尼系数却高达0.474（见表3–2）。再从居住条件来看，许多发达的资本主义国家人民一般能买得起房。例如在美国，房价的中位数是家庭年收入中位数的3倍左右。在欧洲国家大约是5倍。而在北京，这个数字在近年高达20多倍以上。另外在购买奢侈品的风气上面，近年一些"社会主义"国家，也远比许多资本主义国家炒得更热。

表3–2　　近年中国与其他几个发达国家的基尼系数比较①

国家	基尼系数	年份
中国	0.474	2012
美国	0.45	2007
英国	0.40	2008/2009财政年度
日本	0.376	2008
法国	0.327	2008
德国	0.27	2006

为什么一些发达的资本主义国家会比一些较不发达的"社会主义"国家在某些方面对人民照顾得更好？这主要是因为社会的发达程度往往比意识形态重要。在一个高度发达的社会，它不但拥有较多的资源，它的文化水平也较高，社会制度也比较成熟。所以对于解决一些民生问题的能力也较强。而且，越是落后的社会，它越容易受人操控，资源和权力的垄断性越强。而相反的，越是发达的社会，人民的觉醒越高，政治体系和法律体系越趋完善，所以垄断越难。这是一种自然的演化趋势，并不是一种通过暴力革命去改造的成果。这样的一种社会化过程，可以说是"顺天应人"的。所以从长远来说，要使得一个社会进步，变得越来越公平，不能只靠革命，发展才是硬道理！

① 资料来源：CIA, World Factbook, https://www.cia.gov/library/publications/the-world-factbook/rankorder/2172rank.html

第四篇

现代的中国人需要怎样的价值观？

如何寻找一套适合现代中国的价值观？要回答这个问题并不容易。我们可以考虑几点：首先，这套价值观是否有一定的先进性？能否提供一个美好的道德远景？第二，它是否具备充分的合理性？这套新的价值观有没有说服力？能不能经得起科学的检验？第三，它是否适合中国的国情？这套价值观与中国的固有文化是否相容？第四，这套价值观是否有助于中国未来在政治、经济各个方面的发展？第五，这套价值观能否有助于建立一个稳定、和谐的社会？能否让人们感到幸福？

那么，这套价值观究竟应该有些什么具体的内容？它是否能组成一个合理的体系？它与西方的“普世价值”有何不同？在本篇里，我们将会详细地讨论这些问题。

新的一套价值观体系应该以什么为基础?

我认为一套合理的价值观不能是一些零散概念的组合，而应该是一个科学的体系，有着符合逻辑的结构，就像一个稳固的建筑一样。因此，它首先需要有一个明确的哲学基础。在这个基础上可以建立一些支柱性的核心价值；而在这些核心价值之上，可以支撑一些普遍的理想原则，包括伦理价值和社会价值等等。这个结构的顶端，就是一些使人感受到幸福的价值!

在本书开头的部分，我们就提出了一种新的想法：现代的社会其实更像一个生命体。所以个人和群体的关系应该是一种互相依存的互利关系。在今天这种高度互相依赖的社会里，个人的安全和幸福其实已经融入了社会的命运之中。所以我们既不能够过分强调个人的利益；又不能像以前一些僵化的社会主义那样，只关注集体的需要，而忽视了个人的权利和尊严。事实上，这样的一种生命体理论也符合了中国文化的“中庸之道”，那就是兼容并蓄，同时照顾到个体和群体的需要。

人类社会其实还在不断演化之中。本书前一篇已经指出，人类正在进入一个新的社会发展阶段，可以称之为“后工业社会”。对应于这个新的社会阶段，我们需要建立怎么样的一套新的价值观呢？这套价值观应该以什么为基础？也就是说，这套价值观体系是为什么服务的？要回答这个问题，我们就需要从宏观上做一些认真的思考。

第一，我们必须保证人类社会的可持续发展

我们应该积极地吸取近代资本主义社会的发展经验。资本主义社会发展了几百年，既有辉煌的成就，大大地提高了人们的生活水平，又带来了很多难以解决的问题，包括频繁的经济动荡，严重的贫富不均，社会泛滥着唯利是图的心态，公义得不到保障等等。即使是最发达的资本主义国家（譬如美国），也经常出现贪婪带来的祸害。一些精英阶层（包括银行家、政治家、律师和医生等）有时候贪婪得尤其厉害。生活在当今资本主义社会中的人们，往往感受不到人身的安全。不仅贫穷的地区是这样，连富裕的、高度工业化的国家也如此。美国一些大城市治安之差，几乎是难以想象。

与此同时，由于鼓吹过度消费，地球的资源越来越短缺，人类的生存环境也受到了越来越严重的破坏。全球到处都出现了许多环境恶化、危害人类健康等问题。这些都是由于资本主义社会过于注重短期的经济利益，而忽略了其他的社会成本的后果。这样的发展，是不能长期持续下去的。

我们必须吸取这些教训，在未来的社会里，要建立一套基础有别于资本主义社会的新价值观体系，从而解决上面提到的种种问题。

第二，群体的利益必须超越个人的利益

与以前的资本主义社会不同，新的社会的价值观不能够建立在“追求个人利益”之上。相反，为了保障人类社会的可持续发展，新的价值观应该建立在一个“追求社会群体利益”的基础上，这样才能消除短视的利己主义思想。不论是个人、机构、国家，不应该只考虑自己的利益，而应该想到整个社会（甚至全人类）的利益。举例而言，在新时代的社会里面，法律不应该只为有钱人服务，而应该要维护所有人的正义；医生和律师都不应该是以牟利为目的的职业。企业从事生产也不仅仅是为了创造利润而已，应该要为人类带来幸福。企业有不容忽视的义务去保证产品安全。例如，汽车厂在设计和生产汽车时，要想一想自己的产品是否可靠、安全，能不能在乘客发生交通事故时提供足够的保护。一个食品公司也应该保证自己的产品对消费者无毒无害。2008年中国发现有些婴儿奶粉里掺杂了对人体有害的三聚氰胺，造成数以千计的婴儿罹患肾结石。像这种只顾追求利润的生产，在一个文明的社会里是绝对不容许的。

追求个人利益是人的一种天性，可以说是一种动物的本能。这种本能即使在不受到鼓励的情况下也会自然存在。所以，虽然我们认为个人利益和群体利益都应该受到适当的照顾，但价值观作为一种道德，它应该向“利群”方面倾斜，来平衡和抑制人的“利己”思想。因此，我认为一套合理的价值观的基础应该建立在“追求社会群体的利益”，而非“追求个人的利益”上面。

第三，要达到“可持续发展”的目的就必须重视“人与自然的和谐”

除了追求群体利益外，新社会的价值观还要建立在“追求人与自然的和谐”的基础上。人与自然和谐相处是可持续发展的一个必要的条件。资本主义社会强调资源利用的最大化，所以在过去几百年，人们大规模开采地球蕴藏的化石能源，包括煤、石油、天然气等。这些化石能源燃烧后最终转化为二氧化碳，排入大气。这种生产能源的方式，造成了很多严重问题：首先，燃烧煤、石油、天然气时会产生很多有毒成分（例如二氧化硫），污染空气；另外，大量二氧化碳排放在大气中，会加剧地球的温室效应。现在大量科学证据已经表明，地球正在逐年暖化，而这会带来严重的后果，包括气候失控，造成巨大自然灾害；冰川融化导致海平面升高，淹没沿海地区等。有鉴于此，近20年来很多专家学者及政治领袖都极力倡导要减少全球二氧化碳的排放。可持续发展还包括很多其他的内容，例如可再生能源的开发、符合环保标准的废弃物处理、减少工业污染物排放、保护原始森林等。这些措施一旦得到广泛执行，便能够保护自然生态不受破坏。为了我们子孙后代的幸福，为了人类社会长期的可持续发展，**现代社会的价值观必须建立在"追求人与自然的和谐"的基础上。**

追求人与自然和谐的思想在中华文化里有很深的根源

人与自然和谐相处这种思想，在中国很早就被人们认识到。在春秋战国时代，道家的代表人物老子和庄子，就主张人们"师法自然"，顺天而行，回归到大自然里。他们推崇的"无为"精神，可以理解为对自然"不破坏、不干预"的一种态度。儒家主张顺应天道，这里面的"天"，不但包含"天理"，也包括对自然的崇敬。例如孟子在见梁惠王时便提到："不违农时，谷不可胜食也……斧斤以时入山林，材木不可胜用也……王道之始也。"儒家对于可持续发展非常重视。至于佛家，对自然就更加崇敬，尤其是禅宗，把很多自然的规律都投射到做人的态度上。

在中华文化里，崇尚自然的这种思想源远流长，在知识分子里有很大的影响力。有意思的是，这种与自然和谐共处的思想孕育在生产力水平较低的农业社会，而现代人经过工业革命，在科技高度发达以后，才发现保护自然是何等的重要。2000多年前的哲学家的想法在某种意义上竟然比许多现代人超前，这不能不说是很有趣的一点。今天，受过高等教育、生活在富裕社会的人已经开始大力倡导人们应该尽量适应自然、回归自然、与之和谐共处，而不是勉强地改造自然、破坏自然。

随着许多国家经济的蓬勃发展，人们生活水平不断提高，解决温饱已经不是主要的问题。在一些发达社会，人们现在关心的，不是更多的食物或者更好的享受，而是人还能否继续享有蓝天、白云、青山、绿水，能否呼吸到清新的空气。因此，我们相信，随着经济的发展、教育的普及和环保意识的深入人心，人们会越来越重视与自然和谐共处。

新社会价值观体系的结构

一旦明确了现代社会的价值观体系是建立在“促进社会的可持续发展，维护群体的利益，以及追求人与自然的和谐”的基础上，我们就可以探讨这套价值观体系的结构和内容应该是什么（见图4–1）。建立在价值观基础上的第一层，就是一些新社会最根本的价值，它们可以被称为“核心价值”。我认为：这些核心价值应该包括“科学与理性，诚信与责任，公平与正义，以及人道与宽容”。这4种重要的价值可以说是现代社会价值观体系的4个支柱。在这些核心价值之上，我们可以进一步树立其他的理想价值，包括人权价值、伦理价值以及社会价值等等。所谓“人权价值”，包括民主与法治，自由与尊严。“伦理价值”包括：子女对父母的孝顺，父母对子女的慈爱，配偶之间的忠诚，尊师重道，朋友之间的情义等等。所谓“社会价值”包括：公德心，守法，敬业，礼让，廉洁，俭朴，环保以及对于群体的忠心（爱国，爱民族）等。这个价值观体系的最终目的，就是营造一个理想的精神环境，使社会里的成员能够感受到幸福。

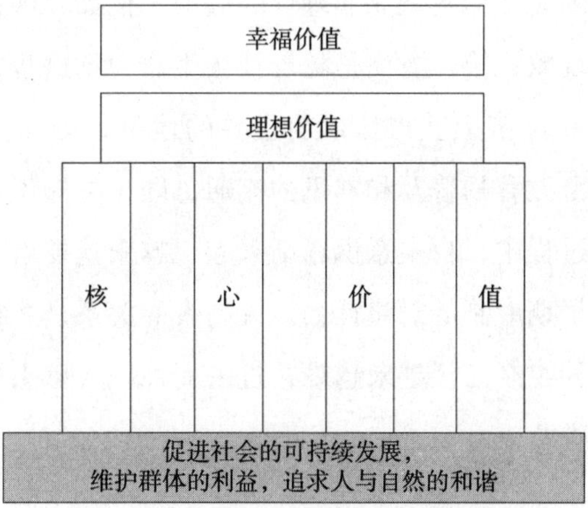

图4-1 构想中的现代社会价值观体系
见附件1，图16-1

在下面几章，我们会深入地讨论上述各种价值观的具体内容。为什么有些价值可以称之为核心价值，而另一些则被归类为理想价值？核心价值与理想价值之间是否有一定的主从关系？如果我们认为一套价值观的最终目的是为人们带来幸福，那么如何界定幸福？

为何科学与理性是核心价值？

科学与理性是现代社会得以飞跃发展的一种主要指导原则

人类社会在近代取得极大的进步，主要的原因就是它趋向以科学和理性（rationalism）为基础。事实上，欧洲18世纪的启蒙思想，它的突破性思维就是强调理性。在过去的封建社会里，君权和神权在思想上处于一种垄断的地位，而这种垄断桎梏了人们的创新能力。理性的提倡，正好可以打破这种垄断。

理性受到重视，主要得力于两个方面的发展：第一方面是近代教育与科学的发达，人对于自然界很多不可知的事情慢慢有了合理的解释，因此不会再依靠非理性的假说（例如一些迷信的说法）来解释这些现象；第二方面是随着社会生产力的进步，独立于贵族的平民阶级在经济上获得比以前重要的地位，因而渴求思想上的平等。再加上教育的普及和资讯的流通，国民的知识水平大大地提高。在这个过程中，自主意识逐渐兴起，越来越要求个人的人格受到尊重。在早期专制的封建社会，人与人的关系是受统治者所控制的。现在这种控制已经越来越难，过去那种个人思想被权威支配的现象正逐渐消失。

我们必须警惕那些反科学、非理性的思想和行为

所谓理性，简单来说就是一种实事求是的科学精神，它是一种客观、合乎逻辑并依赖事实根据的思考态度。与之相反，非理性则是出于种种原因，包括个人喜恶、宗教、迷信、政治宣传、对某些人身份地位的崇拜或者对某些人歧视等等，去做出背离事实、不合逻辑的判断。人类历史上不同的社会，都曾经存在过一些非理性的价值观。例如奴隶社会强调强权就是公理，奴隶主可以任意支配奴隶；封建社会强调君王拥有支配子民的权力，人的贵贱由血统决定等等。统治者为了巩固他的政治权力，会用各种手段强迫人民去接受那些非理性的价值观（例如“君主受命于天”，“普天之下，莫非王土”等等）。而倘若有人要挑战这种非理性的政治思想，下场往往会很悲惨，轻则遭受牢狱之灾，重则有亡命之虞（甚至会诛九族）。

非理性最常见的表现形式就是对神、宗教或政治领袖、伟人、学术权威等的崇拜。世界上几乎所有宗教都宣扬自己所崇拜的神是全能的，并引用了很多神迹（或神话）来证明他们的神的伟大。信仰这些宗教的人对他们所赞美的神迹，是不会怀疑的，往往会把它们当为事实的根据。在西方文明发展的过程里，宗教与政治紧密相联，对社会有着极大影响。例如，它宣扬“君权神授”，让人们把忠于君主等同为忠于上帝。在历史上，欧洲曾经有许多国家（包括西班牙、意大利等）用威慑的手段来传播基督教。教会对人们思想的控制是非常残酷的。他们曾经创立了宗教裁判所，对那些反对教会的人或者异教徒施以酷刑，包括活活地烧死，这样使人们不敢对基督教的教条有任何的怀疑。这些对神的迷信，大大阻碍了个人和社会的发展。在东方，虽然神权的色彩没有西方浓厚，但迷信的现象还是十分普遍，它们对社会发展也有负面影响。

个人崇拜是一种主要的非理性现象

至于对人迷信的例子也不少。例如近代一些法西斯主义的国家（如纳粹德国），会将他们的领袖（像希特勒）奉若神明。即使在一些非法西斯的国家也会如此，例如苏联在斯大林统治时期就把他神化了。在近代的中国，也有对个人迷信的例子。譬如在新中国建立后的头30年，毛泽东被神化了。人民认为他无所不知、无所不能。这种个人崇拜，在“文革”期间发展到了一个疯狂的地步。人们在讨论一个问题的时候，不是根据事实和逻辑说服别人，而是搬出毛主席对这个问题的看法。他怎么想，怎么说，就是对的。结果论辩双方都引用毛主席语录，各取所需。到了“文革”结束以后，这种非理性的个人崇拜还没有结束，当时有许多舆论工具都在宣传“两个凡是”（“凡是毛主席作出的决策，我们都坚决维护；凡是毛主席的指示，我们都始终不渝地遵循”）。一个国家竟然凭着一个人的只言片语，而不是对客观情况的调查研究来制定政策。这种做事方式是很不理性的。

现在社会还存在非理性的现象

非理性还可以表现为对意识形态和政治标签的盲目追随。现代不管是在东方还是西方社会，有些学者或官员在讨论某些政策时，往往并不是从这个政策合不合理、对百姓有没有益处出发，而是着重于这个政策的意识形态。例如在中国过去很长的一段时间，很多决策过程都着眼于讨论这个政策究竟是资本主义的，还是社会主义的——社会主义的政策就要拥护，资本主义的政策就要批判。在美国，政客或学者们在谈论一个政策或候选人时，也喜欢用保守派或者自由派为其贴上标签。保守派的政客还往往用意识形态来攻击对手，说对手是自由派，使倾向保守的选民不去投票给他。这种用标签方式来打击竞选对手的情况在香港、台湾也经常发生。譬如在近年香港的选举，许多政客都在宣扬自己是最爱民主的；在台湾，各种选举里的候选人，都在拼命说他最爱台湾，本土意识最强。这种用意识形态而不是用具体政纲去打动选民的做法，不能说是一种理性的态度。

非理性不但会在思想上妨碍了社会的正常发展，在行为上也可能会对社会造成很大的危害。一个著名的例子就是东京地铁沙林毒气事件。1995年3月20日早上，一个名为“奥姆真理教”的组织于日本东京的地下铁发动恐怖袭击，在3条地下铁路线上发放沙林毒气，造成12人死亡及5510人受伤。发动袭击的奥姆真理教是一个邪教组织[①]，面临被警方取缔，其信徒于是决定向政府先行报复。这个组织的首领是麻原彰晃。奥姆真理教反科学的言行十分荒谬。麻原自称是神的化身，有特异功能，能上天浮游。他宣称只要教徒喝了他洗浴后的水，就可以得到智慧。奥姆真理教还制造了一种帽子，叫做“脑波同步仪”，声称戴在头上可以接收麻原的脑电波。参与这个组织的人显然是违反理性的。这种反理性最终导致了日本历史上最大的一起恐怖袭击，对社会造成重大的危害。

① 参考:http://big5.cctv.com/lm/851/-1/61734.html

理性的态度就是实事求是的科学精神

对于判断一个人或者团体（例如政党）是否理性，一个重要的考验就是他能不能承认自己的错误。任何一个个人或者团体，不论他对社会有多大的贡献，有时候也难免会犯一些错误。一个理性的人就会用实事求是的态度去面对，他不会想办法掩盖自己犯过的错误。同样的，一个理性的团体对于它在历史上犯过的错误，也应该虚心地反省，努力去吸取教训，使得自己以后不会再犯同样的错误，而不是颠倒是非去美化它。只有这样，这个团体才能丢掉包袱，不断地向前迈进。

事实上，不承认错误不但不能掩盖自己不光彩的一面，反而会失去别人的尊重。举例而言，在过去100年，日本曾经侵略过中国，给中国人民带来巨大的伤害，但许多日本的右翼团体却一直否认这个事实，甚至要在教科书里面篡改历史。这就使得中国人对日本产生反感。同样地，对于我们自己的政府和政党，我们也希望它能够实事求是地对待历史，而不能够一味地强调一贯正确。这样的宣传其实是很不必要的，效果往往会适得其反。

一个社会理性与否关系着亿万人的幸福

理性与否对一个社会的兴衰至关重要。近代中国的发展可以提供一个很好的例子来说明。在新中国成立的60余年里，前30年国家的状况与后30年可谓有天壤之别。在共和国的头30年，不论在保障人民生活或者经济发展上都非常失败。到了“文革”末期，国家几乎濒临崩溃的边缘，许多农村里的老百姓甚至连饭也吃不上；后30年的中国推行了改革开放，经济突飞猛进，国力日渐上升，现在已经成为全球举足轻重的经济大国。同一个政党、同一个民族，一个国家前后30年的差距怎么会如此巨大呢？我认为，关键就在于领导国家的政府是否理性。

在前30年里，执政党把领袖神化，发动一系列的以意识形态为主导的政治运动，不管是政策的拟定和执行都违反了理性。这些一个接一个的政治运动使干部不再理性地讨论和解决问题，他们做事的唯一准则，就是执行上级的命令，哪怕这些命令是违反科学、甚至违反常识的。这些违反理性的错误导致“天灾”人祸接踵而至。例如在上世纪50年代末的“三面红旗”运动中，政府上下充满了浮夸风，捏造的农田亩产万斤、甚至十万斤的报道都被广泛宣传。而事实上，有很多地方的农民已经到了饿死的边缘，可是这些现实的惨况却被官僚掩盖。另一个例子是全民大炼钢，政府提出要在很短的时间内“超英赶美”，所以逼着老百姓把家里的铁器（如饭锅之类）送到土炼钢炉里，去迅速增加钢产量。但事实上这些土法炼钢炼出来的只是一堆废铁渣滓。“三面红旗”使中国的经济蒙受极大损失，并严重干扰了粮食生产的秩序，造成1959~1962年的3年饥荒。

中国近30年的理性执政带来翻天覆地的改变

在共和国的后30多年，情况变得非常不一样。“文革”结束不久，中国政府迅速回复到以理性为指导原则。以邓小平为首的改革派在中国推行改革开放，对过去非理性的思想作了严肃的检讨，此后政府的决策变得理性化得多。在20世纪80年代里出现了几句名言，生动地表明了改革是一个以理性为主导的过程。当时中央大力宣传“实事求是”，就是要求人们用一种理性的态度来作判断。那时候还出现过一些通俗的说法，例如“摸着石头过河”，意思是在执行一个重要政策的时候，应该先做小规模试验去逐步探索出一个可行的办法，这样做是符合理性的。当时还流行了另一句话，“不管黑猫白猫，抓到老鼠就是好猫”。这句话虽然比较通俗，但也可以说是理性的实用主义。它指出了一个重要的原则：猫的颜色和它的本领没有直接的关系，所以不能用毛皮的颜色来判定一只猫的本领。同样地，在一个政府里，不能单凭意识形态来判断一个政策的好坏，而应该以其实用效果来衡量。由于现在中国的领导层决策重视理性，中国在30年间取得了人所共见的突飞猛进，从一个破落贫穷的国家，发展为今天世界第二大的经济大国。

为何诚信与责任是核心价值？

诚信与责任是必不可少的道德观

今日社会要发展的另外一种核心价值观就是“诚信与责任”。诚信（honesty/credibility）与责任（responsibility）两者密切相关。诚信来自一个人对责任的重视，只有负责任的人才能保持诚信。责任是个人对社会其他成员和整个社会要承担的义务。它存在的目的，就是要保证一个社会里每个人的权利和义务都得到平衡。这样才能使得社会稳定，人们才能和谐相处。对于责任，东西方文明都十分重视。中国古代经典里有大量对责任的论述。例如，关于官员对百姓的责任，范仲淹提出了一个很高的标准，“先天下之忧而忧，后天下之乐而乐”。在近代的西方国家，官员上任宣誓时，也特别强调自己对保卫国家、捍卫宪法的责任。美国前总统肯尼迪在他的就职演说里有一句名言，“不要问你的国家可以为你做什么，而应该问你能为你的国家做什么（Ask not what your country can do for you, ask what you can do for your country）”。这句话得到极大的推崇。肯尼迪要讲这句话，就是感到当时的美国社会里国民对于社会责任的意识不够高，所以他要提起人们的注意，强调在美国的社会里应该树立一个负责任的国民意识。这句话在一个以追求个人利益为基础的资本主义社会里会使人觉得非常新鲜，具有深刻意义。

在一个高度互相依存的社会里，个人的安全必须依赖其他人的诚信与责任心

在一个社会里，有各式各样的成员在不同的岗位工作，要使得一个社会能够有效地运作，就需要所有成员一起努力。而驱使人们去努力做好自己工作的一种主要动力，就是责任心！在现在的传媒业里，很多人都重视对政府官员的监督，因为假如一个政府官员不负责任，会在社会上造成极大的危害或损失。譬如一些公共工程，如道路、桥梁之类，假如设计错误，或者因为官员贪污腐化而导致偷工减料，那必然会出现重大的安全事故。除了官员以外，社会上任何岗位的人如果不负责任，也都可能带来严重的祸害。例如，如果一个地方的警察不负责任，当地的治安就会很差，严重地危害到公众的安全。如果一个医院的医生或者护士不负责任，可能会开错刀、给错药，严重地损害病人的健康。假如一个地方的法官、检察官或者律师不负责任，有些人可能会被冤枉判刑，而那些犯罪的人却可以逍遥法外。

一个社会的良好运作，需要所有国民具有强烈的责任感。事实上，在一个现代社会里，所有不同岗位的人，都必须负起他自己的责任，否则就可能会出现重大的灾难。我们已经进入了一个高度互相依赖的社会，在这个严密分工的社会里，我们必须互相依存。譬如说，我们的衣食住行，都靠社会的其他人来提供。就拿吃来说，我们的食物是从市场上买回来的，假如生产食物的农民不负责任，让蔬菜和水果上带有大量农药，那我们食用这些有毒的食物后很容易就会得癌症。假如制造罐头或饮料的厂商在生产过程中没有做好充分的卫生保障，让食物沾染了细菌，许多人会因此中毒（请参考附录中的背景故事五：近年发生的几件食品安全的事件）。在住的方面，假如建筑商偷工减料，或者用了不安全的建筑设计，房子就可能会发生意外倒塌，引致许多人的伤亡。在行的方面，假如一个汽车制造商，没有生产出安全的车辆，又或者是开车的司机不遵守交通规则，就可能导致许多的交通意外事件，使许多人受伤甚至死亡。所以，在这样的情形下，每一个人的安全都依赖着社会上许多其他人的责任心。

诚信与责任对于企业尤其重要

因此，为了维护社会群体的利益，每一个社会的成员都必须怀有强烈的责任心。这对企业家尤其重要。在今天的市场经济里，诚信成了一种难能可贵的品质。一个企业的信誉就是要靠它长期展示的诚信才能争取得来。相反的，如果一个厂商不讲诚信，不但会破坏它自己的商誉，也会对众多的消费者造成损害。中国内地自从市场化以后，有很多生意人急功近利，往往牺牲了诚信，小则掺假，商品质量低劣；大则添加有毒物质来降低成本，严重地损害了大众的健康。在2008年中国发生的一起骇人听闻的毒奶粉事件，有些奶农为了虚假增加奶品的蛋白质含量，在产品中混入有毒的三聚氰胺，而许多奶品生产企业并没有做好严格的安全检测，最后造成全国数以千计的婴儿罹患肾结石，甚至死亡！这事件反映了中国近30年强调经济发展、强调财富的重要性时，忽视了对民众的道德教育，使得一些人丧失了诚信和对社会的责任感。而这小部分人的行为，最终伤害了全国很多人。这起毒奶粉事件之所以发生，就是因为部分奶农缺乏诚信，以及中国的乳品企业缺乏强烈的责任心，没有做好对食品安全的把关工作。

即使在一些发达的社会，在一些知名的跨国企业里面，如果没有强烈的责任心，也会给社会带来严重的灾难。例如在1984年12月，位于印度博帕尔市（Bhopal）贫民区附近一所美国公司（Union

Carbide）属下的农药厂发生了一起严重的氰化物泄漏事件。事故的发生是由于人为的操作不当和许多安全设备失效所造成的，当时泄漏的有毒的氰化物（Methyl Iso Cynate，简称MIC）溶液达23吨之多。当大量MIC迅速扩散到附近的居民区时，很多民众吸入后马上中毒，有2000多名居民即时丧命，后来更有20000人死于这次灾难。即使有幸逃出的也受到了不同程度的伤害，包括双目失明、皮肤溃烂、呼吸道灼伤、神经系统受损等。20多万博帕尔居民因而永久残废。现时当地居民的患癌率及儿童夭折率，仍然因这些灾难远比其他印度城市为高[1]。

根据事后的调查，这次大灾难完全是可以避免的。首先，制造剧毒化学物品的化工厂本来就不应该设在稠密的居民区附近。其次，这个化工厂的安全设施严重不足，而且又因为节省成本而没有足够的维修。这个惨剧反映了企业极端的不负责任。而这个不幸的事故，最后由于长期的法律诉讼而使Union Carbide公司面临破产，只好被人收购。这个事故说明，一个企业如果没有强烈的责任心，它不但造成自己本身极大的损失，还可能为社会带来严重的灾难。

没有科学、理性、诚信、责任，就不可能保障群体的利益，以及人与自然的和谐

为什么我们把科学、理性、诚信、责任当作一个社会最根本的价值观呢？如果一个社会没有充分地重视理性和责任，就不可能保障群体的利益，更不用说追求人与自然的和谐。想想看，假如管理一个社会的官员不懂科学又不讲理性，他就会经常做很多错误的决策。假如一个官员缺乏诚信或者不负责任，他就会只顾谋取自己的利益而不顾老百姓的死活。那样的官员怎么可能保障群体的利益

① 参考http://zh.wikipedia.org/wiki/%E5%8D%9A%E5%B8%95%E7%88%BE%E4%BA%8B%E4%BB%B6及http://www.cpc.com.tw/big5/files/%E6%A1%88%E4%BE%8B4%E5%8D%B0%E5%BA%A6%E6%B3%A2%E5%B8%95%E7%88%BE.pdf

呢？更加谈不上会追求人与自然的和谐。不只是官员，假如社会里有很多的成员缺乏理性，他们就很容易受人煽动，可能会引发一些暴力事件。我们在新闻上经常会看到，有些地方因为宗教或者族群之间发生冲突，许多失去理性的群众会做出一些过激的行为，使很多无辜的平民受到伤害。例如，2009年7月在乌鲁木齐发生了一起种族冲突，导致许多人受伤。这就是因为境外一些疆独势力透过互联网散布失实谣言，而导致一些人失去理性。历史上曾经发生过很多暴力迫害都是由于非理性的思想造成的（譬如在过去欧洲和美国的witch hunt [捕杀女巫]，在纳粹德国时候的残杀犹太人，都是用一些非理性的借口）。

社会上假如缺乏理性和责任，也会严重地破坏人与自然的和谐。明显地，如果一些企业缺乏责任，例如排出大量的污染物，会对自然环境造成严重的破坏。缺乏科学与理性，同样也会损害自然。就拿中国近代的历史来说，在新中国成立的早年里，为了增加耕地面积，政府曾经大力鼓吹开山或者围湖造田，给环境带来极大的破坏。例如洞庭湖原本是调节长江水位的主要水库，但在上世纪50~70年代其面积大大缩减，以至以后每当遇到重大降雨时，往往会发生严重的水灾。此外，由于森林被大量砍伐，中国的自然环境也不断地被破坏。在改革开放以后，这种非理性的政策才得到纠正。近年来，中国政府大力倡导退耕还林，并在荒山大量植树，才使中国的森林覆盖率得以重新上升①。

为何人道与宽容是核心价值？

近代人类社会正在经历着一场重大的改变，就是从农业社会

① 参考：http://cn.chinagate.cn/environment/2009-10/09/content_18673017.htm

向工业社会过渡，并开始进入“后工业社会”。在这个过程中，人的生活逐渐丧失了它的独立性，越来越依赖社会群体的支持。而人与人之间的关系，也变得越来越紧密，越来越互相依靠。在这样的环境之下，就必须建立和强化一种“互相爱护，互相包容，推己及人”的价值观。而这些，也恰恰正好是中华文化里面的主要价值。

在中国的传统文化里面，有几种非常讲究的核心价值，其中最突出的就是“仁”和“恕”。在历史上，绝大部分西方国家和所有的游牧民族信奉的都是“以力服人”的霸道文化。而只有中国的儒家主张“以德服人”的王道文化。而这种足以服人的“德”，主要就包括“仁”和“恕”。

用今天的语言，“仁”就是人道主义精神。“仁”可以说是一种人对自己同类的关爱，是一种出乎自然的群体之爱。它起源于人类天赋的同情心。自古以来人们就认为：人跟禽兽的分别，就在于我们有着人与人之间的爱心。不过事实上，不但是人，有很多高等的群居动物，对它的同类也会表达强烈的爱心。例如，在2011年电视上曾报道过一段新闻，在南美某国家的公路上，一只流浪狗被车撞倒了。另外一只流浪狗，为了救它的同伴，不顾汹汹车流，多次试图用嘴把受伤的同伴拖回路边，情况十分凶险。从这个故事可以看出，狗也会非常关心它的同伴的安危，而甚至愿意为此冒着自己生命的危险。这种相互关爱是群居动物在进化过程中得以胜出的一种重要因素。

至于“恕”，相近于今天的“宽容”（tolerance）。宽容是一种美德。具备这种美德的人可以推己及人，海纳百川，求同存异。宽容的反面是：仇恨、歧视、残酷、好斗，心胸窄小，喜欢打压异己。宽容为何重要？人为何要宽容？首先，宽容可以减少仇恨，减少怨气。因此，宽容可以减少一个人的心理压力。人必须有一颗宽容的心，才能得到快乐。其次，宽容有利于人与人之间的互助与合作，有助于促进社会和谐。最后，残酷往往来自缺乏宽容。只有宽容的人，才能重视人道主义精神。因此，要避免一个社会发生人道主义的灾难，一个主要的条件就是宣扬宽容的价值观。

人道与宽容是中华文明的核心价值

中华文明自古以来就十分强调“仁”和“恕”。事实上，贯穿于儒家思想的主轴就是“仁”。孔子说：“仁者爱人”。简单来说，“仁”不但是一种群体之爱，同时也是一种“超越自私、推己及人”的信念。在过去2000多年，我国有无数出色的文学作品，包括诗歌和民间小说，都在讴歌“仁”的重要性，甚至把“仁”当作一个政权的合法性的来源。例如在通俗小说《封神榜》里，就强调了“天下有德者居之”的概念。当时的天下原来是由商朝的纣王统治的。周的西伯（即后来的周文王）只是一个诸侯。周后来之所以能够取代商，据说就是因为纣王不仁，而西伯却施行仁政，爱民如子，因此能够使得天下归心。

在中国的传统文化里面，一直强调“仁”这个概念。对“仁”的推崇成了儒家的核心思想。在经历过两次世界大战的惨痛教训之后，今天的西方社会逐渐认识到霸道文化的可怕，有很多人也开始提倡“人道主义精神”。这与中华文化里面倡导的“仁”不谋而合。孟子曾说过“恻隐之心，人皆有之”。事实上，“仁”不但是一种同情弱者的人道主义精神（humanitarianism），它还包含一种“博爱”，就是鼓励人与人之间的互相关爱。这种博爱可以表现为“仁慈（kindness）”与“行善（charity）”。

人作为一种群居动物，先天里就有爱（love）。但有些爱不一定是无私的，而是出自亲情或者恋情。举例而言，即使一些贪官和强盗，他们也会爱他们的子女和亲属，甚至会为了偏帮他们而为非作歹。有些父母对子女过分地溺爱，有时候甚至使得他们被宠坏了。

一些青春期的男女，对于他们恋爱的对象，有的会爱得死去活来，甚至愿意为了追求爱情而自杀。上述这些爱只能说是一种自我的满足，与是否具备高尚的道德无关。但是“仁”就不一样。它是一种群体的爱，是一种无私的爱。爱与被爱的对象，不需要有任何血缘或者朋友的关系。孟子说：“老吾老，以及人之老；幼吾幼，以及人之幼”。这种博爱纯粹是一种人对人的关怀。这种爱的对象不只是自己亲近的人，还包括社会上其他的人。这种博爱才是一种更加高尚的道德。

在近代资本主义社会里，泛滥着一种“人不为己，天诛地灭”的价值观。因此有人认为：“仁”只是一种空洞的口号，在现实中是完全做不到的；这种价值观遥不可及。这其实不然。“仁”其实已经成了现代文明社会一种正常的道德标准。今天如果有一个政府公然做出违背人道的事情，必定会受到整个世界的谴责。而另一方面，现在几乎在每一个国家，都有一些慈善团体（例如红十字会）积极从事扶贫和救灾的工作。每当有灾祸发生时，这些慈善团体就会积极地救助灾民。譬如在2004年的印尼海啸，2008年四川的汶川地震，2010年的海地地震，许多国家的政府部门和民间团体都迅速地动员起来，加入救灾的行列。社会上许多人也积极地参与了捐助。此外，在许多发达国家里面，政府也都设置了种种社会保障体系，来照顾那些需要帮助的弱势社群。这些都可以说是博爱与人道精神的共同体现。

除了“仁”以外，中华文化还非常推崇“恕”（也就是宽容）。仁和恕其实密切相关。自古以来，中国文化就十分推崇“忠恕之道”。《论语·里仁》篇有一段经常被引用的话——子曰：“参乎！吾道一以贯之。”曾子曰：“唯。”子出，门人问曰：“何谓也？”曾子曰：“夫子之道，忠恕而已矣。”关于“忠恕”之道的意涵，朱熹在《论语集注》解释为：“尽己之谓忠，推己之谓恕。”这种解释大概是根据孔子在《论语·卫灵公》篇里回答子贡的话:“子贡问曰:有一言而可以终身行之者乎?子曰:其恕乎!己所不欲,勿施于人。”这种“推己及人”的精神,正是儒家恕道的根本。

在西方,基督教对宽容有着矛盾的态度。一方面基督教的《圣经新约》宣传耶稣主张爱人,劝人对敌人宽恕。但另一面,基督教的《圣经旧约》又要求人不可怀疑它的上帝,否则会遭到残酷的刑罚。事实上,在过去十几个世纪里,基督教教会也的确残酷地对待过无数的异教徒,包括囚禁和烧死他们。不过到了今天,由于教会不再掌握政权,没有监禁和杀人的权力,教会的传道就主要集中到爱人和宽恕的一面。

人道主义最危险的敌人是帝国主义

人的天性是复杂的,既有人道的一面,也有非人道的一面。也就是说,一个人既有善良的一面,也有自私自利的一面,他的取舍就要视乎身处的情景而定。利益的争夺往往会把人性最坏的一面显露出来。事实上,人类是生物界里面对待同类最残酷的一种动物;有的动物会为争夺食物或者交配机会而个别的互斗,但是人类却会大规模地、有组织地互相杀戮,称之为“战争”。战争是对人道主义最大的践踏。挑起战争的原因很多,不过最常见的就是一个国家对其他国家的侵略。这种侵略往往是由于帝国主义的扩张造成的。一个帝国为了征服其他国家,就会不惜屠杀大量无辜的人。让我们回顾历史上几个有名的例子。

在最近两个世纪,中国人是帝国主义的直接受害者。一些年纪大的中国人对此还记忆犹新。在上个世纪日本帝国主义者对中国进行了长期的侵略。在侵华战争中,一切毫无人道可言的暴行都被合理化了。在帝国主义的驱动下,日本的军队在中国的土地上凶残地杀害了无数的中国人民。其中最有名的就是南京大屠杀。在日军侵华的早期，曾经夸下海口，要在3个月内征服中国。可是他们受到了中国人民的强烈抵抗。为了瓦解中国人抵抗的士气，日本人攻破了当时的中国首都南京以后就进行了惨无人道的屠杀。受到杀害的不只是中国的军队，还包括大量无辜的平民。据估计，在南京大屠杀里面被害的中国人接近30万[①]。

日本帝国主义另外一个非常残暴的反人类罪行是利用活人做细菌战试验[②]。731部队是日本军队在侵华时候一个专门从事细菌战的单位代号。从1937年起在中国东北一直运作到1945年日本投降。这个部队的主要任务是进行用病菌作为生物武器的研究。他们使用活人来做细菌感染实验！他们抓来一些中国居民，让这些中国人感染各种细菌，然后观察他们在感染后的病状。日本人所做的实验非常残忍，他们在受感染人还活着的时候就进行活体解剖，观察器官在不同程度感染后的衰亡变化。731部队还进行野外试验：例如把携带鼠疫杆菌的跳蚤置于炸弹内，然后用飞机投掷到中国的一些村庄里。据估计，731部队通过用细菌污染水源和投掷细菌等方法杀死了至少20万的无辜平民（大部分是中国百姓，也有少数俄罗斯人和朝鲜人）。

许多欧洲的国家都曾奉行过帝国主义。东方虽然在历史上也曾出现过扩张性的帝国主义，但并非主流。尤其是中华民族，一向比较爱好和平。中国自从秦统一以后，历代以来就很少向外扩张过。中国版图的扩张主要在元、清两代。不过在元代，中国的统治者是蒙古人；而清代的统治者是满洲人。他们都是游牧民族。相对于其他文明，中华文明比较不崇尚侵略。中国文化讲究的是“王道”，而非“霸道”。可是在西方，霸道的思想从来没有停止过。帝国

① 孙宅巍：《论南京大屠杀遇难人数认定的历史演变》，江海学刊，2001年（第6期）。

② 参考互动百科http://www.baike.com/wiki/731，维基百科http://en.wikipedia.org/wiki/Unit_731

主义的扩张几乎成了一种常态。由帝国主义所引起的战争和殖民政策，制造了无数人道上的灾难。

例如2000多年前的马其顿王亚历山大大帝，在西方被认为是英雄，因为他是个出色的征服者，在很短的时间内就建立了一个横跨欧非亚大陆的庞大帝国。但如果从人道主义来看，他是个灾难。为了满足他对于权力的私欲，无数的人为之家破人亡。亚历山大在他的征服战争中曾经多次屠城。例如，亚历山大在公元前335年攻打希腊三大城邦之一的底比斯。马其顿人破城以后屠城，城市被夷平。在后来亚历山大的东征之中，一些积极抵抗的城市也被屠城，例如在攻破腓尼基的推罗（Tyre）城后，8000推罗人被杀，余下的30000人沦为奴隶。

古代欧洲另外一个著名的帝国是罗马。罗马帝国的兴起也靠常年的对外征伐。那些敢于抵抗罗马大军的国家，他们往往也受到屠城的命运。其中比较著名的是迦太基。公元前3世纪70年代，迦太基城被罗马大军攻占后，全城被屠。据说大火持续燃烧了17天，整个城市成为废墟。

在过去2000年，欧洲各国之间的战争几乎从来没有停止过。到了最近5个世纪，许多地区的封建城邦慢慢合并，渐渐地形成了民族国家。这些国家开始对欧洲以外进行侵略。西班牙是欧洲第一个通过海外殖民形成的帝国。自从哥伦布“发现”新大陆以后，西班牙就陆续在加勒比海和美洲沿岸设立殖民地。美洲著名的三大文明阿兹特克（墨西哥）、印加帝国（秘鲁、智利、哥伦比亚等地）和玛雅文明（墨西哥东南、危地马拉、洪都拉斯等地）都统统在西班牙征服者手中毁灭了。后来其他的欧洲国家，包括葡萄牙、法国、英国都纷纷在美洲设立殖民地，当地的土著被大批杀害。有些殖民地的命运特别悲惨。例如处于加勒比海的岛国海地，先后被西班牙和法国殖民。当地的印第安人很快就被灭绝了，后来又输入了大量非洲黑人作为奴隶。这些黑人长期被白人奴役，受到非人的待遇（请参考附录中的背景故事五：海地的悲剧）。

在18~19世纪，欧洲多个国家在全球到处殖民。这些殖民地原来的居民要么被大批地残杀，要么就受到欧洲人的奴役。例如在澳洲，实行了白澳政策。当地的土著被迫迁移，完全丧失了他们的土地。在亚洲，许多国家（例如印度、越南、柬埔寨等等）都沦为殖民地，被强迫受欧洲人的统治。在北美洲，英国的殖民者最早定居在东部的13州。独立战争以后，美国的欧洲移民不断向西部推进。美国境内的印第安人基本上遭受到种族灭绝的命运（据美国一些学者的推算，1492年美洲新大陆被“发现”时，在北美境内居住的印第安人总人口为3000万至1亿。到了20世纪70年代，剩下的印第安人不到80万人）。

为何帝国主义会造成这么多的人道灾难？

在人类社会里，出现一些非人道的事情是难以避免的。例如每个社会里总有些罪犯，以欺压他人来满足自己。但是，一个坏人，甚至一群坏人，他们的杀伤能力是有限的；因此他们能够造成的人道灾难的规模也有限。但如果一个国家决定采取一种侵略的政策，要用武力抢掠别人的土地和资源，那就比一群罪犯远为可怕得多。一个强大的帝国所造成的人道灾难远比任何的犯罪集团还要厉害。

首先，帝国主义是一种政府行为。一个国家可以动用的资源很多（包括庞大的军队和全国的生产力），它的力量很大，因此可以对别的社会造成巨大的破坏。

其次，一个国家一旦奉行了帝国主义，践踏人道的暴行就几乎不可避免。因为帝国主义的核心就是要通过侵略来扩张领土或者夺取更多的资源。这样的侵略行为必然会引起被征服者的反抗。而为了压制反抗，侵略者往往就必须使用一些血腥的手段。一方面可以弱化抵抗者的力量，另一方面又可以通过杀鸡儆猴的效果来瓦解抵抗者的意志。可是，这种血腥的镇压往往又会引起被压迫者的进一步反抗。而压迫者就只好加强他的镇压行动。这样就形成了一个人道灾难的恶性循环。要终结这个恶性循环只有三种可能：第一是侵略者停止侵略。第二是反抗者战胜侵略者。第三是侵略者彻底消灭反抗者。不过在历史上，第一种可能性很少会出现。

最后，帝国主义者可以用国家利益为借口来掩盖它的不义。在许多国家的历史里，往往会把征服者美化为英雄，把自己的侵略行为美化为一种伟大的功业！在"国家利益"的前提下，许多帝国主义者所犯下的违反人道的罪行往往被掩盖起来，甚至在自己国家的历史里都很少提及。在国家利益与人道主义的对抗中，人道主义往往会被牺牲掉。

对于帝国主义的危险，许多西方人并没有足够的重视。有一些人甚至会用伪科学来为帝国主义辩护。在19世纪末，有些欧洲人提倡了"社会达尔文主义"（social Darwinism）。它在道德上把欧洲国家对外的侵略合理化。他们宣称人类社会就像自然丛林里的动物一样，适者生存。所以弱肉强食，只是一种自然界"物竞天择"原则的体现。这就把人完全等同于禽兽了。人道精神当然就被彻底地抛弃了。

近代西方比较重视的是人权思想而非人道主义

中华文明长期推崇仁和义，乃是基于一种道德精神，这与西方的基督教文明和资本主义思想有所不同。在西方，当然也有宣传爱，但主要是强调神对人的爱。在资本主义社会里面的自由主义，看重的是保障个人的权利，而非对群体的责任。在西方，人道主义受到重视的历史比较短，基本在第一次世界大战以后才开始受到广泛的关注。这里面有几个原因：首先的一个原因是西方社会比较强调宗教和神权，对人的地位一直不是看得太重；另外一个原因是在过去5个世纪，重商主义在欧美的风行。在资本主义的思想底下，利益往往被摆在第一位。在西方工业化过程中，曾大力推行帝国主义和殖民政策，对于生产力落后地区的人们曾经进行无情的压迫和掠夺，例如，大批地掳掠非洲的黑人，把他们贩卖到美洲去当奴隶；在美洲对当地的印第安人实行种族灭绝（genocide）等等。对于违反人道主义，帝国主义者已经习以为常。因此，等到第一次世界大战发生以后，当这些发达的资本主义国家本身经历了现代战争的毁灭性打击以后，欧洲人才会痛定思痛，开始提倡人道主义。

相较而言，西方思想界在近代较为重视的是人权思想（human rights）而非人道主义（humanitarianism）。人权思想在古希腊社会里面已经萌芽，到了欧洲启蒙运动时期，更得到充分的发扬。人权思想在18世纪得到大力的发展有两个主要的原因。首先，欧洲当时正在从封建社会向资本主义社会过渡，为了反抗贵族对平民的统治和压迫，许多学者开始鼓吹重视（平民）个人的价值，以抗衡过去以贵族为中心的封建思想。其次，欧洲人一直受到基督教会对于思想的严密控制。为了摆脱这种神权的桎梏，一些思想家开始宣扬对人权的尊重。不过，近代的西方国家对于人权思想往往会采用双重标准（double standard），就是只对自己国内的白人讲人权，对于国内的少数族裔或者殖民地的人就不讲人权。

当下，人道与宽容已经成了东西方文明共通的价值

不过到了今天，世界上几乎所有的文明都会在不同程度上接受人道主义的价值观，因为人道主义的精神不但使人感到自豪，还可以使得世界较为安全。西方的基督教里面有它的两面性：既在《旧约》里有一个严苛的、极端排外的上帝，又在《新约》里有一个宣扬博爱的耶稣。过去欧洲的教会虽然对异教徒施行过残酷的迫害，

但近代的教会又在世界各地办了很多慈善事业，包括开设医院和孤儿院等。在今天，基督教已经变得比以前包容得多，不会再鼓吹对异教徒进行迫害，而是主要宣扬“神爱世人”的一面来吸引信徒。所以到了现代社会，东西方的文明在人道和宽容上已经开始建立了共通的价值。

只有重视人道精神，我们才能保障所有人的利益以及人与自然的和谐

在一个社会里面，个人的利益和群体的利益经常会有冲突。人对于自身利益的考量是自然的，因为这是一种动物性，是与生俱来的。但是在一个社会里面，为了要照顾群体的利益，有时候要牺牲一些个人的利益。这个利益的平衡需要靠人道精神。只有在人道精神充分发扬的时候，人们才会不光是考虑自己的利益，而能同时关心他人。要建立一个人与人和谐相处的社会，人道精神是一种绝不可缺的核心价值。

不但人与人之间的和谐需要人道精神，人与自然之间的和谐也需要这种精神。在今天，许多野生的动物还不断受人猎杀。例如在非洲，有些人为了夺取象牙，会将象大批杀死；有些人为了获得珍贵的皮毛，不惜大批猎杀某些濒临灭绝的动物。怎么样能使人不去做这种自私的事呢？这就需要有人道精神。有很多社会立法规定禁止虐待动物，也是基于人道主义精神。对于自然环境的保护也是这样。有些环保团体积极地反对环境污染，也就是因为担心当地居民的健康受到影响，不希望他们的生存环境被恶化。所以，对于争取人与自然的和谐，人道主义精神也会有一种间接的促进作用。

为何公平与正义是核心价值?

何谓公平与正义?

在一个文明的社会，一种非常重要的核心价值就是“公义”，它同时涵盖了公平（fairness）和正义（justice）。严格来说，正义超越了公平。公平只要求在一些涉及到权利或者利益分配的事情中，做到公允的处理；正义不只是要求一个人的判断要合理和客观，还需要具备一种由良心产生的驱动力。中国有一句古语，“路见不平，拔刀相助”。这里面的“不平”事，并非发生在“拔刀者”身上的；他帮助别人，只是为了实现公义，而不惜自己惹上很大的麻烦。可见，正义比公平来得更积极、更主动。

公义存在于大多数人的心中。我们看武侠小说时，会特别喜欢锄强扶弱的侠客，因为他能为人们伸张正义；在现实世界中，当我们看到一个弱者被强者欺凌时，会打从心里渴望该弱者能够成功抵抗强者的压迫。例如当我们在报上读到有些贪官污吏或者大财主欺压百姓时，会感到义愤填膺。这就是因为大多数人心中都会认同公平和正义的价值观。

事实上，“正义”是一个法治社会的重要基础。只有在一个讲求公平和正义的社会，法律才能为人们提供合理的保障。相反地，如果在一个缺乏公平和正义的社会，法律只能成为强者（当权者或有钱人）的压迫工具。另外，在今日社会里，舆论工具也是保障社会公义的一个重要力量。可惜的是，在某些社会里，有些媒体为了商业或者政治利益，可能会不顾公义。不但没有尽到传媒该有的舆论监督责任，有些还甚至故意去误导读者。在这样的社会里，往往就会出现很多社会矛盾。

人道和公义是密不可分的

在每一个社会里，总有它的强势社群和弱势社群。如果这个社会是文明的，我们应该要想办法保护弱势的社群。这种对于弱势社群的支持和关心，既发自于人的同情心，就是所谓“人道”，也源自于我们对“公义”的渴求，因为我们在潜意识里就希望弱者能够免受到强者的欺凌，希望所有人都能够得到公平、公正的待遇。要建立一个和谐的社会，我们除了要倡导人与人之间的互相关怀，也必须保证人与人之间能够得到公平和公正的相待。也就是说，要建立一个和谐的社会，我们必须同时宣扬仁和义兼备的价值观。

作为炎黄子孙，我们的文化对于推崇人道和公义有深厚的传统。儒家思想有“杀身成仁，舍生取义”的教导。对于统治者，儒家要求他施行仁政，以德服人而不是以力服人。仁和义是儒家精神的根本，也是社会安定的主要力量。孔子说：“君子喻于义，小人喻于利”。孟子有一句名言，“是非之心，人皆有之”，这种是非之心就是公平和正义的价值观。孟子说：只要义所当为，“虽千万人，吾往矣”！当一个人觉得他站在正义一方的时候，即使面对极大的压力，也往往会坚持。所以，公平与正义可以说是中华文明的核心价值。

只有公平和正义得到重视，我们的安全和利益才可以得到保障

为什么我们需要公平和正义？公平和正义不但是建立一个和谐社会所必需的，也是我们每一个人获得安全的保障。在一个社会里，总有一些自私自利的奸恶之徒，他们往往会利用种种手段去欺凌别人：包括剥夺别人的权利，或者抢掠别人的资源。要对抗这些奸恶之徒，不但需要公安和警察，法律和法院，社会上还需要有一种强烈的支持公义的道德观。只有在整个社会都崇尚公平和正义的时候，那些想要作恶的人才有所顾忌，不敢为所欲为。所以，为了社会的稳定，为了要建立一个安全的社会，我们必须积极巩固维护公平和正义的道德观。

公义的精神是一种是非之心，这种价值观是制约私利所必需的。要使社会上的人愿意为了群体的利益而牺牲一部分的个人利益，就需要大家具备公平和正义的思想。一个不重视人道与公义思想的社会是恐怖的，因为在那样一个社会里面，许多人都在想尽办法去欺骗、欺压、剥削别人。公义的精神绝对是我们保障群体利益一个重要的支撑力量。只有在公义的精神得到充分伸张的社会里，每个人的利益才可以得到保障。另外，一些对于自然的破坏，也需要一种公义的精神去纠正。例如，当一些工厂不负责任，排出有毒物质去污染环境时，许多有识之士就会基于义愤去想办法阻止它。因此这种公义的思想对于保障群体利益和维护人与自然的和谐，都有正面的作用。

种族歧视就是违背正义的一个明显例子

衡量一个社会是否具备公平与正义可以有一些客观的标准。其中最明显的一个就是看它是否有种族歧视。在近代的西方社会，种族歧视非常严重；许多标榜自由民主的西方国家都曾经实行过一些极不光彩的种族歧视政策。以美国为例，在19~20世纪期间就曾经长期地歧视华人。

在19世纪中叶，美国加利福尼亚州发现金矿，大批华人赴美淘金。在1864年，美国开始建造中央太平洋铁路，需要大量的劳工，于是在中国南方征集了大批的华工去为它筑路。许多华工是被骗过去的，被俗称“卖猪仔”。这个筑路的工作非常艰苦。由于要尽快穿越西岸陡峭的高山，加上施工条件很差，许多华工牺牲了。这些华工备受种族歧视，不但工资比别人低，在铁路建成以后，华工全部被遣散，只有一些爱尔兰裔的白人劳工才可以留下来当铁路工人

（详细资料请看沈已尧的《海外排华百年史》）。

到了19世纪中叶之后，美国爆发严重经济危机，失业率大增，引发了排华浪潮。美国国会在1882年5月6日通过了《关于执行有关华人条约诸规定的法律》，即通常所谓的“美国排华法案”。这是美国历史上唯一针对某一族裔的移民排斥法案，该法案连同其他歧视性法案禁止华工入境，规定华人不得归化为美国公民，禁止华人与白人通婚，禁止华人妻女移民美国，禁止华人在美国拥有房产等等。

自从1882年排华法案通过后，白人暴徒经常抢劫、纵火、私刑迫害华人。警察也故意找一些借口逮捕华人。加州政府更是针对华人，频频开征歧视性的人头税、海关税等，故意刁难华人。直到二战爆发，中美结成盟国，排华法案才在1943年被废除。

在美国历史里，华人不是被歧视得最厉害的族群。美国黑人所遭受的压迫远为厉害。美洲原来并没有黑人。当欧洲人移民到美洲以后，一方面把当地的土著印第安人赶走，占据了他们的土地。另一方面，又需要大量的劳动力来为他们的农场耕作。于是他们从非洲输入了大批黑人奴工。这些黑人被当作野兽一样，被欧洲奴隶贩子在非洲捕猎，再用船运到美洲去贩卖。由于运输条件恶劣，据说一半的黑人会在途中死亡。

这些黑人被贩卖到农场去当奴隶。他们失去了人身的自由，变成了农场主的财产，被迫像畜生一样地工作。黑奴如果逃跑，会被酷刑虐待，甚至处死。在美国的独立战争期间，虽然标榜“人生而平等”，但对于黑人，他们的奴隶身份一直没有改变。直到美国在19世纪发生南北战争以后，黑人才得到解放。但他们即使摆脱了奴隶的地位，却仍然一直受到美国社会的歧视，并经常受到白人的欺凌。在南北战争结束100年以后，对黑人的歧视仍然没有改变。一直到20世纪60年代以后，美国的民权运动（civil right movement）兴起，黑人才逐渐得到平等的地位。

在欧洲也出现过一些严重的种族歧视事件。许多欧洲人对于一些少数民族，例如吉普赛人，就非常歧视。犹太人虽然是文化相当高的民族，但在欧洲也长期受到歧视。最严重的就是在20世纪纳粹党统治下的德国，犹太人受到大规模的迫害。尤其在二战期间，许多住在欧洲的犹太人被关到集中营内，被关在集中营里的还有些其他的欧洲少数族裔和共产党人。他们被德国纳粹党有计划地集体屠杀。

这些种族歧视的例子可以说是人类的耻辱。这些例子提醒我们，一旦失去了公平和正义，人类的社会可以变得何等恐怖！

为何中国人在近代好像失去了道德高地？

中华文明所推崇的人道和公义精神，不但历史悠久，在本质上也应该比西方的人权思想更为淳朴。但在目前，西方的舆论却一直认为只有他们才拥有道德的高地，而且有些中国人也同意这种说法。

这是为什么呢？这有多种原因。其中最重要的一个原因可能是出于弱者对强者的崇拜心态。在过去1个多世纪，中国的现代化思潮主要由西化派主导。他们误认为中国的固有文明是落后的根源。这种心态的形成主要是由于中国在近代一直处于挨打的局面。在过去几个世纪，东西方文明的交锋主要是通过贸易和战争来进行的。在这个过程里，工业化的西方国家始终居于征服者的地位。随着西方列强帝国主义的扩张，他们发动了多场侵略战争，到处殖民。亚洲那些古老的农业大国毫无抵抗的能力。在军事和经济上的压倒性优势的带动之下，西方的文明得以强烈地影响着亚洲的人们。许多中国知识分子在这期间也不自觉地逐渐对自己的固有文明失去了信心，甚至怪罪中国的传统文化是落后的主因。于是，一些中华文化里面所倡导的价值观几乎完全丢失（事实上，在这段时期失去自信的不单只有中国人，也包括日本人。例如日本在明治维新时期许多精英就鼓吹要“脱亚入欧”）。

中华文明固有价值观丧失的另外一个原因是受到苏联的影响。在苏联的十月革命之后，苏联成立第三共产国际，有计划地向东方输出列宁主义，大力宣扬革命与阶级斗争。人道主义因为不讲阶级性，受到极大的批判。而在无产阶级专政的口号之下，公义往往也只能让位（例如在土改、反右和“文革”中就有大量对人迫害的例子）。幸好这个历史阶段现在已经过去。在今天的中国，政府强调的是以人为本、追求和谐的社会，这种想法应该是与人道主义一致的。

中国今天已经到了一个新的发展阶段。中国人完全可以重拾自信，去争夺道德的高地。经历过30年的改革开放，中国的经济已经得到极大的发展。尤其在最近这10年，中国的国力逐渐崛起，我们可以心平气和地对自己固有的文明进行反思：有哪些落后的我们应该抛弃？有哪些优秀的我们应该发扬？我们现在的地位与西方是平等的。对于他们的文明，我们既不需要崇拜，也不需要刻意排斥。我们应该以一种开放的心态，客观地重新探索中华文明和西方文明的价值，并从这两者之中吸收它们优秀的成分。

什么是人权价值?

在本篇开始的时候，我们就阐明，现代社会的价值观是一个科学的体系，它建立在一个合理的基础上面。这个基础就是“促进社会的可持续发展，维护群体的利益，以及追求人与自然的和谐”。在这个基础之上，有4个支柱性的核心价值，那就是“科学与理性”，“诚信与责任”，“人道与宽容”，“公平与正义”。在这些核心价值之上，我们可以进一步建立其他有用的理想价值。这些价值包括人权价值、伦理价值以及社会价值。（见图4–2）。下面就让我们首先讨论人权价值。

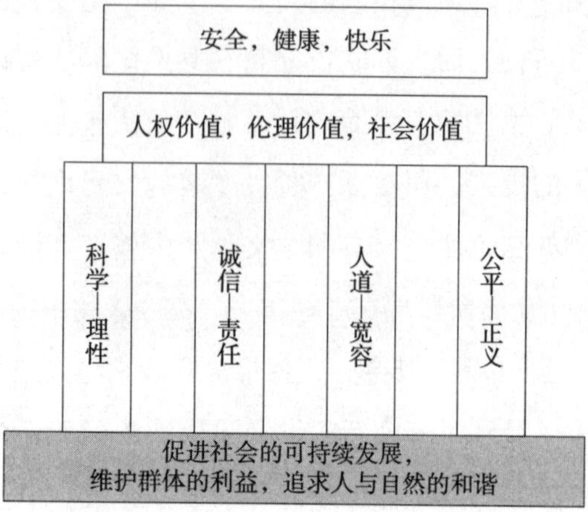

图4–2　本书建议的现代社会价值观体系

严格来说，人权价值其实可以包括在社会价值之内。不过许多西方的学者往往会把人权价值独立成章，以彰显其重要性。所谓“人权价值”，包括民主与法治，自由与尊严。这在西方社会最近几个世纪受到极大的推崇，甚至被称为“普世价值”[1]。在现代社会，这些价值受到广泛宣传。有些人甚至认为它是解决一切社会问题的答案。我们当然同意：追求民主与自由代表着人类的进步；民主既是一种个人理应得到的权利，也是一种人民监督政府的重要机制；自由则既是人的尊严的一种保障，也是经济发展的一种动力。不过，民主与自由是否像一些西方政客宣传的那么神圣？我们得要慎重地研究。

什么是民主？

“民主”这个词在现代是一个很有号召力的政治名词。它的原

① 民主什么时候被称为“普世价值”很难考证，这种说法主要出现在20世纪后半段。对于民主的重视，相信与联合国发布一系列肯定人权的文件有关。例如，1948年12月10日，联合国大会通过了《世界人权宣言》，里面明确提出：“所有的人均生而自由，在尊严及权利方面处于平等地位。”在宣言的基础上，联合国在1966年制定了《经济、社会和文化权利国际公约》、《公民权利和政治权利国际公约》，构成了今天所谓“国际人权宪章（Human right instruments）”的主要内容。

意是一种由全民参与管理的政治体制。民主是由英语“Democracy”翻译过来的。在民国初年，有些学者把它直译为“德莫克拉西”。民主这个词在中文里给人一种非常美好的印象，好像是“人民当家作主”的意思。这其实是一种误解。在西方，“Democracy”一词最早出现在古代希腊的城邦社会。原意并非正面，而是描述一种变态的政体。希腊的哲人亚里士多德（Aristotle）写了一本对西方有深远影响的名著，叫做《政治学》（Politics）。里面对于“Democracy”的定义有清楚的说明。以下是他在书中第3本第7章原文大意的翻译：

> 我们可以研究政体究竟有几种类型，并考察各种类型的性质。我们首先论述各种**正宗的政体**（True forms of government）；在说明正宗政体之后，相应的各种**变态政体**（Perversions）就马上会显而易见了。…… 政府是每一城邦里最高的权威，这种权威可以掌握在一个人，几个人，或是多数人手里。所以，一个正宗的政体，就是由一人、几个人或多数人为了照顾全邦共同利益而进行的统治；但如果一个政府的统治是为了照顾统治者自己的私利，不论它是由一人、几个人或多数人来统治，那就成了变态政体。…… 凡能照顾全邦人民的利益而由一人统治的政府，可称之为“君主政体”（Kingship or royalty）。如果政府由少数人统治，则称之为“贤人政体”（Aristocracy）。若政府由全体公民为了整个城邦的利益而参与统治的，就可称之为“共和政体”（Constitution）。……这些参与统治的多数人必须是城邦里的公民。他们最起码的条件就是能够参与保卫城邦。所以在共和政体中，必须是家有武备而又力能持盾的人，才能称为公民而享有政治权利。

相应于上述各类型的正宗政体，有一些变态政体。君主政体的变态政体是暴君政体（Tyranny）；贤人政体的变态政体是寡头政体（Oligarchy）；共和政体的变态政体就是平民政体（Democracy）。暴君政体是一种只为君王个人利益的独裁统治；寡头政体的统治是为了富人的利益；而平民政体则只关心穷人的利益。这三者都不会照顾整个城邦的福祉。

所以在希腊人的眼中，Democracy只是一种平民政体，是任由多数人争取私利的一种变态政体，把它翻译成“民主”是后人对这种政体的美化。为了方便以后的讨论，我们把亚里士多德对于各种政体的定义列在下表中。

表4–1　　亚里士多德在《政治学》里政体的分类

	正宗政体 True forms of government	变态政体 Perversions
统治的目的	主政为公 For the common interest	主政为私 For the private interest
由一个人统治	君主政体（Kingship or Royalty）	暴君政体（Tyranny）
由几个人统治	贵族/贤人政体（Aristocracy）	寡头政体（Oligarchy）
由多数人统治	共和宪政（Constitution）	民主/平民政体（Democracy）

那么为什么中国把Democracy翻译为“民主”呢？据有些人的考据，这主要是从日本的英语翻译搬过来的[①]。日语把Democracy翻译为“民主主义”，意思是“主权在民”，以凸显其与“主权在君”的“君主主义”的差异。可是一旦把这个日语照搬到中文里就会造成一些歧义。因为中文和日文的动宾词序是相反的。例如，中国人说“吃饭”，日本人则说“饭吃”。因此，日语把Democracy翻为“民主主义”，如果移植到中文里，应该翻译成“主民主义”才对。把日语的“民主主义”翻译照搬到中国，很容易引起望文生义

① 请参考http://zhidao.baidu.com/question/296653042.html

的误解。如果把“民主”一词理解成是“由人民当家作主”，只能说是一种美丽的误会。

西方社会在过去2000多年里，长期以来并没有把Democracy当为一种理想的政体。他们实行的主要是君主制度。到了最近几个世纪，君主制度已经不适应工商业的发展，人们开始要限制君主的权力，甚至要推翻君主的统治。取而代之的主要是共和政体。共和政体与Democracy的分别是：在共和政体里，只有部分符合条件的公民，而非社会上所有的人都能够拥有参政的权力。事实上，很多西方的政治家都曾担心，如果让社会上所有的人都来参政，会不会变成一种暴民政治[①]。

民主被认为是一种正面的价值是在19世纪以后的事情。这主要得力于多种社会运动的冒起：包括资产阶级向贵族的夺权，工人运动，女权运动和反对种族歧视的民权运动等等的兴起，再加上革命在这段时期的风起云涌。在中国，民主受到重视与著名的“五四运动”有关。在这场爱国学生运动当中，“德莫克拉西（民主）”和“赛因斯（科学）”被认为中国必须学习西方的两种思想。不过必须指出，当年领导五四运动的许多学者们，对于什么是“民主”的真正含义并不清楚。例如陈独秀等人就把许多别的美好概念，如宪政、法治、自由等，都包括到民主里面去。陈独秀在1919年的《“新青年”罪案之答辩书》中曾说“拥护那德莫克拉西（民主）和赛因斯（科学）两位先生……要拥护那德先生，便不得不反对孔教、礼法、贞节、旧伦理、旧政治；要拥护那赛先生，便不得不反对旧艺术、旧宗教；要拥护德先生又要拥护赛先生，便不得不反对国粹和旧文学……”。其实，旧伦理或者旧文学与实现一种民主的政治制度究竟有什么必然的冲突呢？陈独秀和其他一些参与“五四

① Aristotle, Politics, Book III, part 7. Translated by Benjamin Jowett; Roland N. Stromberg: Democracy : a short, analytical history, 1996.

运动”的人显然误解了民主的涵义。

民主其实有狭义与广义之分

严格来说，今天当人们讨论民主的时候，其实有两种意思：一种是民主的政治制度，另一种是民主的精神或者民主的理想。这两种意思可以分别代表狭义的民主和广义的民主。狭义的民主是民主的选举制度，就是由一人一票的选举来选出议员或者行政首长。广义的民主是实行共和宪政的政体和采用集思广益的办事精神。现在媒体里一般讨论的，或者在一些群众运动里所诉求的，指的往往是狭义的民主。

今天许多人支持民主，就是赞成民主的选举制度。支持民主选举的原因主要有三点：第一，是为了争取个人的政治权利。有一些人相信拥有选举与被选举权是一种天生的政治权利，不能被剥夺。否则他就会失去了他的尊严。第二，通过选举，选民可以对政府进行监督。第三，通过选举，可以强化一个政府管治的民意基础。

不过，如果简单地把一人一票的选举制度当作民主的话，它现有的形式不一定是最好的政治制度（详细的讨论可以看本书第六篇）。事实上，许多西方的政治家都批评现有的民主选举制度充满种种的问题。例如丘吉尔在1947年曾说：“民主是最坏的政府形式——除了其他所有被试验过的政府形式之外（Democracy is the worst form of government except for all those other forms that have been tried from time to time.）”。

考虑到民主作为一种政治制度的局限性，我们在价值观上所谈的民主，主要是指民主的精神或者内涵。民主的内涵应该包括什么呢？我认为它应该包括以下几点。

第一，一个国家不是由一个独裁者或者他的家族统治，而是实行宪政体制。

第二，政府必须体现施政为民的原则。

第三，为了避免执政者变得专断和独裁，政府必须建立一套权力制衡的机制。

第四，政府必须具备一定的民意基础。

要达到这些目的，可以采取多种技术的手段，包括：（1）依宪法施政；（2）政府的首长必须有法定的任期；（3）政府的领导人必须经过某种形式的选举（直接或间接）来产生；（4）政府最好行使集体领导，既可以集思广益，又可以互相监督；（5）行政部门必须受到议会的监督。所以，一人一票的选举制度只是众多体现民主精神的手段中的一种（关于如何实现民主的可操作性，民主在制度上的优点和缺点，请看本书的第六篇。）

什么是法治?

法治代表“依法治国”，就是用法律来管理社会。相对于“人治”而言，“法治”当然进步得多。在这个意义上，它是一个美好的概念。在人类社会中，很早就出现了成文的法律，可以追溯到2000多年前（可以参考本书第十章）。至于不成文的法律的出现，估计会远为早得多。事实上，在人类社会开始形成以后，肯定需要一些类似于法律的规则来规范每个人的行为。

像民主一样，法治既是一种价值观，也是一种支持社会良好运作的手段。它可以发挥多重的目的，首先，它帮助保障了个人的权利；其次，它帮助保障了社会的秩序；最后，当社会里的成员之间发生纠纷时，它也可以提供一种解决的机制。

另外，法治对于支持经济的发展也非常重要。特别是在资本主义社会里，由于强调自由和竞争，它需要一些明确的游戏规则来让竞争有序地进行。这就必须要有法治。事实上，随着经济的不断发展，法律体系也要不断地完善。只有这样，社会里的经济活动才可以持续地向前推进。所以法治的推行是保障经济繁荣的必要条件。

人们往往将民主和法治并提。现在许多支持民主运动的人，经常把一些美好的价值（例如法治与自由）都包含在民主之内。有些人甚至认为法治是民主的产物。因为假如没有民主，法律就只是独裁者的统治工具而已。在一些独裁的社会里，往往统治者的意志就是法律；即使有成文的法律规章，也只是一纸空文，不足以保护人民的权利。

但法治究竟是不是民主的产物呢？首先让我们来想一想：是否没有民主就没有法治？从历史的事实来看，法治概念的产生与民主是完全独立的。法治的出现远远早于民主。从封建社会到君主社会，都曾实行了不同程度的依法统治。有些君主，哪怕他极不愿意，有时候也不得不服从一些法律的约束。事实上，欧洲在中世纪的时候，贵族与国王之间已经订立过一些契约来规范国王的权力，其中最有名的就是英国在13世纪签订的《大宪章》（请看附录中的背景故事七：英国的《大宪章》）。所以即使在封建社会，在不同层级的统治者之间，遵守法律也被视为理所当然。换句话说，法治在某些封建社会就已经成为一种受到重视的价值观。

更恰当地说，是先有法治，才有民主。民主往往是建立在法治的基础上的。举例而言，近代欧洲虽然有些国家是通过革命来建立民主政权（例如法国），但更多的国家是通过君主立宪的途径来实现民主的（例如英国）。在这个过程中，民主的建立事实上是依靠法治来推行的。

在现代社会里，法治得到大大的加强。这反映在几个方面：（1）法律的独立性得到保障，立法与司法不再从属于行政系统；（2）立法权力归于议会，人民可以通过代议制影响立法；（3）确立“法律之前，人人平等”的概念，理论上应该比以往的社会较为公平。

法治的局限

对于维护一个社会的有序发展，法治肯定是一种重要的手段。不过必须指出，法治也有它本身的局限性。

首先，法律只是道德的最低标准。在一个以人为本的社会，需要考虑的因素很多。通俗有一个说法，就是做人要兼顾“情、理、法”。所以“法”也只能说是做人的指导原则之一。“法”往往是用来对付一些非常恶劣的情况；那就是在“情”和“理”都已经讲不通的时候，人们才会使用“法”。所以当我们谈到要“用法来治”的时候，这已经是到了道德的底线。

其次，在现代社会里，法律经常是与利益挂钩的。法律既是一种争权夺利的工具，而许多执业的律师也只是为了牟利而替人打官司的人。这种以商业为目的的法律体制就已经使该职业失去了道德的正当性。那些受钱雇佣的律师，都是些受过良好教育、非常精明的专业人士。他们就像以前美国西部的一些厉害的枪手，虽然有少部分会愿意当游侠，但大部分都是当了有钱人的打手。在美国西部大开发的时候，许多大地主会雇佣大批的枪手来对付穷人，帮助他们去抢地抢矿。而现代社会一些厉害的律师，就像那时候的枪手一样，许多是被权贵或者富豪雇佣来对付老百姓的。

再次，法律主要是一种惩罚的手段，它不是鼓励人向善的。法律主要在于阻止人为非作歹。它的主要功能是在人们做错了事以后，进行惩罚。因此，在这个意义上，法治不能算是一种积极的价值观。

最后，法律只能保证程序上合理，而不是结果的公正。法律是一种技术性很强的东西，它非常繁琐。它关注的重点，往往在于引用的条文（或者案例）是否恰当，疑点归于谁的利益等等。它最多只能保证程序上的正确，而不是结果是否公正合理。因此，在许多情况下，法律无法给人们带来真正的公道。

什么是自由？

匈牙利爱国诗人裴多菲·山陀尔（Petofi Sandor，1823~1849）有一首非常著名的关于自由的诗。在中国曾经受到鲁迅的推介，因而变得脍炙人口，到今天成了歌颂自由的代表作。

生命诚可贵，
爱情价更高，
若为自由故，
两者皆可抛。

裴多菲这首诗是于匈牙利在抵抗沙俄军队侵略的时候写的。诗里面所指的“自由”，其实是“免于做亡国奴” 的自由，而并非是一般人想象中代表“无拘无束”的自由。由此可见，“自由”的意义其实有很多种，因人而异，因情景而异。让我们在下面逐一分析。

追求自由是人的一种与生俱来的天性，可以说是人的动物性的一部分。假如我们把一只野兽用笼子关起来，它也会拼命想法得到自由。自由（liberty/freedom）的原意就是“不受压迫或者束缚”；追求自由其实就是追求解放（liberation）。人的行为受着“趋吉避凶”的本能指导。追求自由可以说是属于“避凶”的部分。

如上所说，自由主要是为了解脱压迫，那么这些压迫是来自社会的哪些方面呢？在人类历史中，经常会出现人对人的压迫。这些压迫包括：

① 由于宗教造成的压迫

② 由于种族造成的压迫

③ 由于性别造成的压迫

④ 由于政治斗争造成的压迫

⑤ 由于经济掠夺造成的压迫

在不同的社会，人们所面对的压迫往往不同，所以当时的人们会追求不同的自由。比如在罗马时期，奴隶失去了人身自由。这些奴隶当然想要奋起反抗。（例如发生过斯巴达克斯的奴隶暴动。）他们所追求的就是免于被奴役的自由。在16、17世纪，英国许多清教徒冒着漂洋过海的风险移民去美洲定居。他们追求的是宗教的自由。法国大革命期间，民众激烈地主张争取自由（liberty）。法国人当时所标榜的，是免于受贵族压迫的自由。而在法国大革命之前，很多欧洲启蒙运动的学者宣扬人应该有思想上的自由，这种自由就是为了反抗当时的教会对于人们的思想的桎梏。

在一个文明的社会，我们反对一切的压迫。所以应该支持追求自由。不过，对自由的诉求只有在自由被剥夺的情形下才有意义。如果一个人处在一种受压迫（suffocate）的状态，例如受到奴役，被某个教会或政权压迫的时候，这种对自由的诉求是很值得奋斗的。但如果这种压迫的情形没有发生，那么空谈追求自由就失去了意义。

让我们用一个比喻来说明。人追求自由的重要性就像人需要喝水和呼吸空气一样。当我们失去了水或者空气的时候，我们会觉得水和空气非常的宝贵，要拼命去争取。但如果一个人过着正常的生活，空气和水都不缺乏的时候，追求更多的空气和水就不会成为一种迫切的需要。同样的，如果人们已经拥有了一定的自由，追求更多的自由可能就不再是一个优先的诉求了。

不同的人会看重不同的自由

那么，一个人要享受到多少自由才被称为“足够”？这是一个非常复杂的问题，答案因人而异。在一个社会里面，人必然会受到一些限制。这是无法避免的。对于某些人来说，可能会认为这些限制损害到了个人的自由。从人与社会互动的角度来说，自由其实可以分为多种。

①人身上的自由

②宗教上的自由

③政治上的自由

④经济上的自由

在不同的社会，这些不同的自由可能会受到不同程度的限制。对于不同的人来说，他最重视的自由可能也有所不同。例如，对于19世纪美国的一个黑人奴隶来说，人身自由是第一位的；对于英国的清教徒来说，宗教的自由是第一位的；对于今日的资本家来说，经济上的自由可能是第一位的（事实上他已经有了其他的自由）。

思想的自由比行为的自由更重要

自由是否神圣？自由是一种权利，它不是无限制的。每个人的自由都应该以不妨碍他人的自由为前提。在一个文明的社会里，我们既要尊重每个人的自由，但为了整个社会的良好运作，也必须要限制个人的部分自由。所以自由很难说是神圣的。

因此，我们能要求的只能说是适度的自由而不是绝对的自由。这也就是说，为了使得自己能在社会里生存，每个人都得做出妥协，把自己一部分的自由拿出来交换别的需要。这些需要可能是安全，可能是健康，也可能是对环境的保护。事实上，在现代的社会，我们不断在订立新的规章制度来剥夺每一个社会成员的自由（例如，现在对醉酒驾车的规定越来越严；许多地方不准抽烟等等）。

自由又可以分为行为的自由和思想的自由。我们前面所说的对自由的限制，往往是对行为自由的局部限制。但是对于思想的自由，我们应该给予最大的保护，因为：（1）它本身不会妨碍到别人，（2）思想的自由是创新的原动力，（3）思想的自由更是理性和尊严的保证。所以它应该受到充分的保障和尊重。

对于一些知识分子而言，思想的自由尤其重要，就如同他们的生命一样。我认为，一个文明的（civilized）社会和不文明的（uncivilized）社会的主要区别，就在于它能不能保障和尊重人的思想自由。只有在那些思想自由受到充分保障的社会，它的文明，包括科学、技术、文学和艺术，才能充分地发展起来。

什么是尊严?

尊严（dignity）就是一种对自我的心理肯定。随着人类从原始社会到文明社会的发展，人们的要求越来越高。在最初的原始社会，人们只关心得到温饱；然后人们希望有生活的改善。随着物质生活的丰富，人们就要求更高层次的心理满足，于是产生了尊严。古语说“衣食足而后知荣辱”，所谓荣辱，就是人对自己尊严的重视。

尊严可以说是一种荣誉感。但尊严与荣誉有一点区别。尊严是不需要比较的，每个人都可以拥有尊严；而荣誉往往是靠别人授予的。荣誉往往代表一些突出的成就。它有高人一等的意思，例如，参加一项体育竞赛的运动员当中，只有很少数的人能得到荣誉（奖牌或者奖金）。但只要一个运动员能够充分地表现良好的体育精神，他就已经拥有尊严。

尊严也可以说是“羞辱的反面”。古语有云：“士可杀，不可辱”，就是说明知识分子对于自己的尊严十分重视。中国传统的读书人强调“知耻”，也就是重视尊严的意思。中国人一直把“廉、耻”并称，就是说做官的只有知耻才能抵挡贪腐的诱惑，才能洁身自爱。在儒家思想里面，一直强调受教育的人应该培养自己成为君子，不能当小人。那么，当君子有什么好处？那就是他有尊严。

尊严是一种心理驱动力（psychological driving force）。尊严不

但来自他人对自己的肯定（peer approval），更需要依靠自我的肯定（self-assurance）。自我的肯定比他人的肯定更重要。假如一个人过分地依靠别人的肯定来维护尊严的话，他可能会变成爱面子或是爱虚荣。

有人说，自由是尊严的保证。这应该是指思想的自由，而不一定是行为的自由。有些人犯了罪，被判刑下狱，因而失去了自由。他会因此失去了尊严。但有些人，如果他的坐牢是因为他坚持他自己正确的原则（例如一些政治犯，像南非的曼德拉），他人虽然在牢里，失去了行动的自由，但他并未屈服，仍然保有他思想上的自由，别人仍然会觉得他很有尊严。所以更准确地来说，思想自由是尊严的保障。如果一个人要放弃思想的自由的话，他就会丧失他的尊严。

尊严与责任也是密切相关的。人为什么会有责任感？这就是因为他重视自己的尊严。其实不止是责任，人愿意遵守大部分的道德操守都与维护自己的尊严有关。所以当一个人失去了尊严以后（成了"无耻之徒"），他可能就会肆无忌惮，无所不为了。

在一个文明的社会，我们应该重视人的尊严。要建立一个和谐的社会，首要条件就是让人活得有尊严。怎样来保障人们的尊严呢？首先，社会必须提供一个安全的生活环境。其次，社会也必须提供一个健康的心理环境，尤其是要树立一套正确的价值观。此外，还必须营造一种互相尊重，互相包容，保障思想自由的氛围。

总结而言，我们在上面列举的人权价值，包括民主与法治，自由与尊严，都是十分美好的价值。它们虽然不像一些人说的那样神圣，但却的确都是一个文明社会里不可或缺的重要价值，并且是建立一个和谐社会的必备条件。

什么是伦理价值与社会价值?

什么是伦理价值?

所谓“伦理价值”，主要是指人与他的亲近群体互动的指导原则。这个群体可以是家庭、亲属、同事或者朋友。这种伦理价值包括：子女对父母的孝顺，父母对子女的慈爱，配偶之间的忠诚，对老师和长辈的尊敬，朋友之间的情义，对于所属机构的忠心等等。中国的传统文化对于伦理价值特别重视，强调所谓“忠、孝、节、义”等等。不过在一个世纪以前，当中国在衰落时，这种旧的道德被许多人批判，认为它是造成中国落伍的原因。可是经过了大半个世纪以后，中国经历了从阶级斗争到市场经济，我们却发现人与人之间的关系变得冷漠了，亲情也变淡了。有时候，有些亲人为了利益的冲突甚至会反目成仇。所以现在许多人认为，我们的社会还是应该重新提倡一些合理的伦理价值。

伦理价值具有重要的社会功能

伦理价值对于改善人的心理环境可以产生一种积极的作用。它使得一个人与他周围紧密互动的人群有一种良好的关系；不但使得彼此之间感觉到温馨，还有助于互相照顾。伦理价值可以强化乡党里人们的凝聚力，有利于营造一个和谐的社会。从功能上来看，伦理价值也可以算是一种非正式的社会契约。这种契约关系是通过习俗，而不是通过明文的法律规定来建立的。例如“慈”与“孝”，这两者构筑了上下两代人的紧密关系，使得他们能互相照顾，彼此依靠。这在中国的传统农业社会非常重要，因为当时的生产活动主要是以家庭为中心。所以一种以家庭为核心的道德规范对于当时的社会就非常合适。

伦理价值在中华文化里面受到极大的推崇

中华传统文化非常重视家庭的伦理关系，讲究“父慈子孝”。相对于其他文明来说，中华文明特别重视孝道；这与西方不同。根据有些学者的研究，在西方基督教文明当中，由于一直强调把神作为“天父”，所以对于人间的亲缘关系就没有那么看重。当然，“孝”的概念与农业社会的经济制度是分不开的。在农业社会里，土地是一种最重要的生产要素。对于大多数的农民来说，土地主要依靠继承来获得，所以必须非常重视亲情。从另外一方面看，“孝道”也可以说是古代“退休”保障制度的重要一环。在过去的农业社会，并没有现代由政府实行的社会保障制度，长者唯有依靠子女才能保障老年的生活。中国古语有说“养儿防老，积谷防饥”。因此，“孝道”就成为了当时社会不可或缺的一种价值。今天我们虽然已经走出了农业社会，“孝”的经济意义已经大大削弱；但作为一种家庭亲情的纽带，大部分中国人都依然认为孝是一种值得尊崇的美德，有着非常积极的社会意义。

慈与孝是相对应的。为了培养儿女的孝道，当父母的就应该“慈”。人作为一种高等的哺乳类动物，婴儿期很长，需要一段很长的时间来照顾。而且人的成长在动物界也是非常缓慢的，在儿童阶段需要家庭长时间的保护和照顾。因此，“慈”对于下一代的健康成长非常重要。事实上，慈与孝帮助强化了上下两代互相依存的良性发展。

对于兄弟和朋友，自然也有一套伦理价值。这包括：友爱，真诚，有情义，互相信任等等。这些都是有利于建立人与人之间的良好关系。这些在中华文化里面都是一直强调的。所谓“孝、悌、忠、信”里面的“悌、忠、信”都是属于与同辈之间的伦理价值。

如果把古代的社会和今天的比较，古代社会对于伦理价值的重视远比今天的社会为强。这可能与人在社会里的流动性有关。在以前，交通与通讯都不发达，人在一生里的活动范围很有限（往往只是方圆几十里以内），交往的人比较少，人与人之间的关系非常紧密。今天社会的流动性很大。人与人之间的来往非常容易。当一个人不断在交很多新的朋友的时候，就表示每个朋友的分量也就相对较轻了。对于工作关系可能也是如此。以前有很多人是打长工的。可能一辈子只为一个东家服务。那么这个关系就是非常紧密的，因此必然会重视对雇主的忠心。

这种情形在日本非常明显。在日本的工业化过程中，他们的公司往往采取一种终身雇佣制。一个人一旦进入了一间公司，就会终身为它服务。公司即使碰到经济效益下滑的情形，也尽量避免解雇员工。所以公司与员工关系就成了一种家庭与其成员的关系。所以员工的忠心（loyalty）程度非常高。到了最近20年，日本的公司由于受到全球化的影响，已经逐渐减少了对于员工的照顾。他们的终身雇佣制已经开始解体。而这种情形也使得近年日本的社会产生非常大的压力。日本一位著名的政论家（大前研一）在一篇对日本社会的评论里就说道："由于对未来的不确定感，整个日本的集体心理情绪慢慢变成是忧郁、阴沉的"①。

什么是社会价值？它有什么重要性？

所谓"社会价值"就是人与社会互动的指导原则。这些价值包括：守法，敬业，礼让，宽容，廉洁，俭朴，环保等等。这些都是经常听到的优秀价值，对于一个文明的社会的运作十分重要。社会价值与伦理价值其实非常相近，只是它们所涵盖的互动范围的大小有所不同。伦理价值主要在于指导人和他周围一些紧密互动人群（例如亲属）之间的行为准则。而社会价值则在于指导人与所有其

① 见2011年4月《远见》杂志对大前研一的采访：http://mag.chinatimes.com/mag-cnt.aspx?artid=7513&page=2

他社会成员（认识或者不认识）之间的行为准则。社会价值的功能主要在于维系一个社会的安全、有序与和谐。

东方和西方的社会强调不同的社会价值

东方和西方的社会所重视的社会价值既有相同的地方也有不同的地方。相同的地方包括：诚实（honesty），勤奋（hardworking），守礼（being polite），互相尊重（mutual respect）等等。比较不同的地方是：西方社会由于重视法治，所以更强调守法的精神。东方社会重视人情，比较强调“礼”和“义”。

近年有一些西化派有一种说法，认为中国人缺乏社会价值。据说这是因为中国的传统文化只重伦理，而缺乏一种社会公民意识，所以没有一种社会的道德观。他们把近年很多中国人的丑陋表现，包括不守规矩，随地吐痰，缺乏公德心，爱贪小便宜，不爱惜公物等等，统统归咎为中国文化的落后。我认为这种说法有着严重的错误。首先，中国文化其实包含许多非常优秀的社会价值，我们会在后面一一说明（参看本书第五篇）。其次，人的行为其实受多种条件制约，除了文化背景以外，还包括教育程度，经济水平，物质条件是否得到满足，人是否具备心理的安全，社会的发展是否有序等等。在过去近一个世纪，中国社会经历过长期的动荡不安，物质条件也很匮乏。人们就很难得到一种心理的安全感。况且，中国多次的政治运动也造成了一些人性的扭曲。中国的传统文化事实上在近代受到极大的破坏。因此，**我们今天看到一些丑陋的行为，与其说是传统文化的过错，不如说是由于传统文化丢失的结果。**

那么，让我们看看中国传统文化有哪些比较突出的社会价值。儒家提倡“忠恕之道”。“忠”可以算一种伦理价值，而“恕”不但是一种核心价值，也可以视为一种重要的社会价值。因为这种宽容的精神直接地促进了社会的和谐。另外，“礼”与“让”在儒家文化中也有着特殊的地位。这两者是保障社会秩序、维护人的尊严的重要道德原则。中国过去称为“礼仪之邦”。“礼”是指遵从社会上公认的秩序，使人的行为有所依从。“让”是指一种“反对利己”的精神，培养一种君子风度，不鼓励人去为争夺利益而斗争。鼓励“让”作为一种美德可以大大地减少人与人之间的冲突。在《论语》里面有弟子讨论到孔子对待权位的态度。他们的看法是：孔子也可以接受权位，但那是以“温、良、恭、俭、让以得之”。在今天的资本主义社会，“礼”有时候还可以勉强保存，但“让”就很少受到重视。现在社会上强调的是竞争，充满了急功近利。许多人贪婪地争夺利益。因此今天要提倡“礼让”比较困难。

礼与让在中国文化里面有着深厚的传统。“礼”原来是中国的强项。可是现在却是“礼失求诸野”。这种“礼”的文明传到日本、韩国等地方以后，还一直保留到今天。然而今天大多数的中国人自己却缺乏了“礼让”的精神。不过，在最近几年，由于经济的发展使得社会富足了，教育的普及率又大大提升，加上最近举办了几次大型的国际活动（包括2008年的北京奥运会和2010年的上海世博会），政府做了大量的工作来提升中国社会的形象，包括积极地培养志愿者精神，这些活动有助于逐渐恢复我国重视礼让的传统。

中国传统文化还有两种优秀的社会价值，在现代还有非常重要的意义，那就是廉洁和俭朴。儒家思想非常看重廉洁和俭朴。廉洁主要是针对为官者的操守而言；俭朴则主要是针对生活的作风。中国传统文化鼓励那些好学的读书人尽量降低自己的欲望，“淡泊以明志，宁静以致远”，既不追求富贵，也要甘于生活的俭朴。孔子最喜欢的弟子是颜回，而他特别赞赏颜回的俭朴风格，“一箪食，一瓢饮，在陋巷，人不堪其忧，回也不改其乐。贤哉回也！”这种安贫乐道的美德，在资本主义社会并不重视，因为市场经济需要鼓励消费！

在《论语》和《孟子》里面都有大量阐述为官者必须清廉的训导。中国在历史上推崇的一直是清官，鄙视的是贪官。这种对于廉洁的要求，今天还有十分重要的现实意义。现在不论是中国内地还是台湾，反贪防贪已经成为一项重要的挑战。政府和人民都在积极地要求官员廉洁、不贪污。

廉洁与俭朴其实是共生的。如果一个官员不能甘于俭朴，想过一种奢华的生活，那就很难廉洁了。所以俭朴可以说是廉洁的先决条件。事实上，提倡俭朴也可以大大减轻人们的心理压力。当我们愿意过一种简朴的生活的时候，对于金钱和权力的欲望就可以大大地减少。我们就不必整天为了争取经济利益而营营役役，可以节省一些时间和精力去做一些使我们得到快乐的事情。而且在这种倡导俭朴的风气之下，人与人之间的妒忌心也可以大大降低。

俭朴不但有助于建立一个健康的心理环境，它还有助于保护物质上的自然环境。俭朴意味着少消耗物资，少浪费资源，这样的生活方式自然可以使人减少破坏自然的环境。

人权价值、伦理价值和社会价值都必须建立在核心价值的基础上

总结以上的讨论，我们可以认识到，人类正在进入一个新的发展阶段，可以称为“后工业社会”。在这个阶段里，我们要建立一套与之相适应的价值观体系。这套价值观体系的基础不同于现时的资本主义社会，它不是以追求个人的利益为本，而是要促进社会的可持续发展，维护群体的利益，以及追求人与自然的和谐。在这个基础之上，我们会建立一套核心价值，那就是科学与理性、诚信与责任、公平与正义以及人道与宽容。这些核心价值可以作为支柱，

去支撑人类文明发展出来的其他优良价值，包括：人权价值、伦理价值和社会价值等等。这些优良价值可以统称为“理想价值”。

为何我们认为这些“核心价值”比一般所谓“普世价值”更加根本?

在近代，有些人把一些人权价值，特别是民主与自由，称为“普世价值”。为什么我们没有把这些所谓“普世价值”包括在核心价值之内，而仅仅把它们放在理想价值之中呢？这主要是基于以下的几点考虑。

第一，我们提出的核心价值对于促进社会群体的利益有更为直接的作用。要衡量不同价值观的重要性，我们可以比较何者为主要，何者为次要。现在让我们来看看，是核心价值还是普世价值更能保障社会群体的利益?

显然，在一个重视理性、责任、人道和公义的社会，它的公民一定会注意保护群体的利益，而且也会很自然地产生一种尊重自由和民主的精神。但如果倒过来，在一个宣扬自由和民主的地方，是不是必然能保障群体的利益，而且会同时重视人道和公义呢？那倒不一定。举例来说，在过去200年中，许多欧洲国家都号称建立了民主的政治制度，但它们却同时推行帝国主义，在地球的其他地方到处建立殖民地，去欺压别的人种，剥夺他人的人权。另一个例子是，美国是西方最早建立民主政治制度的国家。在200多年前当美国建国时，他们高举自由的旗帜，但同时却大批地使用黑人当奴隶，并屠杀当地的印第安人，实行种族灭绝政策。他们宣传的民主自由并没有使得他们自己采用人道和公义的精神去对待黑人和美洲的土著。所以过去西方人的所谓“崇尚自由与民主”只是保障了自己部分国民的权利，而完全剥夺了被殖民者和国内弱势社群的人权。事实上，对于生活在资本主义社会里面的穷人，自由和民主徒有虚名，并没有为他们带来真正的幸福。

为了保障社会群体的利益，本书所倡议的核心价值是必不可少的。让我们先从科学与理性谈起。试想一下，假如一个社会是违反科学与理性的，它会带来怎么样的后果？如果一个政府的领导人不讲究科学与理性，它的施政肯定会问题重重；不但无法解决民生问题，还往往会做出一些倒行逆施的事情，可能给人民带来毁灭性的灾难。如果一个金融家不讲理性，他可能会导致一个银行的破产。事实上，在2008年发生的全球金融海啸，就是由于美国华尔街许多大型投资银行为了追求暴利，而严重忽略风险的不理性行为所导致的。在过去几十年，有大量的例子显示当一些大企业的高层没有充分理性地做出决定时，他们会导致整间公司的破产。在2008年破产的雷曼兄弟投资银行以及贝尔斯登（Bear Stearn）公司就是一些明显的例子。

同样地，诚信与责任对于保障群体的利益也非常重要。假如一个政府是不负责任的，那人民就会非常痛苦，不但社会无法正常运作，人民的生活得不到保障，并可能威胁到国家的安全，甚至会天下大乱。如果一个企业缺乏诚信与责任，它的工厂就会意外频生。这个公司也会因为它的产品缺乏质量保证，而失去了市场。在一个家庭里面，如果父母是不负责任的，他们的子女就会受到严重的损害。

人道和公义对于保障群体的利益的作用更加显而易见。如果一个社会不讲人道，这个社会就会冷酷无情，产生种种歧视和人压迫人、人剥削人的现象。如果一个社会不重视公义，它就会充满压迫和歧视，充满欺骗和暴戾，充满强权思想。许多人为了追求自己的利益，就会采取种种瞒骗或者暴力的手段去巧取豪夺。在这样的社会里，即使大力宣传自由和民主，也不能够保障人民的利益和安全。事实上，在过去一个世纪，有很多发展中国家都已经采用了一人一票的民主制度，可是这些国家许多还一直处于动乱之中；经济既得不到发展，人们的生活也得不到改善。

第二，利群的价值观应该胜于利己的价值观。价值观可以粗略分为利己、利他和利群三类。利己的价值观包括追求自由、追求富裕、勤劳、自强、奋斗等等。利他的价值观包括对配偶或朋友的忠心、对自己亲人的爱护等等。利群的价值观包括同情心、正义感、守法、奉献等等。民主和自由主要在于唤起人们对于个人权利的追求，它们属于“利己”的层次；而人道与宽容，公平与正义，都是属于利群的道德层次。

西方社会比较注重个人主义（individualism），所以对于个人的权利比较重视。而且，由于资本主义社会的基础是建立在“追求个人利益”之上，而权利也是一种利益，所以利己的价值观在资本主义社会里面自然会受到大力鼓吹。这解释了为什么自由和民主在过去两个世纪里面在西方得到那么崇高的地位。

但是，今天种种迹象已经表明现在的利己主义已经导致社会出现了严重的问题。因此，我们再不能够把“追求个人利益”作为今后社会价值观的基础。我们再不能够把利己层次的价值观摆在第一位，而应该把利群的价值观作为优先。

除了人道和公义，科学与理性、诚信与责任也具备利群的性质。一个理性的人当然不会故意做一些损害社会的事情；一个负责任的人会尽他所能做好自己的职责，为社会服务。事实上，只有社会上每一个人都有高度的责任心，我们才能得到安全的保障，社会才能良好地运作。在现在这个高度互相依存的社会，我们的衣、食、住、行都依靠整个社会的分工来提供。这里面任何一个环节如果出现不负责任的人，都会对我们造成极大的危险。举例来说，我们使用的食品的安全是依靠农民、食品加工厂、卫生管理员等等尽他们的责任；我们交通上的安全是依赖汽车制造厂、维修工人、司机和其他开车的人的责任心。只要在某一个环节出错，例如有司机醉酒驾驶，我们的生命安全就会受到威胁。所以在现在这个高度互相依存的社会里面，理性与责任以及人道与公义这些利群的价值观应该比利己的价值观更为重要。

第三，原则重于技术。要判断一些价值观的优先次序，另外一种考虑就是甄别它是属于原则性的还是技术性的。民主基本是提出一种决策的模式，它的主要精神是让多数的人做出决定。因此，民主这种价值观基本是属于技术层面。民主固然有它的合理性，因为集体的智慧在理论上应该超越一个人或者少数人的智慧。但这里面有一个重要的假设条件，就是参与做决定的人应该知道与这个决定有关的种种资讯和利弊。不过在今天的所谓"民主选举制度"，选民对于被选举人的了解是非常有限的。他投票的考虑往往只会根据自己的利益或者一些对候选人表面的了解。这就为民主的作用带来了局限性。

对于一件事情的决策，牵涉到过程和结果两个方面。例如，要选择一个人来当某市的市长，无论是通过委任或者是通过选举都是一个过程；而被选的人究竟能不能当好市长这个职位则是一个结果。多年以来，许多学者都在辩论究竟是过程还是结果比较重要。当然最好的情景是能做到过程和结果都是完美的。但在现实世界，这种情形很难做到。在这个并非完美的世界里面，人们有时候要做出一些痛苦的选择，就是要取得良好的结果还是要保证过程的满意。民主肯定会有利于决策的过程，但使用民主的手段来做出一个决定，并不保证这个决定是正确的。而相反的，如果一个决定是合乎理性、责任、人道与公义的原则，它的过程是否符合民主的形式恐怕没那么重要。

只有在人道和公义的基础上，自由和民主才有意义

总结而言，我认为本书所倡议的核心价值，包括理性与责任，以及人道与公义，是最根本的。它们是其他价值观的支柱。自由与民主必须建立在追求群体利益与符合理性、责任、人道、公义的基础上，才能为社会的成员带来幸福。否则，在一个缺乏理性与责任，或者不讲究人道与公义的社会里，一人一票的民主选举制度必然会变质，往往会变为一些野心家、或者特殊的利益集团操控社会的工具。而自由，尤其是经济上的自由，往往也会成为一些黑心的商人或者贪婪的资本家来欺骗大众、盗取资源的借口。例如在2008年发生的损害全球经济的金融海啸，就是美国华尔街的投资银行家利用经济自由的借口去规避监管的结果。此外，现在许多骗人的广告到处泛滥，基本上也是通过资讯传播的自由来达到他们的目的。

事实上，不但是自由和民主等人权价值，其他一些我们崇尚的伦理和社会价值，包括中华传统文明里面重视的道德，如忠心、孝道、守礼，恭让，俭朴等等，也必须建立在理性与责任以及人道与公义的基础上，否则这些价值就会变成虚伪、保守，在功能上变成假道德。

什么是幸福?

一套价值观如果要成为社会的共识，就必须有吸引人的地方。一套理想的价值观不但应该有助于维护社会的秩序，它还应该能帮助人们得到幸福。但是什么是幸福呢?

对于这个问题，可以分开从不同的层面来看；例如我们可以从个人层面、家庭层面或者社会层面来思考。对于不同的层面，答案可能不一样。如果从个人层面来看，也许“能够成功追求自己的理想”就是一种幸福。在家庭层面来说，也许“获得美满的婚姻生活”就是一种幸福。不过，这些幸福标准一般弹性比较大，例如每个人对于“理想”的标准就可能不同。如果要探讨幸福，也许从社会的层面来讨论比较容易，较有可能找出一些客观的标准。

我认为，如果从社会层面来考虑，幸福对于大多数人来说应该就是满足以下几点。

① 获得安全上的满足；

② 获得生活上的满足；

③ 获得精神上的满足。

为何要把安全作为最优先的考虑？这几乎是一种动物的本能。从原始社会开始，人的第一个考虑就是安全。这包括保护自己生命的安全和身体的安全。到了后来较为复杂的社会，人还要经常担心家人的安全和财产的安全。当安全得到基本的满足以后，人就要考虑生活上的满足，包括衣、食、住、行、育、乐等等。最后，当安全和生活都得到基本的满足以后，人才能追求精神上的满足。中国有句古语：“衣食足而后知荣辱”。这句话所表达的，也就是这个道理。

如何为社会创造幸福的条件？

要使一个社会幸福，当然需要全体成员的努力。但最首要的，还是要看管理这个社会的政府。在一个现代的文明社会，一个政府的职能其实就是要为社会创造幸福的条件。那么，政府要怎么样做才能帮助它的人民得到幸福呢？根据上面的讨论，我们可以很容易得出一个答案。那就是，要使得社会里的成员得到幸福，政府必须想办法去——

① 提供一个良好的安全环境

② 提供一个良好的生活环境

③ 提供一个良好的心理环境

要满足这些要求，政府必须同时发展这个社会的硬件与软件。硬件主要包括国防和经济，软件则包括文化和价值观等等。

对于上述的第一项要求，几乎是不证自明的。纵观古今中外的历史，几乎每一个政府都会清楚地认识到安全的重要性。为了营造一个良好的安全环境，许多政府都愿意不惜工本地去大量投资。中国的万里长城就是一个明显的例子。其实古代所有城市的构筑都以安全为第一考虑，所以必须有高大的城墙。西方的国家对于安全也是同样的重视。在第一次世界大战以后，法国就曾经倾全国之力去建立一条“马其诺防线”（Maginot Line），以防范日后德国人的进攻。在冷战期间，苏联花了大部分的国力在国防上，以至整个国家的轻工业都得不到发展。在2012年，美国的国防经费高达7293亿美元[①]，另外还要负担庞大的反恐经费（569亿美元）。这些花在安全上的巨额开支，使到美国政府无法平衡预算，积累的国债不断快速地增加。中国今天花在国防上的经费也不少，高达6702.7亿人民币（据2012年预算）。另外，中国在安全上还有比较大的一笔支出是维稳。现在据称维稳的经费已经高达7017.6亿人民币，比国防经费还要高[②]。

政府除了要提供一个良好的安全环境以外，还要提供一个良好的生活环境。事实上，今天的中国政府大部分的精力都花在这个事情上面。比如国务院大部分的部委所分管的职能就是要解决不同的民生问题，包括衣、食、住、行、育、乐。从中央到地方的各级政府，经常都要忙着为老百姓去解决各种的生活问题，例如保证粮食的供应（农业的建设，水利工程）；房屋的建设；交通基础设施（道路、桥梁、铁路等等）的完善；教育和医疗的保障，经济（包括轻工业、重工业、服务业、国际贸易）的发展等等。从改革开放

① 根据美国2012年的预算，国防部预算为7075亿元，与国防相关的能源部预算为218亿元。

② 见百度百科中的“维稳支出”词条解释。

以来，中国政府在民生问题上做了大量的工作，成绩有目共睹。中国人民的生活水平在这期间得到快速的提高。

现在中国比较缺乏的是一个良好的心理环境。今天的中国社会明显缺乏一种积极与平和的心态。人与人之间缺乏互信，许多人往往为达目的而不择手段。群众中出现了许多浮躁、偏激的情绪。自从改革开放以来，政府在经济发展方面尽了很大的努力，也取得了显著的成功。但在精神文明方面却没有相应的进展。事实上，今天的中国社会明显缺乏一个道德上的制高点。除了赚钱以外，现在几乎找不出一种共通的理想可以激励人们来一起努力。

要维持社会的稳定必须提供一个良好的心理环境

我认为一个国家的兴衰，不仅仅是取决于安全环境和生活环境，心理环境也非常重要。事实上，随着人类社会的不断进步，心理环境的重要性变得越来越高。因为现代的人已经不会仅仅满足于获得安全和生活的保障，他还需要精神上的满足。如果一个政府不能提供这种满足，就会有发生重大变革的可能。在过去20年我们可以在世界不同的角落看到很多这样的例子。例如20世纪90年代苏联和许多东欧国家的突然解体；最近北非和中东出现的“茉莉花革命”，都与当地的政府不能提供一个良好的心理环境有关。

今天中国一个比较严重的问题是群众与政府之间的互信不足。一方面政府要使用各种办法来管理（或者控制）言论。另一方面，许多网民又喜欢从反面来解读官方的宣传，而且把很多被封锁的信息大大地夸大和扭曲。这样的结果是：谣言比真相的破坏力还要强得多。

要改善群众与政府之间的互信，政府必须带头提倡一种实事求是的风气；放弃那些教条主义的宣传，抛掉一些历史的包袱，以坦诚的态度与人民对话。更重要的，政府必须积极地培育一种正面的、健康的价值观，以改善社会的风气。只有这样做才可以营造出一种良好的心理环境。

幸福不仅要靠硬件，还要靠软件

我认为一个幸福的社会就是具备良好的安全环境、生活环境和心理环境。一个社会的价值观与这些环境有什么关系呢？这些环境的建立和维持，不但需要在硬件上的发展，还需要软件上的发展。而价值观与文化就是这些软件的主要组成部分。大部分的政府对于硬件的发展都会比较重视，而对于软件的发展则往往容易被忽略。对于安全环境和生活环境而言，硬件当然是重要的。例如为了要保证一个国家的安全，需要强大的国防力量，包括海陆空三军和他们的装备；要维持国内的治安，需要专业和有效的公安系统；要提供一个良好的生活环境，就需要建立庞大的基础建设，包括各种交通、通讯和城市设施，和许多改善环境的工程。但是除了硬件以外，软件也很重要。例如在安全方面，如果一个社会缺乏诚信与责任的价值观，缺乏公平与正义，那这个社会不但会充满了各种犯罪分子，偷、抢、拐、骗横行，连它的公安和司法系统也可能会受到腐蚀。这样的社会如何能有安全？在生活方面，如果一个社会缺乏诚信与责任、缺乏公平与正义，那这个社会将会充塞着伪劣的假货，严重地危害人们的健康。要打击生产这些伪劣货品（包括药品和食品），光靠执法人员和监狱是不够的，必须有一种道德上的制约！

谋取幸福的主要挑战

综合上面的讨论，我们把关于如何使一个社会得到幸福的各种考虑列出了一张表（表4–2）。从这张表可以看出来，谋取幸福之路不是固定的。在不同的发展阶段，当一个社会面对不同的形势，它要追求幸福就必须应付不同的挑战。

当一个社会的安全环境受到威胁时，面对的主要矛盾可能是侵略与反侵略，颠覆与反颠覆。这个社会此时必须有效地抵抗侵略（建设国防），和破解敌对势力的颠覆（强化公安及反恐）。在这个时候，主要挑战可以说是“以力服人”。

当一个社会的生活环境变得困难时，面对的主要矛盾可能是生产落后，经济衰退。这个社会此时必须有效地发展生产，改善民生，提供就业。在这个时候，主要挑战可以说是“以利服人”。

当一个社会的心理环境受到破坏时，面对的主要矛盾可能是人心败坏，思想偏激；或者弄虚作假，缺乏道德和理想。这个社会此时必须培育一种平和、理性的心态，建立一套健康的价值观。在这个时候，主要挑战可以说是“以理服人/以德服人”。

表4-2　　关于如何使到一个社会得到幸福的各种考虑

	关键考虑	有利条件	不利条件	主要挑战
安全环境	安全；生存的保障	国防，治安，法制；诚信与责任，人道与公义	非理性，暴力，不守法，不负责任，缺乏公平	以力服人
生活环境	民生；安全，健康	发展经济，民生工程；诚信与责任，人道与公义，有公德心，守法	不守法，非理性，暴力，自私，贪婪，缺乏诚信与责任，缺乏公平	以利服人
心理环境	快乐；安全，健康	文化，教育，善良风气，和谐社会，有同情心；科学与理性，诚信与责任，人道与宽容，公平与正义；民主，自由；礼让	暴力，自私，不守法，缺乏诚信，不负责任，贪腐，过度功利，歧视，压迫，超负荷的竞争压力，教条主义，缺乏思想自由	以理服人/以德服人

一个政权要得到巩固，它就必须尽力为人民谋取幸福。因此，一个政府必须竭尽所能去应对好上述三种挑战。换句话说，如果一个政权没有能力去应对全部的挑战，只会应对一到两种，它就有可能失去人民的支持。中国今天特别需要应对心理环境的挑战，所以

更加迫切需要有效的营造一种良好的社会共识、建立一套合理的价值观。这远远不止是文化部、宣传部或者统战部的事情。这需要政府和执政党全力地推动和配合，包括在教育和宣传上，在施政方针上，在立法和司法上，都要体现这种新的价值观。

幸福的要素就是安全、健康和快乐

从上面的表4–2可以看出来，一个良好的安全环境、生活环境和心理环境其实都有一些共通的考虑。在安全环境方面，最主要的考虑当然是获得安全上的保障（包括人身的安全和财产的安全）。在生活环境方面，除了满足民生的需要以外，我们其实也要追求安全（再加上健康），包括食品的安全，药品的安全，出行的安全，居家的安全等等。在心理环境方面，我们追求的主要是快乐。但是快乐也必须建立在拥有安全与健康的基础上。所以归根结底，如果我们想得到幸福的话，就必须要同时拥有安全、健康与快乐。

为什么安全是一个首要的目标呢？安全可以说是一种生物的本能；没有一个人喜欢受到伤害。安全的含义不但包括身体的安全，也包括心理的安全。不但个人需要安全，一个社会也需要保证它自身的安全（国防安全），否则它就无法抵抗侵略（或者破坏）。在现实生活里，安全远比任何东西重要。

但有了安全还不够，人还需要健康。健康是一个人得到幸福的重要条件。如果一个人没有健康的话，就算他拥有安全，甚至拥有大量的财富，他也绝不可能得到幸福，因为他每天只能痛苦地和病魔去搏斗。

同样地，一个社会除了安全以外，还需要一种健康的风气，它的成员才能得到幸福。一个社会健康与否可以从一些简单的指标里面看出来，包括：每个人的生活是否有保障，能否活得有尊严，社会上有没有歧视，文化与教育是否发达，资讯是否能够充分地流通，环境是否受到良好的保护等等。要建立这样一种健康的风气，社会里面的成员就需要具备正确的价值观，能够一起为社会的改善而努力。

光有安全和健康还不是足够的，一个人要生活得幸福，必须感觉自己活得快乐。因此在一个文明的社会里，每个人都应该有追求快乐的自由。社会也应该尽量提供条件，让每个人能活得快乐。否则的话，一个社会不论怎样富足，都是没有意义的。

我们建议的价值观为何会有助于增进幸福?

怎样才能建立一个安全、健康、快乐的社会呢？它不但要有良好的硬体条件，包括满足人们衣食住行各方面的基础建设、有卫生的环境和安全的保障，还需要创造良好的心理环境，使社会成员和谐共处。一套良好的价值观，就可以帮助提供这样一种有利的心理环境。下面让我们逐项地分析，为什么我们建议的这套价值观可以帮助一个社会得到安全、健康与快乐？

第一，让我们来看看，要有怎样的价值观，才能使社会有一个安全的环境？我认为社会首先必须具备一个公平、公正的环境。如果缺乏公平与公正，社会里的人就不可能有安全感。例如，假如社会上有一部分的人受到歧视，这些受歧视的人由于害怕受到不公平的对待，就不可能有安全感。但是，那些歧视别人的人也未必就能感到安全。由于总有一些受歧视的人会用各种办法来抗争，这就会对歧视者带来威胁，这样他们也就不可能觉得安全。同样地，在一个公义得不到伸张的社会里面，许多人觉得忿忿不平，必然会用各种的办法来讨回他们的公道。这样很容易走上极端，对公共安全产生威胁。因而社会也不可能有安全感。所以公平和正义是一个社会得到安全环境的必要条件。另外，在一个缺乏和谐的社会里面，人们也不可能得到安全感。如果一个社会里面充满着你争我夺、互相钩心斗角的情形，人们不可能感到安全。所以我们所主张的核心价值，包括理性、责任、人道与公义，对我们建立一个安全的社会环境是很有必要的。

第二，什么样的价值观才能使社会充满着健康的风气？这种价值观首先必须有利于促进人的心理平衡。产生心理不平衡的原因可能有多种。例如中国在“反右”以及“文革”时期，政治运动不断，逼着人们互相批斗，社会上产生了很多暴戾之气。每个人都有很强的心理压力，要防备着别人和自己斗争。人们在这种情形下不可能得到健康的生活。另外一个最普遍产生心理不平衡的原因，就是社会上高度的贫富不均，特别是当富人不是通过自己的聪明才干来致富，而是通过巧取豪夺、官商勾结的办法，社会上的怨气就更大。所以一个高度贫富不均的社会不可能是健康的。而且，贫富不均还会带来其他不健康的现象，包括奢侈、浪费和贪腐。事实上这三者是互相关联的。当一个社会里面流行着奢侈的风气，就会产生很多浪费的习惯。而且为了满足这种奢侈的欲望，就会导致政府里面的官员，以及工商界的内部，很容易产生贪腐。这样就不可能出现一个健康的社会。所以我们提倡的价值观，包括公义、诚信、责任以及廉洁、俭朴等等，都使得我们的社会不会走向奢侈浪费，尽量避免发生贪腐的问题。另外，社会的环境与健康也有直接的关系。一个缺乏环境保护的社会肯定是不健康的。这一点很容易理解，如果我们活在一个污染的环境，如果我们得不到干净的空气和水的话，我们不可能保持健康。所以我们必须有一套正确的价值观，在追求财富与增进生活素质之间，要更看重健康。

第三，要使一个社会里面的人得到快乐，这个社会必须和谐。但是怎么样才能得到和谐？人的快乐需要有一种良好的心理状态。具体地说，一个人必须能以一种平和的心态去面对世界，他才能快乐。这种心态的发展就需要我们避免有太多功利的想法，尤其是不能有太强的追求物质的欲望。我们提出的价值观正是要减低人的利己思想。首先，这套价值观的基础不是追求个人的利益而是把个人的利益融入到群体的利益之中。当一个群体得到良好的发展的话，我们作为其中的一分子就可以享受到这些发展所带来的种种好处。这样，我们的个人发展主要不是靠人与人之间的竞争，而是通过人与人之间的合作而取得的。这就大大减少了每个人的心理压力。其次，我们建议的一些核心价值，包括理性、责任、诚信、人道与公义都是一些以“利人”或是“利群”为主的价值。这些价值使得人与人之间可以发展非常良好的互动。至于我们所推崇的一些伦理价值和一些社会价值，包括孝与慈、忠与信、礼与让、廉洁与俭朴等等，都会有助于建立一个和谐的家庭环境和社会环境。

其实我们这套价值观里有很多成分都是从中国的固有文化里面吸收来的。儒家文化、道家文化都是追求和谐的文化。儒家特别注重人与人之间的和谐；道家特别注重人与自然之间的和谐。以儒家思想为代表的中华文化是一种甘于淡泊的文化，比较不追求功利，主张俭朴的生活。发扬这样的文化，会使得我们降低对于物质占有的需求。这样就有两个好处：首先，它减少了人际矛盾，大大地减轻了人们的心理压力，使得人比较容易得到快乐。其次，它有助于环境的保护，因为它大大地减少了资源的消耗，使我们能更好地保护自然。我们不但需要有清洁的水和空气，我们还希望处身于青山绿水之间、蓝天白云之下。快乐跟我们身、心的环境都有直接的关系。而儒家文化和道家文化，对这两方面都是有帮助的。

所以，要使未来社会能达到安全、健康、快乐的目标，我们就必须有一套合理的价值观体系（见图4–3）。这套价值观体系是建立在追求社会群体利益以及人与自然和谐相处的基础上。它的核心价值观是科学与理性、诚信与责任、人道与宽容、公平与正义。只有当这些价值观都受到充分的推崇，一个社会才能够实现可持续性发展和获得人际的和谐。也只有在这种情形下，社会的成员才能得到幸福。

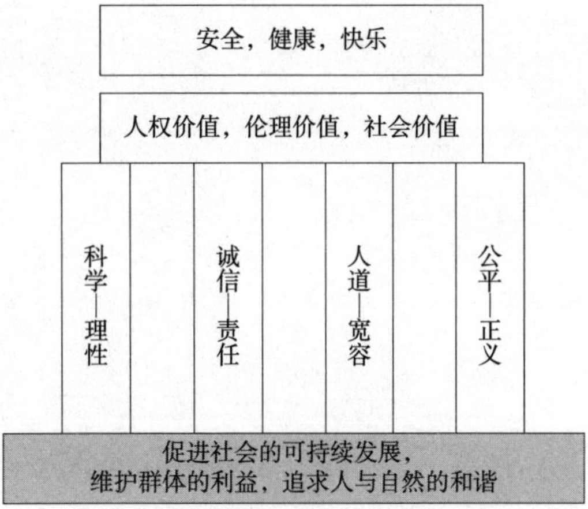

图4-3 后资本主义社会的价值观体系

第五篇

中华文化在现代社会的地位

一个民族离不开她自己的文明。要建立一套适合现代中国社会的价值观体系，我们理应从发扬中国的固有文化开始。不过，在过去几千年，中国一直是个农耕社会，采用的是君主制度。有人可能会问：这种在农业社会里发展出来的中华文化，是否已经严重过时？它在现代社会还能够产生积极的作用吗？在本章里，我们尝试回答这个问题。

中华文化对于现代社会有没有正面的价值?

人类社会今天正在进入一个新的发展阶段，可以称之为“后工业社会”。我们需要发展一套与之相适应的价值观。那么，中华文化对于这套新价值观的建立究竟会起到怎样的作用?这种传统文化对这个新社会究竟是有利的还是有害的?

这种疑问不是多余的。从上一个世纪开始，许多中国人对自己的传统文化已经完全失去信心，甚至认为它是妨碍进步的。本书在前面也提到，价值观不是一个独立存在的东西，它往往跟当时的生产力和社会背景有紧密的关系。在过去几千年，中国一直是一个农业社会，采用君主制度。这与现代的社会很不一样。因此，不管我们在情感上是否爱自己的文明，我们在理智上必须慎重地考虑：这种在农业社会里发展出来的中华文化，到了后工业社会还能产生积极的作用吗?

价值观的时代性与永恒性

本书作者认为中华文化在现代社会可以起到十分积极的作用。这主要有两点原因。

第一，本书在第二篇里已经提到，有些价值观既有其时代性，又有其永恒性。中华文化恰恰具有很强的永恒性价值。中华文化有很丰富的道德思维，它的价值观非常符合可持续发展的精神；它甚至与社会主义的理想也有很多共通的地方（下面两章里会有更详细的讨论)。在中国过去几千年的社会发展过程中,出现了很多优秀的学术思想,包括对于人性的观察,对于人与人、人与社会、人与自然互动的研究,对于生命意义的探索等等。这些研究在多个思想领域里面,包括哲学、伦理学、社会学、政治学和管理学等等,都做出了杰出的贡献。这里面有很多是人类智慧的结晶。从这些研究得出来的普遍性真理是不会因为生产力和社会组织的改变而失效的。

第二,中华文化主张以德服人的"王道",而不是以力服人的"霸道"。这种崇尚和平的思想有利于现代世界的发展。人类社会的发展有时候是螺旋形的。不同的历史阶段可能会遇到相似的客观环境。从历史上看,西方社会一直喜欢用霸道。所以当工业革命在欧洲发生以后,欧洲的许多国家就出现了帝国主义,在全球到处殖民争霸,从而在世界许多地方造成了重大的人道灾难。在今天,这种霸权主义已经不可能再实行下去。现在地球的开发基本已经达到饱和的程度,再没有处女地可供一些发达的国家去征服和扩张;而且交通和通讯的发达也使得人与人之间的距离大大地缩短。这个世界已经成了一个"地球村"。在这种缺少开拓空间的情况下,霸道已经很难行得通了,因为那会引起严重的冲突。在这个核武器时代,一场大国之间的战争可能会把整个人类毁灭。所以以力服人这条路,在国际政治上再也难以行得通。

这种情形与中国在春秋战国时期的发展环境有相近之处。当时的人口主要集中居住在黄河流域和长江流域。那时候的所谓"天下"就是局限在今天的华北、华东和华中地区。由于地理和气候的限制,当时的农业社会很难再向外扩张。诸侯国如果要扩张就只能互相杀伐。所以对于当时忧国忧民的知识分子来说,为了争取和平,必须反对霸道。因此儒家提出的价值观,主要在于追求社会内部的和谐,稳定社会的秩序,而不是鼓励对外征服和扩张。当然,这与生产方式也有一定的关系。中国长期处于一个农耕社会，要向外扩张的压力比较少。这样发展出来的价值观就比较适用于如今这种“地球村”的时空条件。

事实上，主张以德服人的中华文化不但有利于促进国际之间的和平，即使在一个国家的内部，中华文化在政治管理上也是先进的。在现代世界里，单靠以力服人的做法来管理一个国家已经严重过时了。在今天资讯高度发达的社会，如果一个统治者只靠以力服人的手段来维护他的政权，恐怕很难持久。20多年前东欧多个独裁政权的快速垮台，以及近年出现的“阿拉伯之春”巨变，都清楚地说明这一点。中华文化主张以德服人是一种更适合现代社会的政治哲学，也更有利于为社会带来和谐。

中华文化在今天有何积极的意义？

中华文化有很多宝贵的内涵，对于现代的人类社会仍是非常有用的。下面我们将从几个不同的方面来分析它的先进性和优越性。

第一，中华文化是一种重视人道和公义的文化。中华文化一向重视以人为本。儒家思想是中华文化中的主流。而贯穿于儒家思想的，就是“仁”和“义”。古代中国的读书人一向被灌输“孔曰成仁，孟曰取义”的价值观。“仁”是什么？它主要有两个意思：一个是“爱人”；另外一个是正确的待人之道。孔子说：“仁者爱人”。这种“爱人”是由“亲其亲”而扩大到“泛爱众”。在孔子与他的弟子对话中经常强调“忠恕之道”。曾子曰：“夫子之道，忠恕而已矣。”（《论语·里仁》）。所谓“忠”，就是尽心尽力地来帮助人；所谓“恕”，就是推己及人，“己所不欲，勿施于人”。其实所谓“孝、悌、忠、信”，都是“仁”的体现。

第二，中华文化是一种爱好和平的文化。儒家思想主张的是“以德服人”的王道，而非“以力服人”的霸道。这种思想对于促进世界的和平非常有利。在中国的历史里面，几乎没有一个以儒家思想立国的政府会主动地到处征伐。这就说明了中国虽然在历史上一直比日本强大得多，可是中国却从来没有侵略过日本[①]。这同时也局部解释了为何中国在明代拥有世界领先的船队，海军力量非常强大，郑和七下西洋，但却没有在国外建立殖民地[②]。

在过去几个世纪，世界上发生无数大大小小的战争，许多经济落后的国家都受到工业化强国的欺凌。而即使在发达的欧洲国家之间，为了争夺利益，他们的战争也几乎没有停止过。产生这些战争的原因，主要就是资本主义的发展需要不断地扩大市场和争夺资源，助长了帝国主义。在这样的情形下，世界不可能得到和平。而且，随着时间的推移，当地球上大部分的国家都进行工业化以后，如果这些新兴国家都采用资本主义的思想，像以前的帝国主义国家一样，尽量利用武力去夺取资源和市场，那么国与国之间的冲突和战争就只能变得越来越频繁。因此，我们必须在世界上宣传一种非侵略性的文化。而儒家这种主张“以德服人”的王道思想，正好可以抑制使用霸权的帝国主义，因此会有利于促进世界和平。

第三，中华文化是一种崇尚理性的文化。在过去，西方国家主要以宗教作为社会的道德基础。例如欧洲大部分国家奉行基督教，而许多阿拉伯国家主要奉行伊斯兰教。这两种宗教都有很强的排他性。很多西方国家都曾以上帝之名发动战争，去征服别的国家，借此传播自己的宗教。但是中国就不可能做这样的事。中华文化里没有一个排他性的神，因此不会为宗教发动战争。

事实上，中华文化是一种反对偏激的文化，主张“中庸之道”，崇尚宽容。中国的儒家思想主张实事求是，不走极端，反对偏激，求同存异。这种宽容的精神减少了人与人之间，或者群体与

① 元朝曾尝试入侵日本，但元朝并非一个以儒家思想立国的政府。

② 另外一个原因是中国当时还没有发展“重商主义”。

群体之间的摩擦，有助于营造共识。

现在社会里有很多人喜欢走极端，自以为是，互不相容；常常会采用一种简单的二分法：非黑即白，非左即右；动不动就互相攻击。因此社会很难和谐。这种非友即敌、以对立/斗争为傲（antagonistic）的文化主要是受到西方的影响。西方思想比较容易走极端。这与他们的宗教背景有关，因为西方的基督教（包括俄罗斯的东正教）有十分强的排他性，一个人只能在侍奉上帝与追随魔鬼之间做出选择。教会一直对教徒宣传：相信上帝的人可以进入天堂，不相信上帝的人就只能下地狱！这种非友即敌的态度还经常应用到政治上。例如在苏联时期，斯大林的清党行动就是非常的残酷。又例如美国前总统乔治·小布什在准备攻打伊拉克时，就曾公开地对欧洲的国家说："Either you are with me, or against me！"（你要么就帮我，否则你就是我的敌人！）这种毫不掩饰的蛮横态度，充分显示了西方崇尚对立的文化。

第四，中华文化是一种包容性很强的文化。中华传统文化是一种"多元"的文化，它不像西方以一种单一宗教（基督教）为主导。中华文化源远流长，博大精深，其思想内容包括"三教"、"九流"[①]等等。这里的"教"并非宗教，而是指儒、释、道三大主要思想体系。"儒"当然是指儒家思想，以孔子、孟子为其代表人物。"道"是指道家思想，以老子、庄子为代表人物。"释"是指中国化的佛教。虽然佛教原来是从印度传过来，但经过了1000多年的发展，许多佛教的思想已经与中华文化融合，产生了一些新的哲学思想，例如"禅宗"。所谓"九流"是指先秦时期的多种不同的思想体系，除了儒家、道家以外，还包括阴阳家、法家、名家、墨家、纵横家、杂家、农家等。到了汉代，汉武帝罢黜百家、独尊儒

① "三教九流"原指中国国学的各个流派，并没有贬义。到了明清的白话小说里才变成了现在一般人理解的对社会职业的划分，往往有贬义。可参看：http://news.sina.com/oth/chinesedaily/301-000-101-113/2009-01-10/05413551551.html

术，使得儒家思想在以后成为受知识分子推崇的主流思想。不过这时候的儒家，其实已经糅合了许多道家、法家等其他思想的内容。

中华文化不单只包含汉民族发展起来的文明，也包括很多外来民族的智慧。在过去的2000多年中，随着东方各个民族的交流，中华文化不断通过吸收外来文化而使自己变得更加丰富（佛教和伊斯兰教的传入就是一个例子）。在中国的北方，尤其不断受到许多外来少数民族的冲击。他们也带来了文化上的新鲜血液。有些所谓“胡人”，在中国文化的发展上也曾做出了突出的贡献，例如唐代有突厥血统的诗仙李白，元初有契丹族的政治家耶律楚材，清初有大词人纳兰容若等等。

第五，中华文化是一种非功利的文化。现代的社会已经是过分的功利了。这主要是因为在资本主义社会里面，人的行为往往离不开利益的驱动。这种情形使得社会上充满了庸俗的风气，出现形形色色的利益争夺或者利益交换。这样就使得每个人都感到很大的精神压力，因为人们不得不为利益的争夺而竞争，必须经常面对各种的矛盾或冲突。要改善这种情形，就必须提倡一种非功利的文化。而儒家思想正好可以满足这种需要。儒家思想是一种既积极又淡泊的文化。儒家倡导“只问耕耘、不问收获”的心态。“不义而富且贵，于我如浮云”（《论语·述而》）。儒家思想对道德的尊崇远远胜于对财富的欲望。所以儒家文化的推广，对于今天资本主义社会里面泛滥的功利主义风气，会有平衡和抑制的作用。

现在有些传媒批评儒家文化是一种权贵文化。其实这完全是一种误解。只要稍微阅读一些儒家经典（例如《四书》），便可以知道这种批评的错误。那些创立儒家思想的学者，包括孔子、孟子和他们的门生，都并非权贵人物。孔子是一位教育家，家境贫寒，怀才不遇，虽曾在鲁国做过大司寇，但从政不到4年，就受贵族排挤，被迫离开鲁国。之后便开始周游列国，但始终不被重用。孟子虽然也曾经会见过多国的君王，谈论治国思想，但他几乎一生都只是学者的身份，并未在朝廷里受过重用。儒家推崇的其实是民本思想，主张“民为贵，社稷次之，君为轻”。中国历史上很多有名的读书人，生活都很俭朴；那些一心追求富贵的人，往往并不被以前的学者看得起。

第六，中华文化是一种符合环保的文化，十分有利于社会的可持续性发展。中国的传统文化非常注重节俭。孔子和他的门生在生活上都很俭朴。孔子曾经明确地说过：“士志于道，而耻恶衣恶食者，未足与议也”（读书人应该专心一志地去追求真理，如果以自己的衣食粗恶，感觉不如人家，而引为耻辱的话，他的求学态度就很有问题了，这样的人是不值得和他谈论学问的）。除儒家以外，墨子也把“节用”当作主要教义之一，衣食住行都只求实用：“凡足以奉给民用，则止”，不求奢侈，另外一个代表中国读书人勤俭持家的例子是《朱子治家格言》：“一粥一饭，当思来处不易；半丝半缕，恒念物力维艰”，非常反对浪费。其实这些道理很容易理解，因为在一个农业社会里面，各种资源都来之不易，既然儒家不主张通过武力去抢掠别人的资源，那就只好自己尽量节省了。

中华文化提倡俭朴，这样就有利于克服今天资本主义鼓吹的过度消费，可以节约资源。在今天的地球，因为消费而产生的问题已经非常多，包括环境的污染和造成资源的短缺。因此我们应该尽量减少消费。儒家思想这种提倡俭朴的作风，就很适合现时人类提倡可持续性发展的要求。现今社会需要环境保护，要少消耗资源、少产生垃圾。这样才能保护好地球。

所以，以儒家文化为核心的中华文化追求的是社会的和谐和有序，它重视的是人的价值和怎样跟自然互相适应，这种思想十分有利于社会的可持续发展。

应该用一种科学的态度来看待我们的固有文化

对于中华的传统文化，我们应该用一种科学的态度来看待。一种经历过几千年发展出来的文明，既有许多超越时代的永恒价值，又必然有一些落伍的想法，因为它一定有一些与过去的社会背景相依附的东西。我们必须小心地分辨出哪些是中华文化的精华，而哪些是过时的陈旧思想。因此，我们应该同时检讨中国传统文化的缺点和优点。现在有些人提倡复古，我认为这并不恰当。不管我们怎样喜欢自己的传统，但它总有一些腐朽的东西应该被清理掉。而且，文化应该是不断发展的，一套好的价值观也应该配合社会发展而与时俱进。所以，我们应该小心地去分析，看看在传统文化里面，哪些要被抛弃，哪些应该被保留下来，并进一步发扬光大。

哪一部分的传统文化应该被抛弃?

传统文化中，有一部分纯粹是为了配合过去的社会组织、维系旧日的社会秩序而形成的。例如，为了配合过去农业社会那种男尊女卑的家庭组织，传统中国文化对于妇女没有给予平等的地位，提倡所谓“三从四德”。四德是妇德、妇言、妇容、妇功，即使放在现代社会也是合理的。但三从（未嫁从父、既嫁从夫、夫死从子）就有明显的性别歧视。另外，为了巩固在过去封建社会里面帝王的统治，传统文化内有很多传说片面地强调了臣子对君主的愚忠。（例如“君要臣死，臣不得不死”）。今天的社会已经发生了根本的改变。对于那些单纯为了维系过去封建社会秩序的价值观，我们应该抛弃。这种想法，其实也正是上世纪中国知识分子发动“新文化运动”的主要原因之一。

在中国传统文化里面的确有一些落伍的东西。除了上述的男尊女卑和愚忠外，还包括礼教（例如“男女授受不亲”）和严密的等级思想。在清末民初时期，许多中国知识分子都在积极地寻找中国现代化的道路。他们虽然有不同的派别，包括维新派（如康有为、梁启超等）、自由派（如胡适、罗家伦等）和革命派（如鲁迅、陈独秀、李大钊等），他们都深知传统文化的缺点，并提出不同程度的批判。这些对于中国传统文化的批评主要集中在几点。

① 认为传统文化是封建的、落伍的，它主要是为了支撑封建制度而形成。

② 认为传统文化是保守的、反动的、具有压迫性的。

③ 认为传统文化是违反科学与民主的。

为何当时的革新派对中华文化的评价如此之坏？这有特殊的时代背景。在满清的末年，中国处于一种非常落后的状态，大部分中国人的思想非常闭塞。由于教育并未普及，许多平民都是文盲，十分无知。那些满清的王公贵族也没有多少学问。至于那些凭科举考试进入朝廷的官员，他们读的只是一些有关经、史、子、集的线装书。所以即使是当时那些有功名的人，他们绝大部分也没有受过现代的教育和科学的训练，因为在明清两代，科举里面主要考《四书》、《五经》的内容，很少涉及实学。更加不会考现代的知识，例如数学、科学、外语、外国历史等等（请看附录中的背景故事八：中国科举制度）。当时在中国教导的道德已经与世界的发展严重脱节，在政治上鼓吹的仍是王权，在家庭里面强调的是父权与夫权，既不鼓励新的思维，也不允许年轻人有独立的想法。

在满清王朝的末期，中国是个十分破败的社会。虽然当时的政府已经腐朽不堪，人们被教导的还是忠君等同爱国那一套，不但缺乏现代的民主思想，连儒家文化里面固有的民本思想也已经老早丢失。在清代，主奴思想特别强烈，这与满清人入关前原来是一个奴隶社会有关。当他们入关统治中国以后，在官场里也大力推行这种奴才思想。这种论资排辈的风气也强烈地渗透到民间。所以就怪不得在清末民初时，许多有志于改革的知识分子非常反感于当时的传统，要奋起打倒这种旧的秩序。

民国初年要打倒的是代表旧势力的“孔教”，而不是真正的儒家思想

许多知识分子将当时的旧道德称之为“孔教”。有些甚至打出“打倒孔家店”的旗号。回顾历史，我们现在可以了解：革命（包括思想上的革命）经常会有些矫枉过正的做法，往往为了煽动群众而作出惊人之词。对于中国传统文化或道德的批判，其实牵涉到三个不同的层面：（一）孔子和他的主张；（二）先秦时期原本的儒家思想；（三）汉独尊儒家以后那套辅助帝王统治的旧道德。孔子本人其实是一个思想家和教育家，他并非属于权贵阶层，也不是帝王的御用文人，他没有必要为巩固君权服务。他提倡的主要是如何使得社会变得和谐及有秩序。先秦的儒家思想，虽然产生在君主制度的社会背景，但它并非是为君主制度而打造的，它提供的主要是一些行为的准则、道德的规范，以及阐明知识分子应有的情操和理想。至于所谓“孔教”，基本是汉代把儒家思想作为一种巩固君主制度的统治哲学以后，历代统治者及其御用士大夫制定的教条礼法。

事实上，像“礼教、愚忠”等等的教条，都并非孔子、孟子的创造，而是在汉以后2000年里逐渐形成的封建思想。清末主张革新的人，其实也认识到这一点。例如，戊戌变法的领袖人物康有为，代表当时的维新派，他就认为“东汉以来的所谓‘儒学’，包括宋明时期‘程朱理学’都不是儒家的本来思想”。

在五四运动时期，新文化运动里面一位有名的健将是胡适。他极力主张中国的现代化必须学习西方的自由主义，尤其大力宣扬美

国思想家杜威（John Dewey）的实用主义。在五四运动当中，胡适也是大力反对中国的旧道德。他曾赞扬鼓吹“打倒孔家店”的吴虞是“中国思想界的一个清道夫”。但是胡适对于孔子和儒家的思想却仍然有很正面的评价。例如他在上世纪30年代写的长文《说儒》里面就指出：孔子创立儒家，提出了人文主义的观念，通过仁政以影响社会，是一位“伟大的历史趋势的代表者”。当胡适在最后岁月回忆往事时说：“我不能说我自己在本质上是反儒的”（《胡适口述自传》）。

另外一个在五四运动时期的改革派领袖人物是陈独秀，他也认识到“孔教”和“儒家思想”这两者的区别。陈独秀是在中国推动马克思主义的先锋，后来成为中国共产党的创党领导人。他在五四运动前后曾激烈地抨击过孔教（请看附录中的背景故事九：历史悲剧人物陈独秀）。不过根据许多后来的研究，陈独秀本人并不反对孔子。陈独秀对于孔教的批评主要是由于现实政治的需要。在民国初年，曾发生多次反动的政治事件，包括袁世凯称帝和张勋复辟等。支持这些反动政治势力的人，许多都以孔教作为号召，要恢复中国的固有秩序。像清末维新派的康有为，在后来成为保皇党的主力。辛亥革命之后，新成立的中华民国在1912年初立即颁布了一系列文化改革政令，包括禁止缠足，废除跪拜礼，停止小学、中学、各级示范学校读经等。然而这些措施引起了保守派非常的不满。1912年陈焕章等在上海成立孔教会，尊康有为为会长。1913年康有为从日本回国，在上海主编《不忍》杂志，宣扬尊孔复辟。1915年，袁世凯颁布《教育纲要》，重新强调尊孔读经，同时酝酿复辟帝制的活动。这样子就造成了政治复辟与文化复辟合流的趋势。在袁世凯复辟帝制失败以后，在1916年，康有为又写了一篇《致总统总理书》，呼吁将孔教“编入宪法”，祀孔行拜跪礼。这篇文章引起了陈独秀极大的反感。陈独秀在其后两三年中写了一系列批孔的文章。根据北京大学哲学系一位学者（胡军）的研究[①]，这些批孔文章的批评对象其实是康有为。

细读陈独秀的这些批孔的文章，我们可以发现，这些文章所批判的直接对象并不是孔子本人的思想，也不是儒家思想，而是康有为为帝制复辟运动的思想言论及实践活动。在这21篇文章中，《驳康有为致总统总理书》、《宪法与孔教》、《孔子之道与现代生活》、《袁世凯复活》、《再论孔教问题》、《复辟与尊孔》、《驳康有为〈共和平议〉》等7篇是陈独秀批孔的主要文章，而其他14篇则是上述7篇文章发表后，就读者的疑问所作的答疑。因此，研究新文化运动时期陈独秀的批孔立场，这7篇文章是至关重要的。而这7篇文章虽总名为批孔文章，但其实际所批判的真正对象均是康有为。也就是说，陈独秀的批孔有着强烈的现实关怀，有着极其明确的针对性。

因此我们可以这样认为，陈独秀是强烈反对假借孔教而实施复辟帝制的任何活动，而他本人并不反对孔子，他曾表示："我们反对孔教，并不是反对孔子本人，也不是说他在古代社会无价值。"他之所以批判孔子，不是因"孔子之道之不适合于今世"，而是因为"今之妄人强欲以不适今世之孔道，支配社会国家，将为文明进化之大阻力也"。

近年对于传统文化的批判其实存在很多误区

对于中国传统文化的批评在过去100多年来已经有大量的著作，不论在清末的洋务运动，民国初年的五四运动，还是新中国成立后的前30年，都有大量的文章对中国的传统文化作出严厉的批判。不过，许多对于传统文化的批判往往存在着一些误区。例如，对于三

① 胡军，《陈独秀与五四时期的儒家思想》，见 http://news.sciencenet.cn/sbhtmlnews/2009/6/221049.html?id=221049

纲五常的批判就是一个很好的研究个案。人们批判孔教时，往往拿三纲五常和名教观念作为靶子，认为它们代表封建思想、支持专制的体制。但如果我们仔细研究这些批评，便会发现其实里面存在不小的误解。

第一，“三纲”和“五常”其实属于不同的范畴。如果我们把“三纲”和“五常”的具体内容作一些仔细的分析，我们可以发现这两者属于非常不同的概念。“三纲五常”里面的“三纲”是“君为臣纲、父为子纲、夫为妻纲”。要求为臣、为子、为妻的必须绝对服从于君、父、夫，同时也要求君、父、夫为臣、子、妻作出表率。它反映了封建社会中君臣、父子、夫妇之间的一种固定的上下级的主从关系。“三纲”在过去的社会体制中有它的道理，但在现代则可以被批判为等级观念，不符合民主思想，也违反了男女平等原则等等。至于“五常”则与封建的等级观念完全无关。“五常”是指“仁、义、礼、智、信”，是一套指导君子做人做事的行为准则[①]。

现在许多人把“三纲五常”一起当作旧礼教的源头来批判，却往往忘掉“五常”所指的“仁、义、礼、智、信”其实是一套非常合理的道德体系，与封建制度并无直接关系。不管是在农业社会、工业社会，还是后工业社会，“五常”都应该受到推崇。事实上，在本书前面已经提到，在现代社会里面最根本的价值观应该包括人道与公义，而人道与公义就是儒家的“仁”与“义”。至于“礼”、“智”、“信”，也具有非常正面的现代意义。“信”就是诚信，这不但在农业社会中需要，在我们今天和未来的人类社会都非常需要。至于“智”包括理性和求知，这也是现代社会非常看重的价值。最后，关于“礼”，不但是旧日的东方社会对它十分推

① 有些学者曾认为五常又称“五典”。唐孔颖达疏云:“五常即五典，谓父义、母慈、兄友、弟恭、子孝。”即使用这种说法，“五常”也只是规范人伦关系的一些理想准则，不能被认为是一种不合理的思想。

崇，在西方社会，包括古代和现代的，也并不排斥。事实上，在现代所有的国际交往中，对于“礼（proper protocols）”的要求是非常严谨的。假如一个国家的领导人去访问另一个国家，在礼节上受到不适当的对待，就会严重影响到两国的关系。

第二，三纲五常这种说法并非来自孔子。三纲、五常这两个词，出自西汉董仲舒的《春秋繁露》一书。后世只是认为其思想渊源于孔子，因为孔子曾提出了“君君臣臣、父父子子”和仁、义、礼、智等伦理道德观念。后来孟子进而提出“父子有亲，君臣有义，夫妇有别，长幼有序，朋友有信”的“五伦”道德规范。董仲舒对五伦观念作了进一步的发挥，提出了三纲原理和五常之道。董仲舒认为，在人伦关系中，君臣、父子、夫妻三种关系是最主要的，而这三种关系存在着天定的、永恒不变的主从关系：君为主、臣为从；父为主，子为从；夫为主，妻为从。后来就慢慢演变为“君为臣纲，父为子纲，夫为妻纲”这“三纲”。“三纲”和“五常”原来分别属于不同的概念。从宋代朱熹开始，“三纲”和“五常”才被联用。

第三，“三纲”的源头其实是法家。近代许多人把“三纲”当作旧礼教的源头，当为批判儒家思想的主要罪证。其实“三纲”并不来源于儒家，它最早的起源应该是先秦法家的代表韩非子①。在韩非子的《忠孝篇》中，就明确地提出了君臣、父子、夫妻之间应有的等级关系。“臣事君，子事父，妻事夫，三者顺则天下治，三者逆则天下乱，此天下之常道也”。法家的等级观念实际上比儒家更强。孔子只是提出了“君君臣臣、父父子子”，就是认为每个人必须当好自己的角色，行为上有所规范。所以，不但臣和子要做好自己的本份，君和父也必须有一定的道德修养。人君必须行“王道”，以德服人，能为臣子做出表率。同样的，做父亲的也应

① http://www.dzsrs.com/shownews.asp?news_id=662

该有父亲的样子。儒家主张“父慈子孝”，所以当父亲的也必须遵守他的道德规范。因此，上级和下级在道德上各有一套标准，他们在道德上的地位是相对平等的。而韩非子这样的法家却把尊卑、等级之间的服从性强化了，片面地强调忠和孝。因此他在《忠孝篇》里面就明白地说：“明王贤臣而弗易也。则人主虽不肖，臣不敢侵也”。

因此，“三纲”里面所谓的“君为臣纲、父为子纲、夫为妻纲”这种明显的等级观念主要是反映了先秦法家的思想。西汉董仲舒由于主张以儒学治国，就把一些有利于为封建社会服务的等级观念（不管来自什么学派）都加到儒学里面。到了宋、明，当理学发展时，有些学者又把许多“名教”的东西加入到“孔教”里面。

所以，现代社会要抛弃的应该是源于法家的等级观念“三纲”，而非源于儒家的仁、义、礼、智、信的“五常”。对于中华文化的误解，中国大陆在几十年前成了一个重灾区。在改革开放以前，中国过去的掌权者把学术批评作为政治斗争的工具。经常为了打倒某些政治人物，就以学术批评的名义来发动打倒该人的斗争。在这种用批判学术思想为政治服务的情况下，往往会发生歪曲事实、颠倒黑白的情形。例如在“文化大革命”时期，曾经推行了一次荒谬的“批林批孔”运动。为了清除林彪的政治势力，批判他是一个野心家，就把批林与“破四旧”连在一起。把对林彪的批判，居然联系到批孔子上面；非常牵强地说孔子是为奴隶主复辟的代表人物，他要把历史倒退回奴隶社会。而林彪就是今天孔子的门徒！

“文革”中的另一次“学术批判”就是批周公。暗指的对象是周恩来，但明批的对象是古代的周公，控诉他主张“克己复礼”是搞反动复辟。这种荒谬的文风，由于受到国家宣传机器的推动，被强迫灌输到每一个人民的脑中。在“积非成是”的作用下，许多中国人对于中国传统文化的认识完全被扭曲了。在“文革”结束后，这种错误的宣传才停止。但它在思想上造成的毒害不容易一下子清除，可能要等一两代人才能把这些错误的思想改正。我希望今天国内教育界的学者，能够积极地努力去清除这些余毒，使到人们能够真正地认识中国传统文化的本来面目。

哪一部分的传统文化在现代仍然具备积极的意义?

中华文明是人类文明里面最重要的一种，它的形成经过几千年的积累，内容非常丰富，虽然当中有一部分在今天被认为落伍了，但里面仍有许多宝贵的哲学思想。这些经过长期积累的智慧，使我们作为中华民族的一分子而感到自豪。在本书的篇章里，我们已经列举许多中华文化的优点。

① 中华文化是一种重视人道和公义的文化。

② 中华文化是一种爱好和平的文化。

③ 中华文化是一种崇尚理性的文化。

④ 中华文化是一种包容性很强的文化。

⑤ 中华文化是一种非功利的文化。

⑥ 中华文化是一种有利于社会可持续发展的文化。

这些中华文化的优点在今天还有着非常积极的意义。我们应该将之充分发扬。今天中国正在崛起，需要发展一种民族自信、文化自信。而这种自信的一个主要的来源，就是我们有优秀的文化传统。

中华文化有着非常丰富的内容。除了上述列举的优点以外，中华文化还有许多优秀的内涵，可以作为我们建立一套先进的价值观的重要资源。中华文化最核心的部分是儒家思想，里面清楚地阐明了读书人的为人之道、为学之道和为政之道。让我们在下面扼要地分析这些传统的价值在今天的社会里能够产生哪些积极的作用。

为人之道

中华文化是一种重视人格和尊严的文化。中国的传统文化，特别注重读书人的气节和风骨，“有所为、有所不为”；“富贵不能淫，贫贱不能移，威武不能屈”。中国文化对于一个读书人的人格和尊严非常看重，所谓“士可杀，不可辱”。

中华文化特别注重教导读书人的为人之道。儒家教育人要成为“君子”，在自我的修养上不但要崇尚“仁、义、礼、智、信”，在行为的态度上也必须彬彬有礼，符合“温、良、恭、俭、让”的标准。君子就是一个具备知识的人的楷模。君子的对立面是“小人”，就是缺乏教育、缺乏修养、不受人尊重的人。君子和小人的主要分界在于什么地方？就是对于“义”和“利”的取态。“君子喻于义，小人喻于利”。小人缺乏道德修养，所以他的行为主要以争取自己的利益为主导；而一个君子，主导他的行为的是追求“义”，就是追求公平、公正，做“义所当为”的事情。

仁和义是贯穿中华传统文化最重要的两条线。本书在上一篇提到的四大核心价值里面，就包括了“人道”和“公义”。而这二者，都可以说是根源于儒家思想的价值观。除此之外，中华文化还包含了很多优秀的价值，非常值得在现代社会提倡。以下就是这些指导着为人之道的价值。

①真诚、诚信。真诚（sincerity）就是“以诚待人”。现代社会中由于弥漫着功利的风气，虚假的东西特别多，包括人与人之间的关系。举例而言，在一个高度商业化的社会，假如有一个人表达了友好的善意，对方很难知道他是出自真心，还是别有所求。事实上，今天有许多人的微笑并非出于自然，背后往往有商业或者政治的目的；可能是希望你来买他的商品，或者是（在选举的时候）给

他选票等等。这种有目的的示好，并非“真诚”。孔子说“巧言令色，鲜矣仁”。意思就是说那些很会说话、善于讨好别人的人很少会是真诚地关心他人的。可是在今天的资本主义社会，不管在政界还是商界里面，吃香的往往都是那些“巧言令色”的人。

“诚信”在今日的中国社会是一个尤其突出的问题。现在内地“造假”现象特多。有假酒、假烟、假食品，另外还有许多冒牌的化妆品、服装、电子产品等等。连学术界也有假文凭、假学位、抄袭论文等现象。因此大家都纷纷忙着打假。这种情形和中国的传统社会很不一样。传统文化很强调“诚信”，认为这是为人的根本，所谓“一诺千金”。即使在商人里面，也非常注意保护他自己的诚信，许多买卖的合约往往就是一个口头的承诺，信誉是一种非常重要的资产。以前很多成功的商人自称“儒商”，就是认为自己的商业行为符合儒家道德的规范。

②行善与助人。与世界上大部分其他文明一样，中华文明也非常重视行善。在儒家思想中的君子，不仅是指一个具有比较高知识的人，而更要求他具有良好的德行，其中包括乐于助人。事实上，中国传统文化非常重视一些伦理价值和社会价值，包括慈与孝，礼与让，廉洁与俭朴等等。这些我们在第四篇里面已经谈过，在此不再重复了。

③是非分明。中国文化另外一个优良的传统就是“是非分明”。儒家劝导知识分子不做巧言令色，为了讨好别人（包括权贵）而放弃原则的事情。《论语·阳货》就说“乡愿，德之贼也”。孟子对“乡愿”给出的解释是“阉然媚于世也者，是乡愿也”（《孟子·尽心下》）。今天许多人讲究政治正确。儒家却看不起那些奸猾、阿谀谄媚的人，认为君子必须坚守原则才能维持自己独立的人格和尊严。

④理想主义精神。中华文化是一种富于理想精神的文化。对

于知识分子的为人、治学、从政都有很高的要求。中国社会长期以来对于“士”有很高的期望：不但要有知识，还要有德行和修养，尤其要重视气节。所以“士为知己者死”，“杀身成仁，舍生取义”，“三军可夺帅也，匹夫不可夺志也”（《论语·子罕》），一个知识分子应为理想而献身。此外，儒家思想不光是劝导人做好自身的修为，他同时还要为促进社会的人道和公义而努力。“士不可以不弘毅，任重而道远。仁以为己任，不亦重乎？死而后已，不亦远乎？”（《论语·泰伯》）一个知识分子应该以天下为己任，不过这里的“为己任”并非是统治天下的意思，而是要帮助天下的百姓解决他们的疾苦。

为学之道

中国的传统文化非常重视教育，崇尚爱智。儒家教导一个读书人的修为要以“内圣外王”为目标，它有一个自内而外的过程。在《大学》篇里面，就明确提出了“格物、致知、诚意、正心、修身、齐家、治国、平天下”八个步骤。这里面的“格物、致知、诚意、正心”都可以说是属于为学之道的范畴。对于“格物、致知”的意义，不同的儒家学者的解释可能稍有不同。不过，大部分人都会同意：“格物、致知”就是“穷究事物的原理法则、从而获得有系统的知识”的意思。因此，儒家认为人类的知识来自小心的观察与研究，再加上有系统的整理。这是十分理性的。其原理与方法与现代的科学完全一致。

关于为学之道，儒家主张的是深思好学，崇尚思考。孔子说过“学而不思则罔，思而不学则殆”。所以儒家非常鼓励人去思考，这一点和现在的科学研究态度有极大的共通之处。在近代，人类最重要的发明之一就是计算机。而在计算机的发展和应用当中，美国的IBM公司做了很多的贡献。IBM公司教导员工的格言，就是THINK

（思考）！他们的想法和儒家的为学之道几乎不谋而合。

在近世纪，很多人认为中国之所以不能够成功地实现现代化，就是因为中国的传统文化阻碍了科技的发展，这其实是一种误解（详细的解释请看本书的第五章）。中国的固有文化其实很鼓励思考和研究。中国的古代学者非常重视科学。在2000年前的汉朝，中国的学者已经掌握了很先进的科学知识，包括天文学、数学、物理学、地理学、地震学等等。在15世纪以前，中国的科技发明在全世界是领先的。事实上，中华文化对于科技的发展可以提供很多有利的因素。这些因素包括重视理性，教育，爱智，追求至善等等。中华文明在世界各大文明中比较突出的一点，就是它不是以宗教为中心的。这样就使得中华文明在其发展过程中，没有受到一个教会的思想束缚。在这种不依靠神的哲学思想里面，学者对于一些自然的现象，比较趋向于探讨它的规律，而不是从一个不可知的神来找答案。所以相对于欧洲的基督教文明，中华文明更加理性。

对于科技的发展，有一些重要的促进因素，包括创新（Innovation），完善（Perfection）和整合（Integration）。现代的资本主义对于创新有很强的刺激作用，而中华文化则对于完善和整合方面比较有利。举例而言，在第二次世界大战以后，那些以儒家文化为主导的国家和地区（包括日本、韩国、台湾等），在电子和IT资讯企业里面都发展得非常迅速。这些电子产业原来都是在欧美发展出来的，但是这些东亚地区的厂家，却能很快地赶上去，甚至夺得了领先的地位。究其原因，就是因为东亚以儒家为主导的文化，特别有利于集体的协作，很适宜发展需要整合能力很强的微电子工业。中国的航天事业在近年得到迅速的发展，我们这种有利于集体协作的文化也是其成功的一个要素。

中国的儒家文化鼓励人勤奋好学。这种好学不是为了升官发财，而是为了钻研学问。在孔子孟子的年代，还没有科举制度，所以没有后来那些“书中自有黄金屋，书中自有颜如玉”的庸俗想法。儒家倡导“只问耕耘、不问收获”的精神，不求功利，与今天学术界少数人的弄虚作假，沽名钓誉，正好相反。《汉书·董仲舒传》有云：“夫仁人者，正其谊不谋其利，明其道不计其功”。这种不计较得失的治学态度，在今天的中国非常值得提倡。

为政之道

关于为政之道，儒家有非常明确的思想，就是提倡王道以德服人，反对霸道以力服人。一个好的统治者，不是那种用高压统治使人民不得不屈服的暴君，而是那种关心民间疾苦、道德高尚、使人民从心里拥戴的贤君。用今天的语言来说，王道就是一个贤明的领导人通过良好的施政去得到人民的支持。“得人心者得天下”。霸道就是用强权和武力来统治，使得人民不敢反抗政府。这种王道与霸道的使用还可以引申到国际政治之中。霸道是一个国家利用强大的军事力量（或者经济力量）来压迫另外的国家，使其屈服；王道就是一个国家利用它的文化/经济优势和其他的软实力，而自然地吸引其他的国家来和她合作。

儒家原来有着浓厚的“民本思想”，强调“以人为本”。现在有很多人认为儒家文化是一种奉承统治者的文化，所谓“君君、臣臣、父父、子子”。但这其实是一种误解。不错，儒家文化偏向保守，主张维持社会秩序的稳定，不主张革命。但是它并不颂扬那些有政治权力、或者掌握财富的人，反而推崇那些有才有德的君子。“君君臣臣”是指每个人要做好他自己位置上的工作，尽自己的本分。为君有为君之道，为臣也有为臣之道。反之，君如果“不君”的话，臣也可以“不臣”了。

中华文化与西方文化一个主要的区别就是不追求征服。在中华文化里面，推崇的英雄并非像秦始皇、成吉思汗或者亚历山大大帝等等的征服者，而是一些伟大的思想家（像孔子、孟子、老子、庄子）和为人民谋福利的政治家。一个好的统治者是“仁君”而非“暴君”。因此，儒家文化和苏联模式的价值观有很大分别。新中国建立以后，有一段时间非常强调阶级斗争，发起一次又一次的政治运动，而每次在运动期间，很多人就成为斗争的靶子，被残酷地批斗。例如在反右运动中，许多知识分子都被错误地打成“右派”，受到无情的对待。到了“文化大革命”，这种斗争几乎到了疯狂的程度，一些被斗的黑五类，轻则关押劳改，重则被打死、打伤，甚至终生残废。这些斗争不仅造成大量无辜百姓的悲剧，而且对中国社会价值观也造成了人性的扭曲。要消除这些斗争的贻害，中国今天很需要一套截然不同于暴力斗争哲学的文化思想；要发展一种重视人道、宽容、追求和谐的文化。因此，我们就很有必要重新发扬中华文化这种以人为本的精神。

中华文化里面的大同世界理想就是一种以人为本的社会主义

中华文化不但能促进社会的和谐，有利于可持续发展，它还包含有社会主义的理想。像在《礼运·大同篇》里面就明确地提出了一个理想的社会主义社会蓝图：“大道之行也，天下为公。选贤与能，讲信修睦。故人不独亲其亲，不独子其子。使老有所终，壮有所用，幼有所长；矜寡孤独废疾者，皆有所养。男有分，女有归。货恶其弃于地也，不必藏于己；力恶其不出于身也，不必为己。是故谋闭而不兴，盗窃乱贼而不作，故外户而不闭。是谓大同。”

把这段话翻译成现代语言就是：在一个理想的社会里，世界是充满公平的。只有贤能的人才会被推选出来管理社会。人人讲求诚信，彼此和睦相处。人们不单只爱护自己的亲人，更能推广爱心到其他人身上，使得社会上老人能安享晚年，青壮者有他的事业，儿童能得到良好的教育。对于那些弱势社群，也能受到适当的照顾。

对于各种物资，不必在乎它的占有，而应该让它能够充分地运用；有能力也不必只为图利自己，而应该为社会做出贡献。这样，整个社会就不会自私自利，从而减少了犯罪的诱因，不会有社会治安问题。这样的理想社会就是一个大同世界。

可见在中国古代很早就已经孕育了一种社会主义的思想。不过这种社会主义，与近代从苏联输入的以“阶级斗争”为主导的所谓“社会主义”很不同。中国人向往的大同世界是一个公平、和谐、互相关怀的社会。而不是一个人与人斗争的社会。这种社会主义的精神主要体现在“货恶其弃于地也，不必藏于己；力恶其不出于身也，不必为己”。这是一种无私的精神。中国近代革命的先行者孙中山先生，就曾明确地表示，他向往的革命目标就是希望在中国建立一个“天下为公”的社会。这种理想，就是一种“以人为本”的社会主义。这与今天中国政府的施政目标也应该是一致的。

为什么中国在先秦时期能够发展出辉煌的文化?

为何中国在先秦时期出现了百家争鸣的文化盛局

当我们研究中华文化的核心价值时，可以很容易发现我国许多传统文化的基本构思都发源于先秦时期。中华文化里面许多开创性的工作，都是在春秋战国时期形成的。例如儒家的孔子、孟子分别是春秋、战国时期的人，相同时期的还有道家的老子、庄子，法家韩非子、墨家墨子等的，众多思想流派（“三教九流”）都在先秦时期形成。那是一个思想最为活跃、最有创造力的时代，有“百家争鸣”的鼎盛局面，类似于西方2000多年前的希腊城邦社会。

秦统一以后，重用法家，对儒学并不重视，甚至采取一种压制的态度，曾经发生过“焚书坑儒”的事件。一直到了西汉时候，中国才开始独尊儒家。在以后的2000年中，中国文化虽然得到进一步的丰富和积累，包括各派思想的融合，中华文化与外来文化（包括佛教等）交流和激荡，但并没有开创一些全新的重要学派，足以跟儒家和道家的创立相提并论。

由此可见，中华文化发展最辉煌的时期是在春秋战国，为什么中华文化会在先秦时期取得如此辉煌的成就呢？这个问题很值得研究。我认为这并非偶然，而是因为当时具备一定的社会背景，这种背景形成了许多有利于学术发展的条件。

①**中国在先秦时期生产力已经相当发达，因此可以有条件产生高度的文明。**在春秋战国时期，中国已经进入高级农业社会，有相当先进的生产技术和社会组织。中国经历了新旧石器时代，发展到青铜器时代，生产技术已经相当先进。不但当时农业已经非常发达，从近年出土的文物来看，春秋战国时期在很多其他的领域，包括冶金、纺织、建筑等等，都已经达到很高的水平。而且当时的政治组织也发展得相当成熟，能够有效地管理一些人口众多的国家。另外，当时已经有比较广泛的文化普及，例如文字已经被大规模地应用，也出现了一些重要的典籍，包括《诗经》《书经》《易经》等等。从今天流传下来的一些当时的经典，我们可以看到当时人们对于文字的掌握已经非常精准，并对人性有深刻的研究。当时的知识分子对于社会运动的法则，不论在战术或是在战略层面都有透彻的研究。像当时撰写的《孙子兵法》，在今天还受到很多军事家和企业家的重视。

②**中国在先秦时期政治上未定于一尊，知识分子有充分思想上的自由。**在春秋战国时期，当时的中国类似希腊城邦社会的状态，各个诸侯国在各自的领地独立发展，没有一个大一统的政府。周天子在当时只是徒有虚名，他的权力是极其微弱的。每一个诸侯国都有独立的政权。而在这些国家里面，很少有长期固定的权威统治

者，即使是春秋五霸也只是在某一段短时间内的盟主而已，他们不能直接干预各国人民的思想和生活。所以，当时的学者有非常大的自由空间，他们的思想比较不会受到政治压力的干预，因此可以产生“百家争鸣”。当秦统一六国之后，这种情形就再难出现。因为在此后2000年的高度中央集权的君主统治里，统治者（皇帝）的意志成了政府的意志，而政府的意志就是全国的意志。春秋战国时期有利于文化发展的自由环境在以后的朝代里再难出现。

③先秦时期对于知识是非常重视的，有才能者可以在不同的国家受到重用。一些学者如果在某一个国家不得志的话，可以到另外一个国家去发展。例如当孔子在鲁国不受到重用的时候，他可以周游列国，一路讲学，把他的思想带到其他国家。因此，一个知识分子可以自由地创立他自己的思想体系，而不须太担心他的主张会得罪国内的权贵。如果他的主张在某一国得不到赏识，他可以离开该国，尝试到其他国家去施展他的抱负。

在春秋战国时期“士”的地位是很高的。当时的王公大臣对有学问的知识分子都十分尊重。当一个有名的学者从一国到另一国去，该国的君王或者公卿大臣往往都会接见，并向他请教。事实上，当时很多国君都愿意网罗各国的人才。例如，伍子胥得罪了楚王，逃难到了吴国。吴王夫差就拜他为相国。另外一个例子是燕国拜乐毅为大将。乐毅本是魏国名将乐羊的后代。世代住在中山国（今河北省保定市），后中山国为赵所灭。乐毅也就成了赵国人。到赵武灵王时期发生了沙丘之乱，乐毅离赵而至燕。此时燕国刚被齐国打得大败，燕昭王很想为燕国雪耻。但燕国弱小又地处僻远，昭王自忖力量不足以克敌制胜，于是便屈己礼贤，延聘贤能之士相佐。乐毅适于此时出使到燕国，燕昭王用客礼厚待乐毅。乐毅被昭王诚意所动，答应委身为臣，燕昭王封乐毅为亚卿。乐毅后来联络赵、楚、魏等国共同伐齐。他指挥燕赵联军，连克齐国70余城，乐毅后来被封为昌国君。

④在先秦时期的中国，学者之间有很多交流的机会。在先秦时期，文字已经互通（虽然还没有完全统一），人也可以在国与国之间自由流动。事实上，当时许多学者都有志出国学习。一个很出名的例子就是孔子从鲁到周去向老子问礼的故事。孔子原居于鲁国（山东曲阜），很想到周天子的都城（洛阳）“观先王之制”，考察“礼乐之源”和“道德之归”。据《史记·孔子世家》、《孔子家语》等记载，在东周敬王二年（公元前518年），孔子通过鲁国贵族南宫敬叔的关系，获得鲁昭公的资助，去到周朝的都城（洛阳），“问礼于老子（即李耳，时为周天子史官），学乐于苌弘（周大夫）。并历郊社之所，考明堂之则，案庙朝之度”。因为有了这番游历，孔子对于周礼的了解得到大大的加深[①]。

另外一个跨国留学的例子是秦相李斯。李斯生于战国末年，是楚国上蔡（今河南上蔡县西南）人，年轻时做过掌管文书的小吏。为了进一步增加他的知识，李斯辞去小吏，到齐国求学，拜荀子为师。荀子是当时著名的儒学大师，但李斯比较有兴趣研究如何治理国家的学问，思想上比较接近法家的主张。李斯从荀子那里学习到“帝王之术”以后，决定到秦国去施展他的才干。他后来果然受到秦王的赏识而被重用，帮助秦始皇统一六国，并成为秦国的宰相。

这种不同国家学者之间的交流，非常有利于拓宽当时知识分子的视野，而且使得各种思想能够在不同国家之间得到传播。而且，这种交流还大大地促进了各个学派之间的交锋，易于互相比较。通过活跃的交锋，使到一些优秀的思想更容易被凸显出来，而一些错误的思想会受到纠正。在先秦时期，这种不同学派之间的学派交锋是非常激烈的。让我们看几个例子。

① 对于老子的教导，孔子的印象尤其深刻，他后来对他的弟子说：“鸟，吾知其能飞；鱼，吾知其能游；兽，吾知其能走；走者可以为罔，游者可以为纶，飞者可以为矰。至于龙，吾不能知其乘风云而上天。吾今日见老子，其犹龙邪！”

例一：春秋时的儒家跟墨家都主张爱人，但儒家认为爱有差等，因为孝道是对自己父亲有特殊的爱，“父子有亲，朋友有义”。而墨子主张的是博爱，爱无差等。由于有这个比较细微的分别，儒家跟墨家就曾进行过很多激烈的辩论。孟子就曾经把墨子和杨朱的学说放在一起来批判。他说：“杨氏为我，是无君也。墨氏兼爱，是无父也。无父无君，是禽兽也。……是邪说诬民，充塞仁义也。”（《孟子·滕文公下》）

例二：许行是先秦时代“农家”的代表人物，他主张体力劳动是最高尚的，生产粮食是每个人的神圣的任务。“贤者与民并耕而食，饔飧而治”。就是说贤德的国君应该要和百姓一同耕种获得自己的粮食，在处理国事的同时也应该自己准备自己的三餐。孟子认为这种思想并不正确，专门写了一篇文章来批评许行：“百工之事，固不可耕且为也……然则治天下，独可耕且为与？有大人之事，有小人之事。且一人之身而百工之所为备，如必自为而后用之，是率天下而路也。故曰：或劳心，或劳力，劳心者治人，劳力者治于人；治于人者食人，治人者食于人，天下之通义也。”孟子清楚地指出：一个社会上必须有不同的分工，有人从事体力劳动，也有人从事脑力劳动，不能说只是从事生产粮食的体力劳动的人才是高尚的，而从事脑力劳动的人就没有贡献。

在先秦时期，像这种不同学派和思想之间的辩论非常多。活跃的学术竞争也使得诸子百家的理论发展得越来越成熟。由于当时有一个思想自由的环境，许多学者可以在不同国家得到重用，使得多种学说能够得到实践的机会。这样就使得当时的学术发展能够取得辉煌的成就。

儒家思想产生的背景

儒家的思想是一种教导人们怎么样正确规范行为的道德思想，它的目的主要是增进社会的和谐及稳定。为什么在先秦时期会产生这种思想？它有一定的根源，它的产生肯定与当时的社会环境有关。

首先，先秦时期的社会缺乏扩张的空间。春秋时期各诸侯国共处的天下基本已占据了当时中国所有的地理空间。当时所有诸侯国的疆域集中在华北、华中和华东，四周都受到一定的限制。中国以北的地方天气寒冷、土地贫瘠，难以耕作，又居住着强悍的游牧民族；南方是蛮荒之地，气候湿热不宜生活；东边有海洋阻断；西侧是高原屏障。因此，诸侯国向外扩大疆土的可能性已经不大，只能在中原一带相互竞争。在当时的地理条件和政治格局之下，扩张性的思想会受到一定程度的抑制，因为扩张必然带来战争，代价太高。这样的背景就会促使人产生一种重视社会内部发展、追求和谐的思想。

另外，先秦时期的社会饱受连年征战的痛苦。春秋战国时频密的战争不仅为各诸侯国政府带来经济上的沉重负担，人民也饱受家破人亡的痛苦。每次打仗，政府必须征兵征粮。家里的子弟一旦被征入伍，就难以生还返乡；农民的收入本来就微薄，难以糊口，却还要不断上交军粮，老百姓实在负担不起。因此，当时的社会状况令老百姓十分厌倦征伐、渴求和平。这种现实情况有利于产生反对霸道、推崇王道、追求和平、追求和谐的儒家思想。

有人可能会问：儒家思想既然是如此优越，为何它在先秦时期得不到重用？在春秋战国时代，受重用的主要是法家、兵家、阴阳家等门派的人才。其实这很自然。在乱世中，要谈“以德服人”是很难的。不论在春秋还是战国，国与国之间经常互相征伐。当时的国君考虑的主要是国家的安全以及国力的增长。此时面对的挑战，主要是“以力服人”和“以利服人”，很难用得上“以德服人”的哲学思想。因此，儒家的想法虽然为当时的学者所推崇，却很难被国君采纳为治国的方略。对于当时的诸侯国君来说，儒家的主张显然是太超前了（ahead of time）。

只有在天下一统之后，武力斗争再不是主要矛盾时，以德服人的哲学思想才有市场。秦扫平六国用的是法家思想，故统一后也不可能马上改用儒家。等到汉朝建立，最早的几代皇帝关心的是如何让人民休养生息。故“文景之治”用的是道家思想。只有到了汉武帝时候，当国家安全已经不成为问题，经济发展也有一定基础，才会重视怎样使得社会安定和谐。当统治者考虑要如何建立一个良好的精神环境时，儒家思想就可以充分发挥它的长处了。

今天的中国也有类似的情形。在上个世纪，中国面对的主要矛盾是国家的生存和主权的独立，必须应付的挑战是“以力服人”。在共和国的近30年，面对的主要矛盾是民生建设，面对的挑战是“以利服人”。不过到了今天，我们面对的主要挑战是建立一个健康和谐的心理环境，因此已经到了一个讲究“以德服人”的阶段。现在应该有充分的条件去发扬中国的固有文化了。

第六篇

价值观的可操作性与局限性

一套价值观不管它如何美好，如果不具备可操作性，那就很难有现实的意义。那么，本书前面所建议的价值观是否具备可操作性呢？它的可操作性可以通过哪些渠道来体现？近年，许多人都在谈论民主、自由、法治等“普世价值”。它们的可操作性又如何？它们在实践中是否也会存在着一些局限性？

价值观的可操作性

当我们在讨论价值观的时候，往往会碰到一个问题：一种价值观是否具备可操作性？一种能够实践的价值观当然比一种不能实践的价值观要实在得多，对社会也更为有利。本章就是专门讨论我们在前面建议的现代中国价值观体系，是否具备能够实践的可操作性？

如何使得核心价值具备可操作性？

我们在上一篇里，指出在现代社会有四个最重要的支柱性价值观，那就是“科学与理性”，“诚信与责任”，“人道与宽容”，“公平与正义”，它们可以被称为核心价值。这些核心价值观是不是具备了可操作性呢？这是一个十分重要的问题。我认为一种价值观只要被采纳了当做社会的规范，人们就可以通过一系列的办法使这种价值观能够体现出来。

第一，价值观的可操作性可以体现在社会的制度和结构方面。社会制度和结构可以涵盖经济、政治、法律各个领域，并且包括不同的民间组织（civic societies）。许多价值观可以直接反映在社会制度和结构的设计上面。例如，人道精神可以体现在积极推展民间的慈善组织，以及政府设立一套合理的社会安全保障（social security）系统。一个讲求人道的社会应该有一个比较完善的社会保障系统，使弱势群体能过上有尊严的生活。例如，使伤残、重病者能得到照顾，使那些退休的人能有生活的保障，使孤儿能得到良好的教育等等。所以，建立一个良好的社会安全保障系统（包括医疗保险制度），就体现了人道精神的可操作性。

一个社会要体现公义的精神也有多种办法，包括对那些掌握权力和资源的人给以有效的监督，完善司法系统并保障其独立性，保障媒体的自由等等。所谓掌握权力的人就是政府的官员，控制资源的人就是社会上的富人。一个讲求公义的社会里面必须有良好的制度来监督他们，使他们不会滥用自己的权力和财富来压迫别人或者盗窃社会的资源。现在中国内地，很多民众对于一些官僚的贪腐情形非常愤怒。这就需要在政府的组织里面有更好的监察系统。这方面可以参考一些发达社会的做法。例如在新加坡和香港都设立了廉政公署，台湾也正在要设立。在一个社会里面，成立有效的监察系统就是体现公义的一种可操作性，因为它可以帮助避免官商勾结，防止权贵的贪腐，在制度上为社会带来较多的公平。

另外一种涉及人道和公义可操作性的体现，就是对于司法制度的完善。在今天的资本主义社会里，“法治”并非真正公平。因为打官司要请律师，而好的律师的收费是非常昂贵的，例如，在美国可以高达1000美元/小时。因此只有富人才能请到好律师来为他们赢得官司。这样的法律系统，主要是为富人服务的。一个讲求公义的社会绝不能容许这种法律为金钱服务的制度。同样，在资本主义社会里面，好的医生是为付得起高昂医疗费用的人服务。所以，从一个社会里面的法律系统与医疗系统是为谁服务的，我们就可以看得出公义的价值在一个社会里面体现的程度。我认为在一个理想的社会里面，律师、医生应该像政府的官员一样，不应是牟利的职业，而应是为了给公众服务。发达国家一些主要官员的薪酬并不高，例如美国总统的年薪在西方国家里面是最高的，也只有40万美元。他肩负着非常重大的责任，要管理好整个美国政府这样非常庞大的机构。可是他的收入却远远比不上很多华尔街银行家，或者一些有名的律师。为什么呢？这就是因为大家都认为公共服务不应该是一种牟利的职业。那为何律师、医生可以成为牟利的职业呢？这就是资本主义价值观不合理的地方。

对于理性和责任，我们在社会上也有很多办法鼓励这些价值观的体现。事实上，一套法律制度的存在，就已经标志着社会上的每一个成员必须对某些违反社会秩序的行为负责。在法律里面的某一些项目，例如惩罚过失杀人，禁止醉酒驾驶等等，更明显地体现了责任的重要性。

第二，价值观的可操作性可以体现在立法和司法的精神。一个国家的立法精神肯定会受到它的价值观的影响。例如，在资本主义社会里，法律明显地要保护私人财产，甚至将它视为神圣。但是在反资本主义社会里，重视的价值观是平等，所以对于财产权的保护很少；相反地，一个人如果占有太多的资源，会被视为罪恶，可能会受到清算。当一个社会从资本主义社会向后资本主义社会过渡时，价值观跟着会改变；就是要从肯定私人的利益，向追求社会群体的利益过渡。这些价值观上的冲突，未来将长期影响着立法和司法的精神。举例来说，对于所得税税率的规定就直接反映着一个社会的价值观。在一些非常崇尚资本主义的社会，例如香港，对于高收入者采用单一税（flat tax），税率非常低，所得税只有15%左右；但在一些北欧的社会福利主义国家，主要采用累进所得税制，而且税率非常高（以2009年的瑞典为例：个人所得税率在收入少于372100瑞典克朗为30%，对于收入在372100~532700瑞典克朗为50%，高于532700部分为55%）[①]。法国在2012年大选以后，一位左派的社会党人奥朗德当选总统，他建议把法国的最高所得税税率提

①注：1瑞典克朗约等于1元人民币。

高到75%[①]。

其实很多有钱人，他们的收入并非靠工资所得，而是靠资本增值（capital gain），例如投资房地产，或者投资某些企业。当房价或者股价上涨时，投资者就会得到很大的利润。香港对于资本增值是不收税的，这就非常有利于富者愈富。但在许多其他的国家，包括实行资本主义的美国，资本增值是要交税的，而且税额可能很高。例如美国在乔治·布什总统减税以前，短期资本增值（short term capital gain）要交40%的税。中国虽然号称社会主义国家，但似乎还没有建立一套完善的征收资本增值税制度。许多富有的投资者和投机者根本不必交税。因此今天中国的贫富不均要远远比世界其他的发达国家严重。

价值观对于立法精神的体现的另外一个例子是应否采用死刑。在现在很多发达国家，由于人道的理由废除了死刑。但在许多其他国家，尤其是社会秩序不是太好的国家，死刑一直被保留着。当然，在社会上也有很多讨论，废除死刑是不是只照顾了犯罪者的人道考虑，却忽略了受害者的公义？但不论怎样，价值观对于立法的态度是有明显影响的。另外在司法方面，一个社会的价值观也会影响司法的倾斜。例如，当法官面对个人利益和公众利益发生冲突的时候，他会有什么样的取向？比如在今天的中国，城市的发展很快，为了开发或者改造一些城区，大量原来居住的居民会被迫搬迁。当开发商与拆迁户发生纠纷时，法院主要在保障开发商的利益还是拆迁户的利益？一个社会的价值观就会影响到司法系统对这类事情的取态。

第三，价值观的可操作性可以体现在一个政府的施政理念。

① 这一建议2012年底被法国宪法委员会裁定违反宪法而没有实行。2013年底法国通过了针对年薪超过100万欧元高收入者的名为“特别互助贡献”的税收提案。这一新税种实际税率接近75%。可参考http://renwu.people.com.cn/n/2013/1231/c357069-23988110.html

管理政府的人怎样施政？国家的资源配置向什么地方倾斜？这些都会受到这个社会的价值观所影响。就拿中国来说，近几年我国政府对于“三农”（农业、农村、农民）的投入明显地增加，减免了农业税，是中国历史上第一次农民种田不必向国家交税。这样的政策就体现了我们追求公平的一种价值观，因为在中国现代社会里，农民的收入远比城市人低得多。我们的财政政策向农村倾斜，就是要使城乡的收入水平比较拉近。这就是一个价值观影响施政的正面例子。另外也有一些错误的价值观影响施政的负面例子。例如，在过去30年里，我国虽然已经逐渐增加了教育投资，但与发达国家相比，中国投入到教育上的资源还远远不够，反而政府似乎更着重投入在“面子工程”上。这种情形反映了许多官员好大喜功、着重粉饰表面的价值观。

价值观影响施政的另外一个例子是政府对于征税的方向。例如，美国虽然是一个资本主义国家，但它的两大政党（共和党和民主党）采用的价值观稍有不同。民主党主要靠工会支持，比较注重社会的公平，主张政府应该对弱势社群提供保障；共和党受很多富人支持，因此推崇自由经济，主张尽量减少政府的干预。所以在税收政策的问题上，代表这两党的政治人物经常在激烈地辩论。如果是民主党执政的话，为了增进社会的公平，他要政府做更多的公共服务，但这样一来政府就需要更多的资源，就要加税。这样子很多富人自然不满意。但如果是共和党执政的话，为了保障经济的自由，他们倡议政府越少管事越好，不应该消耗太多的资源，所以应该减税。而且他们辩称，减税可以导致工商业者的利润增加，可以刺激经济发展，社会就业率就可以随之提高等等。所以，一个社会的价值观可以从政府的施政理念里面体现出来。

第四，价值观的可操作性可以体现在教育的方向。当我们教育孩子的时候，就无可避免地会把一套价值观灌输到他们的脑子里去，使他们在学习当中，不知不觉中吸纳了一套符合当时社会的价值观。例如在中国古代，读书人从启蒙开始就吸收了一套重视忠和孝，尊重仁、义、礼、智、信等等的价值观。在新中国建国最初的30年，政府灌输给孩子的是另外一套价值观，就是阶级斗争。尤其在“文革”的时候，这种灌输已经达到荒谬的程度，学生被教导不能走“白专道路”，只要敢于斗争，有没有学习知识无所谓，所以出现了像“白卷英雄”张铁生、以批斗老师为荣的王帅等等的样板。在今天，这种情形当然不会出现。

对于学生为何读书，许多社会都有不同的答案，而这些答案也往往反映了当时社会的价值观。例如，在一个追求利益的社会，读书是为了日后赚钱，起码是找到一份好的职业。在一个比较追求理想的社会，求学可能是为了对知识的追求，或者更好地服务社会。有些社会会更注重培养学生的德育，教导每一个知识分子都要有责任心。这几种不同的教育取向，基本反映了各个社会不同的价值观。

总结而言，虽然有些价值观的可操作性不是十分明显，但并不表示它们不具备可操作性。它们的可操作性其实可以通过很多不同的渠道来体现。这些渠道包括社会结构、经济制度、政治制度、国家立法司法的精神、政府施政的理念以及教育的方向等等。

如何推行一种崇尚廉洁俭朴的价值观？

作为探讨如何使得价值观具备可操作性的一个例子，我们在本章里专门讨论如何在今天的中国推行一种崇尚廉洁和俭朴的价值观。在目前的中国社会里，贫富不均已成为一个突出的问题。我国现正处在一个建设小康社会的进程中，很多人还没有解决温饱问题。可是在我们的社会里，却看到很多追逐奢华的风气。许多人以超豪消费为荣。这种崇尚奢侈的风气影响极坏，不但破坏了善良的风俗，还加剧了社会上的矛盾，不利于和谐安定。廉洁和俭朴本是中华民族几千年来的传统美德，但现在却渐渐被抛弃。

我们并不鼓励仇富，但是一个社会应该尽量朝公平正义的方向发展。要减少今天中国社会的矛盾，我们有必要推行一种崇尚廉洁、俭朴的价值观。至于如何推行这种价值观，我们不妨考虑下述的建议。

第一，健全税收制度，减少收入差距

要推行廉洁、俭朴的价值观，首先就是要通过合理的机制从根本上减少贫富差距。一般来说，收入分为劳动收入和资本收入，后者又包括投资和投机两种。除此以外，有些人还有非正当收入，包括灰色收入和黑色收入（非法所得）。在一个正常的社会，非正当收入应该受到大大的抑制。而且，在正当收入之中，大部分人的收入应来自劳动所得，而非投机。所以，一个健康的社会应该鼓励劳动，抑制投机和非法收入。而目前中国却背离了这种情形。

首先，从事正当劳动的人工资收入比较低，而投机倒把的人却有了许多暴富的机会。例如，一个大学毕业生的月薪一般只有三四千，而近年大批炒房的人一年的利润就可以有几百万。另外，正当的劳动收入要负担相当高的所得税，而投机性或者从贪污腐败等得来的“灰色收入”、“黑色收入”根本不必缴税，因为来源不明。

在目前，政府并没有一套健全的机制来监管资本收入。对投资收入的征税往往较低，而投机几乎不需要缴税（比如许多进行房屋买卖者使用“阴阳合同”）。这很不合理。即使在资本主义国家，投机行为也是要被抑制的。以20世纪末的美国为例，政府对长期资本收入（long term capital gain）征收20%的税，对于短期资本收入（short term capital gain）征收40%的税。原因在于短期资本收入更接近一种投机的行为。

为了使我们社会更加公平，应该鼓励多劳多得，并同时抑制投机和非法收入。因此，我们要使用合理的累进制所得税制，对于以资本收入为主的高收入者征收更多的税。现在，我国虽然采取了累进的所得税制，但是税率上升梯度过高。根据中国最新的所得税改革方案，月收入3500元就要开始缴交所得税，月收入达60000元要征收35%的税率，月收入达到80000元税率则上升到45%，几乎是其收入的一半。这远高于美国等其他发达国家。这种以劳动所得的收入为主的税收制度很不公平，不利于鼓励多劳多得。而在另一方面，目前在中国偷税漏税现象非常严重，制度上有种种漏洞让逃税很容易。如果政府不去大力打击投机行为和非法收入，就没办法从根本上解决贫富悬殊问题。

第二，实施官员财产申报制度

一种有效的防范贪腐的办法是实施“官员财产申报制度”。目前在很多发达国家已经采用。这项制度让官员的财产变得比较透明，在一定程度上可以抑制贪腐。首先，假如有不如实申报的情况，一经查出，便可以界定其贪污罪；其次，一旦申报以后，便可以从异常的财富变动中，发觉官员的贪污行为。

在中国过去几年，已经有很多人建议设立“官员财产申报制度”，却迟迟未能推行，其背后的原因可能有两点：①很多官员财产来源不明，无法申报；②地方官员的财产过多，若公开了会引起老百姓的不满，有损党和政府的形象。但是，从长远来看，为了要促进公务员的廉洁以维护政权的稳定，确实需要推行官员财产申报制度。这一方面让官员有所顾忌，也让老百姓能公开地监督官员的操守，避免社会矛盾的激化。

我认为，为了创造条件去实施这项官员财产申报制度，可以考虑给予现有官员一定的“洗底期”。譬如在要求官员申报财产之前，给出6~12个月的预备时间，让官员有机会“漂白”自己。在这段时间之内，官员如果觉得自己的财产都来得光明正大，是正当收入所得，大可不必作任何处理。但是，官员如果觉得自己的部分财产难以向公众交代，他可以在这段时期主动把“不明来历”的财产上交国库（最好纳入社会保障基金），或者捐献给一些慈善机构（学校、医院等），来豁免罪行。这些财产到了申报财产时期便不予追究。如果在这期间官员把不法所得转移到子女、亲人、朋友的名下，那么到了财产申报时期，政府就可以去调查这些财产的去向和来源。一旦核实是不当收入，就可以贪污罪起诉。

在这个过程中，许多为了谋财而做官的人，由于过不了“官员财产申报”这一关，就可能会自动离开公务员队伍。而余下的就较易安分守己。这样一来，推行官员财产申报制度不但在未来能防范贪腐，在目前还可以起到整顿公务员队伍的作用。

第三，对奢侈品征收高额消费税

在中国近年，随着经济的快速发展，购买奢侈品的暴发户暴增，很多不合理的消费现象也随之而来。世界奢侈品协会称，中国在2009年已首次超过美国成为世界第二大奢侈品消费国，并将在2012年超过日本成为全球第一大奢侈品消费国[①]。据香港《文汇报》的报道，从2010年6月开始，欧洲奢侈品市场销售总额的65%是靠卖给中国人的。而另一方面，我们国内许多家庭甚至不能解决温饱问

① 2012年1月世界奢侈品协会的统计称，中国奢侈品市场年消费总额达到126亿美元，占据全球份额的28%，中国已经成为全球占有率最大的奢侈品消费国家。

题。这种强烈的反差使得我们的社会难以和谐。

中国人“未富先奢”，主要是一种攀比的心理作祟。为了抑制这种不良风气，我国有必要大大地提高奢侈税来抑制大众对奢侈品的需求。最近有人主张降低国内奢侈品的消费税，原因是目前有许多人出国旅游，由于在国外的奢侈品消费税较低，抢了很多国内的生意。这完全是一种背道而驰的想法。为了抑制目前国内奢侈消费的风气，奢侈品消费税绝不宜降。如果要抑制国人到国外买奢侈品，该做的应该是强化关税的执行力度。

第四，对奢豪消费者进行积极查税

在2011年中国内地网上有一名90后的女子叫郭美美，自称“中国红十字会商业经理”，在她的微博上炫耀自己的奢华，包括拥有价值31万人民币的卡地亚手表，数十万元的爱马仕手袋，以及价值300万的Maserati（玛莎拉蒂）跑车等。这些行为引起很多网民的反感，甚至质疑人们给红十字会的捐款被盗用了。后来发现此人的身份造假。她那些奢侈品都是一个富商男友给的。这种炫富的行为，不但得不到其他人的欣赏，事实上是自暴其丑。

不过，目前在中国，像郭美美这类人不是最奢华的消费者，现在国内高调奢豪消费的现象非常惊人：例如，最近从意大利入口了一批要价人民币3000万的豪华跑车，很快就销售一空。香港的媒体经常报道内地人的奢豪消费，认为他们推高了豪宅市场。此外，近年在上海和北京的拍卖场，也有不少人以过亿元的价钱竞拍古董和收藏品。

为了抑制奢侈消费的风气，应该对高调奢豪消费者进行积极的查税和侦办其收入来源。为什么有些人会一掷万金地奢豪消费？原因可能有几种：①钱来得太容易，这种“容易”背后往往隐藏着不正当或不合法；②买高价奢侈品是为了洗钱；③这些昂贵的奢侈品是用来贿赂的。不管是哪种原因，政府应该对奢豪消费者进行积极查税或调查其收入来源。这样做可以达到两个效果：首先可以打击不法收入者；其次，可以抑制有钱人去高调消费的风气。

中国有一个“胡润富豪榜”，每年把最有钱的人列出。这个富豪榜吸引了政府的注意而进行了调查。后来发现，许多名列前茅的富豪都牵扯到经济犯罪，他们最终都锒铛入狱。我们对那些进行高调奢侈消费的人，譬如那些购买超豪跑车、豪宅以及高价收藏品的人，就应该像对胡润富豪榜里的富豪一样，要积极地去调查他们的收入来源。如果有人靠一些违法的活动来牟取暴利，他的高调消费正好让他自投罗网。

第五，媒体减少宣传奢华生活

随着我国经济快速发展，各种推销豪宅、时装和名牌奢侈品的广告频繁出现。繁华的街头，随处可见各类户外广告，其中不少都以奢华的概念作为卖点。还有在很多电视媒体中，经常有意无意地宣传着富一代、富二代的豪华生活。以前的童话故事里年轻女孩的心仪对象是白马王子，如今是开着跑车的年轻富豪。在近年热播的各种肥皂剧（soap opera）里面，许多情景都超乎现实的奢华。

这些“炫富广告”和肥皂剧引导了一种畸形的消费观，直接或间接地助长了追求奢侈的错误价值观，不利于社会的发展。在一个进步的社会，不论是文化娱乐界的工作者还是出钱买广告的企业，都应该承担起社会责任，去倡导一种健康的文明风气，而避免鼓吹奢华消费、助长炫富心态。同时，负责管理传媒的政府部门也应履行职责，引导传媒向健康的方向发展。

第六，政府应避免建设超豪华的形象工程

近年来，有些政府部门不惜花费巨资去建设一些形象工程。这不仅浪费了公众的资源，也助长了社会上一种追求奢华的风气。据网上报道，各级地方政府的“政绩工程”比比皆是。例如，安徽省安庆市望江县是个贫困县，2009年财政收入只有1.71亿元，却新建一座总造价约为6300万元的办公大楼，里面配备了露天咖啡座、鱼趣台、音乐喷泉等。

在北京，也不乏这种超豪形象工程的例子。就拿央视总部在北京新盖的大楼。为了讲究外观的独特，大大地增加了工程成本，造成不必要的浪费！这个耗资超过50亿元人民币的央视大楼，被有些学者称为“反经济法则、反科学规律，对中国纳税人过不去”的奢华工程。

政府应该带头引导社会发展一种健康的风气，朴实和廉洁是中华民族传统的美德。目前我国很多地方还没有摆脱贫困，尤其不应该奢侈浪费。因此政府应该避免建设超豪华的形象工程。政府的建筑应该注重实用的效益，应该以朴实的风格为主。从老百姓的角度来说，与其花巨资修建一些豪华的形象工程，不如多建一些人民急需的公共设施，例如医院、学校和保障性住房等。

如何看待民主和西方的“普世价值”？

本书的主要目标之一，就是在道德的层面上探索如何超越资本主义的思想。在近代的西方社会，非常着重宣传自由、民主、法治，把它们尊称为“普世价值”。这种宣传在冷战时期达到了高峰，成了资本主义国家对抗共产国家的一种有力的精神武器。那么，现代的中国人应该怎样看待这些所谓“普世价值”？我认为对于一个现代社会来说，自由、民主和法治都是很值得尊崇的价值。在本书的第四篇里，我把它们归类为“人权价值”。这些价值，并非是资本主义社会所独有；而且，这些价值也不是完全独立的，它们应该建立在一些更基本的核心价值之上。这些核心价值包括理性、责任、人道和公义。

所谓“普世价值”具有一定的可操作性

有人认为，自由、民主、法治之所以重要是因为这些价值观具备明显的可操作性。就拿“法治”来说，它主张用一套成文或者不成文的法律来作为社会管理的规范，本身就有很强的可操作性。“自由”的可操作性虽然比较不太具体，但是它明确地引导我们去想办法把所有妨碍个人自由的限制（不论是独裁的统治者，还是一些恶法）尽量推倒。所以也有一定的可操作性。至于“民主”，它的可操作性更加明显，那就是“一人一票”的选举制度。通过选举，可以清楚地体现民主的精神：第一，这种制度表示每个公民都是平等的；第二，它体现了少数服从多数的原则；第三，采用选举会强化政府的民意基础。理论上，如果一位领导人或议员是通过竞选，由票数最多者担任，这位当选者应该是符合民意的。不过，对于这种“一人一票”的选举是不是能真正地反映民意，其实并没有保证。因为在很多选举里面，候选人不一定是最适当的人，绝大部分的选民对候选人所知更是十分有限，投票时往往会受到许多非理性因素的操控。在本篇章中，我们会更详细地分析民主选举制度中的一些优点和缺点。

今天许多人对民主的看法存在着不少的分歧

中国今天要发展软实力，必须先在价值观上建立共识。可是在现实情况上，中国人今天对一些价值观的看法却有着极大的分歧。就拿民主来说，现在国内有些人有两种极端的看法。一些僵化的保守派反对民主，恐怕它为中国带来乱局，因此尽量防止民主在公众中讨论；而一些西化的自由派却迷信民主，以为一旦实行了民主选举就会解决中国大部分的问题。我认为这些想法都比较片面，对民主可能存在着一些误解。我认为，只要清楚地了解民主真正的含义，人们就应该不会反对民主，也不会迷信民主！

为何不应该反对民主？第一，政治民主化是人类社会发展的一种自然的趋势，也代表着一种进步的方向。在本书的第一篇我们就已经阐明，世界的大趋势是从野蛮到文明，逐渐打破各种权力的垄断。因此，政治的权力应该越来越社会化，也就是民主化。第二，社会主义应该是以人为本的。重视民主和自由有利于体现这种以人为本的精神。第三，政治的民主化有很多优点。民主有利于监督和制衡，可以避免领导人做出严重错误的事情，减少官员的贪腐，使施政更贴近民意。第四，民主的危险性不应被夸大，要相信群众。有许多保守派可能已经忘记，今日的执政党在夺得政权之前，它是非常主张民主的。

事实上，在过去100多年里，中国已经在朝着民主化的趋势发展了。例如在武力的掌控方面，军权的控制已经由君主或军阀转移到了一个共和国政府的手中。现在是由文人当军队的最高统帅。另外，政权的控制也在逐渐地社会化。统治者由帝王转变为共和国的政府首长；由终身的独裁者转变为有任期的领导人；由个人的独断独行转变到集体领导，基本上已经依宪法施政。

为何不应该迷信民主？现在国内有部分的人把民主当作万应灵丹，认为它是解决所有问题的根本。这是一种不切实际的期望。首先，在一个社会的发展过程中，必须面对多种的挑战，包括安全上的挑战，民生上的挑战，精神上的挑战。仅仅在政治制度上推行民主是远远不够的，还需要多方面的发展，包括国防，经济，教育，医疗，工业，农业，外贸，交通，司法，道德文化等等。西化派片面地夸大了民主的作用，是过分地天真了。其次，如果把民主理解为西方的“一人一票的选举制度”的话，这种民主制度其实还有很大的局限性。这些局限性包括：西方的选举制度虽有利于监察，却不利于施政；它选出来的往往不是领导者而是被领导者；频繁和难以预测的政府更迭导致施政缺乏连续性；主政者往往把大部分精力花在选举上，而非真正解决国家面临的问题。在有些地方，选举还制造了更多的贪腐丑闻。

事实上，西方的选举制度在理想和现实之间还存在很大的差距。老百姓以为有了投票权就可以左右政府，其实政客当选以后完全不需要理会选民的意愿（在一些有争议的话题上，必然会有支持和反对两派的选民。他们正好可以互相抵消）。为了当选，候选人往往会许诺许多无法兑现的支票（例如平衡预算，增加福利等）。而且，竞选需要庞大的资源。在资本主义社会里，如果没有财团的支持，候选人很难赢得选举。

广义的民主和狭义的民主

在今天许多关于价值观或者政治体制的讨论中，民主其实包含两种不同的意思；其一是民主的理想（民主的精神），其二是民主的实践（民主的制度）。因此，我们也许可以把民主分为广义和狭义两类。广义的民主就是民主的理想，它的内容包括反独裁，反专制，反对世袭制度，反对统治者的终身制，认为国家的主权是属于人民而非统治者，政府应该依宪法施政，人民有监督制衡的权力，政府应该为人民服务等等。在今天，绝大多数的人都会赞成民主的理想。很少人会拥护独裁专制。

狭义的民主是指民主的选举制度，就是政府的领导人或议员是通过普选而产生的。在近代社会里，很多人以为民主就是等同于“一人一票的选举制度”。持这种观点的不单是一般的民众，也包括一些专门研究社会学和政治经济学的学者。例如，20世纪初西方有一位著名的政治经济学家熊彼特（Joseph Alois Schumpeter），他在1942年出版的《资本主义、社会主义和民主》书中就为民主给出了一个程序性的定义，那就是："只要一个政治制度允许定期的竞争性选举，它就是民主了"。[①]但在事实上，有了选举制度，不等于一个国家就有了一个民主的社会，能够政治开明，公平公正，杜绝贪腐。一人一票的选举制度只能算是一种狭义的、程序性的民主。很不幸的，在当今的国际政治中，许多人都误把这种狭义的民主作为一个国家是否民主的唯一标准。

民主的选举制度固然具有很强的可操作性，一般西方人也认为它是目前最可行的实现民主精神的一种办法。但是严格来说，狭义的民主（选举制度），提供的只是一种技术性的操作方法。熊彼特在他的著作里就曾清楚地指出：民主并非由人民群众来管理国家，而是由社会的精英管理国家。只是这些精英必须通过民众一次公开的选举来授权。

民主作为一种技术手段，本身并没有善恶之分。因为一种选择的机制即使是合理的，也不能保证它得出来的结果是好的。事实上，在西方国家近代的历史里，也的确出现过一些选举结果不利于国家的情况。例如在第二次世界大战前后欧洲的两场选举中，德国人投票选择了希特勒，而英国人用选票赶走了丘吉尔。在1933年，实行民主制度的德国魏玛共和国，选出了希特勒（A. Hitler）当总理，从而开始了纳粹党的统治，导致了第二次世界大战的发生，给德国以及全欧洲带来灾难。而在二战时期带领英国安然度过战争危机的丘吉尔，在战争刚刚结束时，英国人就用自己的选票将他赶下了台。所以很难说，由一人一票的选举制度作出来的决定就一定是对的。另外一个例子是美国2000年的总统选举。当时共和党的候选

① 中文翻译引用自王绍光：《祛魅与超越：反思民主、自由、平等、公民社会》，2010，三联书店，第141页。

人是 George W. Bush, Jr.（小布什），而民主党的候选人是Al Gore（戈尔）。戈尔明显比小布什有能力得多。事实上，戈尔的得票率也的确比小布什稍高。但由于美国的总统选举是采用间接选举制度，小布什一方利用一些技术操作而赢得选举。小布什后来当了8年总统。在他的总统任内，美国的国力大幅倒退。

所以，民主选举并非万能的。现时西方国家采用的选举制度，仍有许多可以改善的地方。因此我认为，在人类正在进入的新社会里，我们既要重视民主，又要超越民主。我们要重视的是广义的民主理想，我们要超越的是狭义的民主制度，也就是资本主义社会目前采用的政治体制。本书在以下的篇章里，会在这方面作进一步的探索。

民主思想与民本思想

民主思想与民本思想有部分的共通性

今天中国许多老百姓十分关心的一件事情就是政治上的民主改革。这同时也是执政党在最近十多年里多次反复强调的目标。那么，怎样的政府才能称得上“民主”呢？林肯（Abraham Lincoln）是美国历史上一位非常杰出的总统，他在一篇有名的演说当中把民主政治的概念演绎为“一个民治（by the people）、民有（of the people）和民享（for the people）的政府”。从此，许多人就把民主的目的简化为“民治、民有、民享”。到了现代，这个定义已经受到广泛的认同。

事实上，“民有”跟“民享”这两个概念与中国传统文化中的“民本思想”有着很大的共通性。尤其是“民享”（for the people），其实就是主张政府是为人民服务的。这种想法在中国的传统中一直受到士大夫的推崇。宋代范仲淹有句名言："先天下之忧而忧，后天下之乐而乐"。作为一个宰相，他主要的职责就是要为老百姓解决好民生的问题。今天中国的领导人提倡"权为民所用，利为民所谋"，也有着相近的意思。

为什么中国在过去会有很强的民本思想？在秦朝统一六国以前，中国并没有一个高度中央集权的政府，所以在先秦时期，中国的政治环境与公元前的希腊有部分的相似。在那个时候，在中国境内有很多大小不一的"国"，它们只相当于今日的地方政府，国君的权威并不是绝对的。人民可以在不同的"国"之间流动，尤其是知识分子，如果在某一国内不能施展他的才能，他可以跑到别的"国"去，来推行他的治国理念。而且，当时的国君的地位也不是非常稳固的，经常有政变；国与国之间的战争也非常频繁，不但小国经常有被吞并的危险，大国之间强弱的变化也很快。由于政府的不稳定，君权自然处于一种较弱的地位，这就提供了民本思想发展的空间。例如，孟子就直接提出"民为重，社稷次之，君为轻"，意思就是人民才是国家之本，国家应该是属于人民的。北宋大儒张载也有一句名言："为天地立心，为生民立命，为往圣继绝学，为万世开太平。"这里面的"为生民立命"和"为万世开太平"就是表明政府官员的主要职责就是解决好老百姓的民生问题，并为他们争取到一个和平安乐的环境。

在中国的传统文化里面，对于"士"的人格要求很高。对于为官者，要求贤且能。为政不但要以民为本，还要公平公正、廉洁自爱。这与林肯的想法"for the people"是一致的。只要小心研读儒家的经典，很容易发现贯穿在里面的精神，就是劝导为政者要仁人爱物，反对独裁专制和以力服人。这种主张政治开明的民本思想，与广义的民主精神有不少共通的地方。事实上，这种民本思想对统治者也是有利的。因为如果一个政府能够真正为人民谋取幸福，它自然会受到人民的拥护，这个政权也就能够巩固。

民主是否等于“民治”？

中国的“民本思想”与西方的“民主思想”都包含着“民享”的意思。中国传统文化里面比较缺乏的是“民治”的观念。不过这也是很自然的，因为中国在过去几千年一直是个农业社会，实行君主制度。西方在工商业发展之前，当他们还是处在君主/封建社会的时候，也不会想到民治。

因此，民主与民本的最大区别可能在于“民治”。根据现时的民主概念，理论上国家应该是由人民来统治的。但如何能够真正地实行这种统治方式？在古代希腊的一些城邦里面（例如雅典），曾经使用过由公民直接管理社会的模式。不过当时的人口很有限，有公民权的就更少，可以容许全民参与议政。许多重要的事情也可以通过公投来表决。但是，今天的主要国家都有庞大的人口，往往有千万人以上，怎么样能使得一个国家由众多的人民来直接管治呢？

到目前为止，世界上没有任何一个现代国家可以真正实行由人民来管理政府的。所谓民治，只能说是一种通过选举选出官员的制度。事实上，在今天的所谓“民主国家”里，是选出来的政客在治理国家，而不是人民在治理国家。人民只能每隔几年才有一次选举的机会，而且也仅限在非常少数被认可的政党提名候选人之中推选一个。人民完全不能参与治理国家，更无法保证当选者的施政是以“为民谋利”为目的。在一些欠发达的国家里（例如菲律宾），人们选出来的总统往往不是为人民服务的，他可能更注重为他的家族谋取利益。因此所谓“民治”，实际上是一句空话。

在这种情况下，如果一个政府能真正做到“以民为本”，在现时已经算是很不错了。其实，所谓民主选举，从来就不能达到民治的目标。它只是一种手段，逼着政客们去关心人民的诉求。所以民主与民本，它们的目的基本上是一样的。主要的分别是前者有一种明确的制度。

回顾民主制度发展的历程

民主在西方发展的历史

在现代，民主已经成了一种十分受人推崇的政治理想。起码在理论上（或者宣传上），民主代表着“民治、民有，民享”。不过许多人可能不知道，西方今天的民主制度并不是一开始就被认为是正面的。事实上，在绝大部分的西方历史时期当中，所谓“一人一票的民主制度”都不被认为是一种合理的政治模式。这方面有大量的著作可以参考，包括：《民主分析简史》（Democracy : a short, analytical history by Roland N. Stromberg, 1996）；《民主的未竟之路：从公元前508年到公元1993年》（Democracy : the unfinished journey, 508 BC to AD 1993, edited by John Dunn, 1992）;《祛魅与超越：反思民主、自由、平等、公民社会》（王绍光，2010）；《民主的历史、理论与实践》（Democracy: history, theory, practice, by Sanford Lakoff, 1996）等等。英国布里斯托大学（University of Bristol）有一位学者基思·格雷厄姆（Keith Graham）写过一本关于民主的书，名为《民主的争战》（The Battle of Democracy）。书里面的第一页就开宗明义地说：“简要而言，在18世纪之前，几乎所有人都知道民主是什么意思，但极少人喜欢它。现在情形却正好相反。每个人都喜欢民主，却没有一个人清楚地知道民主是什么意思（Crudely speaking, up to the eighteenth century everyone had a clear idea what democracy was and hardly anyone was in favour of it. Now that position is reversed. Everyone is in favour of it but no one has a clear idea any longer what it is.）”。

在希腊诸城邦实行的民主制度与今天的民主制度非常不同。

以雅典为例，其所谓“民主制度”并不是所有雅典居民都有权参与的。只有符合某些条件的成年男性公民才可以有参政的权利；其他人，包括所有女性，外邦人，一些工匠和奴隶，都被排除在外。根据历史记载，雅典在全盛时大约有25万~30万人口，而其中只有约30000人具有公民权，而这30000人中大概只有5000人左右会参与城邦里各项的政治和审判活动[①]。当时雅典人采用的民主形式还有两大特色：第一，参与政府管理与审判的公民代表并非由一人一票的选举产生，而是由抽签决定的。主要原因是雅典人认为选举并不公平，可能会有人利用结党营私来操控选举；第二，对于一些重大事项的决定，雅典人并非采用代议制，而是采用一种更为直接的民主方式，就是交由全体公民大会讨论来进行公决。

对于民主制度，当时的知识分子并不欣赏。例如柏拉图和亚里士多德都把民主看作是很糟糕的政体，因为“多数人的统治”就意味着“无知者的统治”。在古代，有机会受教育的人非常少。这些哲学家认为在社会中，掌握知识的只是一小部分精英，而允许无知大众来管理政府，是一件非常危险的事情[②]。

继承了希腊文化的古罗马，在恺撒大帝之前的共和国时代，也实行过某种程度的民主，例如当时有一个议会，称作“元老院（Senate）”，其成员主要是通过选举产生。然而罗马的民主也是很局限的。与希腊一样，全体居民之中只有少数的男性公民可以参与选举，女性、奴隶和大量的外国人都无权参加。同时，罗马的制度赋予富人比穷人更大的投票权。因此，被选入元老院的成员几乎都属于富人或是显赫的贵族世家。

① 奥斯波恩《德莫：古典阿提卡的发现》（Demos the discoveory of classical Artika）Cambridge University Press 1986 P.70

② 柏拉图在早期的《理想国》中对“民主”基本否定，但后来的《政治家篇》中又有所修正，认为它的优劣要看是否有法治而定。亚里士多德把雅典的民主政制称为“共和制”，认为民主政体只是共和制的变态政体。不过，虽然他不赞同民主政体，他仍然说民主政体是变态政体中“最可容忍的”一种。

在此后的欧洲，长期处于黑暗时代，基本上实行封建的君主统治。不过，在中世纪以后，意大利某些城邦（例如威尼斯）也曾出现过一些所谓“共和政体”。但能够参与选举的依然只是一小部分人口，往往是有一定资产的男性。那时候“共和”（Republic）与“民主”（Democracy）属于两个很不相同的概念。“共和”是指“为维护公共利益、依宪法施政的非君主制度”。而“民主”是用来指“让所有群众来参政的政体形式”。意大利的那些自治城市共和国的人们并不认同这种“民主”政体，认为它只会维护穷人利益而非公共的利益。

作为近代欧洲民主发展的先驱，英国很早就通过了大宪章（Magna Carta）以奠定议会权力的基础，并在1265年选出了第一届议会。然而早期的英国议会也有非常多的局限：首先，选民的范围只包括少部分有一定财产的男性（直到1780年，英国选民还不到总人口的3%）。其次，议会并非一个常设机构，也没有固定的会期，往往只有君主需要钱的时候才会召集。只有在1688年的光荣革命之后，当英国通过了《权利法案》（Bill of Rights）以后，议会的影响力方才得到提升。

到了17～18世纪，欧洲迎来了启蒙时代，对于人的权利和尊严开始有了极大的重视。因此，人民对于参政权利有强烈的要求，反对由君主来垄断政权。但在当时，启蒙学派的思想家看重的并非民主，而是自由。事实上，当时有不少学者认为，民主和自由是对立的。他们认为大多数的人都是愚昧无知的，有理性和智慧的人只是极少数。所以如果让社会的前途掌握在大多数人手中，无知的群众会带来灾难性的后果。表达这样主张的学者包括法国思想家伏尔泰（Voltaire，原名François-Marie Arouet）和英国的思想家洛克（John Locke）。洛克曾经提出“天赋人权”学说，把在英国革命中提出的各种基本要求概括为自由权、生命权和财产权，并把它们说成是天赋人权。洛克还第一个倡导了权力的分隔理论，他把政治权力分为立法权、执行权和外交权三种[①]。洛克并不赞成让无知的群众来参与国家的决策。英国另外一位著名的思想家及诗人弥尔顿（John Milton）也曾担心自由和民主这两者之间会有严重的冲突。他认为“少数服从多数”不见得是最好的原则，因为愚昧的大多数人可能要威胁到少数人的自由。

在美国的独立战争与法国革命的过程中，打出的旗号是“自由”与“平等”，而非“民主”。当时很多学者都认为社会中的大众不一定是理智的。首先，一个社会当中一定是穷人占据多数，如果让所有人都能参政的话，穷人一定会利用其权力联合起来剥夺富人的财产。其次，民众很容易被煽动误导，从而可能侵犯与其观点不同的人的自由，形成多数人针对少数人的暴政。19世纪中期的法国著名小说家福楼拜（Gustave Flaubert）就担心“今后剥夺个人自由的将不是专制君主，而是民众”[②]。因此，学者们主张对具有选举权的公民范围加以多种限制，例如边沁（Jeremy Bentham）就主张把选举权限于受过教育的成年男性；而起草《法国大革命宣言》的西哀士（Emmanuel- Joseph Sieyès）也主张把选举权限于有财产的纳税人；其他的人，包括穷人和妇女，全部都应排除在外。

在美国的独立宣言当中，并没有争取“民主”的字眼。美国虽然是第一个具备现代意义的共和国，但早期美国的宪政主义者都不愿意用“民主”来称呼美国的政体。美国的建国先驱，包括杰斐逊（Thomas Jefferson），富兰克林（Benjamin Franklin），华盛顿（George Washington），亚当斯（John Adams），汉密尔顿（Alexandra Hamilton）等人，都很反对实行全民选举制度，所以他

① 这方面的理论由后来的法国哲学家孟德斯鸠（Montesquieu）继续发展，并对美国的三权分立制政体产生了一定的影响。

② Democracy : A short, analytical history (by Roland N. Stromberg, 1996). 此处转引自《祛魅与超越：反思民主、自由、平等、公民社会》，王绍光著，三联书店，2010年。

们设计了一些机制来限制一般民众参与政治决策。首先，是限制选民的资格。事实上，美国成立之初，只有拥有不动产的白人男性才可以投票，黑人以及女性都没有投票权。另外，为了避免总统由无知的平民直接选出，美国的建国者（founding fathers）还在宪法上设计了“选举人（electors）”制度，由选举人代替民众来间接选出总统。

不过从19世纪开始，西方社会内部开始出现了很多要求平等参政的呼声，民权意识不断高涨。许多国家越来越难限制一般民众对于选举权的要求。虽然很多政治家并不乐见这样的局面，但选民资格的门槛还是不得不逐步放宽。到了20世纪初，随着工会运动、女权运动的发展和社会主义革命思想的推动，民权思想在各个西方国家里面得到普遍的支持，全民投票的选举制度才逐渐得到了广泛的采纳。例如，在20世纪初，经历长期的斗争后，美国在1920年终于通过了宪法第19条修正案，赋予美国妇女投票的权利。而英国和法国也分别于1928和1944年给予了妇女选举权。至于美国的黑人的投票权，则更晚才能实现。虽然在1868年通过的美国宪法第14条修正案确立了黑人的公民权，黑人获得了名义上的投票权，但直到1960年代中的民权运动之后，这一权利才真正得到实行。

为何民主在近代社会受到极大的推崇?

从上面的介绍可以看出，所谓“民主”政体并非真正由人民当家作主，它只是一种全民普及的选举制度。事实上，“民主（democracy）”这个词在很晚才被赋以正面的意义。在历史上，许多西方的思想家对于民主的可操作性都抱有严重的怀疑态度。在20世纪之前，几乎所有西方国家都不认为一种全民参与的选举制度是可行的。可是在今天，“民主”却被认为有不容置疑的“政治正确性”（political correctness）。那么，为什么民主在现代社会变得非常受欢迎？是什么导致民主在今天得到近乎神圣的地位？我认为这有着多种的原因。

第一，许多人把民主的理想和民主的选举制度混淆了。民主的理想包括民治、民有、民享，当然令人向往。许多人以为一旦有了一人一票的选举制度，就可以实践民主的理想。而且，近代许多人在宣传民主的时候，往往会有意或无意地把民主的定义扩大化，把许多美好的价值，包括自由、平等、法治、理性、文明、道德等等，统统加在民主里面。

第二，民主的发展代表着社会的进步。人类社会发展的大趋势是政治权力从个人或家族的占有向“主权在民”的方向转移。从独裁的君主制度向共和制度发展就符合着这种趋势。所以，过去两个世纪在欧洲出现的民主政治制度明显地具有它的进步性。即使在起初时只有部分的人民有选举权，但也起码比一个君主的独裁进步得多。随着人权意识的兴起，必然有越来越多的人们要求加入到选民的行列。

第三，民主是近代资产阶级革命的口号。在资本主义的发展过程中，新兴资产阶级必须要向君主贵族夺取政治权力。争取民主和自由成了一个重要的革命口号，可以借此来鼓舞国内群众一起来推翻君主统治。因此在过去两个世纪的欧洲，民主就成了推动历史发展的巨大力量。

第四，许多民众希望通过民主来争取经济地位的改善。在早期的资本主义社会里出现非常严重的劳工问题，工人受到雇主极大的剥削，甚至难以维生。这引发了各种社会主义运动，包括组织工会来改善待遇，或者通过暴力斗争来发动革命。不论是工会运动或者是革命运动，组织者都要极力地争取政治上的权力以使到他们的诉求得到社会的回应。于是争取民主就成了一个共同的目标。

第五，民主是反帝的有力武器。在过去几个世纪，许多欧洲国家推行帝国主义，在全球到处开辟殖民地。在20世纪上半叶，许多殖民地的人们都纷纷起来抗争，要求独立。这些反殖民运动很需要有一个反对帝国主义的精神武器。而争取自由和民主也就成了最响亮的革命口号，可以有效地动员群众起来反抗殖民者。

第六，自由和民主也是东西方冷战中的心理战武器。在二次世界大战以后，世界政治版图分裂为两大集团，就是以西方国家为首的资本主义集团和以苏联为首的共产国家集团。在长达40多年的冷战当中，双方都需要一些吸引人的政治口号来争取民众的支持。苏联集团的精神武器主要是反帝和争取平等，而西方国家的精神武器主要就是自由和民主。

在这样的国际背景之下，民主的崇高地位也得益于人们对发达国家的崇拜。在过去两个世纪，实行工业化较早的西方国家在全球称霸，导致许多第三世界的人们在思想上崇拜他们。因此，西方国家的价值观也很容易受到其他发展较晚的国家向往。尤其到了冷战的后期，西方的资本主义集团明显占了上风，成了主宰全球的政治霸权。所以很自然地，他们的价值观就占据了主流的地位。

民主制度能够成功实行的假设

不过，民主制度的成功必须依靠许多其他的配套条件，包括：人民具备较高的教育水平；传媒比较发达而且相对的独立和公正；社会上的资讯能够自由流通；国家具备独立自主的国防能力使得它免受外国控制；选举不会受到外力的操控；社会上的安全也是有保障的；政府能够有效地控制军队，武装力量是效忠宪法而不是统治者或者某个利益集团等等。

如果不具备这些条件，所谓民主的选举制度也只能成为一种形式，实际控制国家的还是一些掌握军权的强人（例如伊拉克的萨达姆和非洲一些国家的强人）或垄断财富的家族（例如菲律宾的马科斯）。

有了以上所有这些条件，是否就能保证民主的选举制度一定能够为国家找到一个最好的政府，能够有效地管理国家的事务，切实地为民众谋福利呢？一个国家的行政效率好不好，除了制度以外，还要取决于它的领导人是否具备贤和能的素质，目前实行的选举制度并不能很好地解决这个问题。理论上，如果要成功地应用选举制度来选出优秀的政府领导人，它必须满足一些假设的条件。

1. 选民是知情的（knowledgeable）。怎么去保证选民的选择是正确的？它的前提就是，选民对于不同的候选人是有充分了解的；他们知道这些候选人的能力、品德以及他在社会上的种种利益关系。但是在事实上，这种假设很少能够得到满足。大部分选民对于不同候选人的了解一般都是非常的少。他们可能只是根据候选人的广告或者竞选口号而对候选人有一些朦胧的认识。

2. 选民是理性（rational）和负责的（responsible）。如果一个人要做一个决定，他应该根据一些理性的考虑。但在选举当中，大部分的选民却并不一定如此。很多非理性的因素，包括个人利益、意识形态、宗教信仰、被宣传的引导等等，往往成了选民投票的一个重要依据。理论上，一个选民在投票时应该知道他为什么会投给某一个候选人，知道他选择的候选人是否适合担任某一特定的公职。但是在现实的选举里面，情形并非如此。因为社会上大部分人都很忙，他们不可能花很多的时间去研究每一个候选人的背景。所以在投票的时候，他们很难做出一个慎重的决定。在某些地区，有些选民的选票甚至是可以用钱收买的。

3. 选民有独立的判断。如果采用一种少数服从多数的制度的话，就表示每个人的表态都是基于他自己独立的判断。但在现在的政治制度并不如此。因为我们实行的是政党政治。如果某一个选民是偏好某一个政党的，当他们投票给候选人的时候，并不是因为他对这个候选人有清楚的认识，而是因为他们偏好于哪一个团体（羊群心态）。

4. 候选人名单网罗了最优秀的人才。从候选人的角度来说，目前的竞选机制并不要求候选人具备管理好政府的才能和经验，也不需要证明他的德行，只要有知名度、有财团支持、懂得巧言令色、能讨好选民，就可以竞选了。在这个选举过程中，需要做大量推销自己的工作，包括到处找选民握手，亲吻婴儿，发传单，卖广告等等。另外，有时候选战中还包括负面攻击，即候选人之间互相抹黑，揭对方疮疤，以期达到选民讨厌自己的对手，转而把选票投向自己的目的。这种手段在台湾、美国的选举都常常出现，有些候选人对选民说的并不是“我怎么好”，而是“我的对手怎么坏”。如此一来，选举就并非选贤与能。那些在一次又一次的初选中打赢选战，突围而出的候选人，常常是一帮权力欲旺盛，能言善辩，又有利益团体撑腰的人罢了。而那些真正有学养的人，就可能认为这种竞选过程，是对人格的侮辱，因而放弃竞选。这样，选民们的选择余地就很少了。有时候甚至会被逼着要在两个烂苹果中选出一个。

5. 特殊利益集团的利益与社会整体的利益没有冲突。在一个社会里面，会有很多不同的特殊利益集团（special interest groups），在民主选举中这些不同的利益集团都会想尽办法来影响候选人去支持自己的需求。所以选举的结果基本上反映了哪些特殊利益集团有较强的影响力。问题是，这些特殊利益集团的需求是否与整个社会的需求一致？有人可能认为，各种不同的特殊利益集团可以互相平衡，它们总的需求就等于社会整体的利益。但在事实上，却往往不是如此。因为有些特殊利益集团会有特别多的资源，或者它的组织能力非常强，他们在选举过程中就能发挥远超过比例的影响力。例如在美国社会里面，同性恋组织在选举中是很有影响力的，因为它的组织能力很强。另一个例子是美国的犹太人游说团（Jewish

Lobby）。他们对美国的政治选举有非常大的影响力，不但资源特别多，而且组织能力非常强。现在没有任何一个美国的政客可以公开地表态不支持以色列，因为如果这样做的话，他就等于是政治自杀。

这些假设是否都能成立？从现实来看这是非常有疑问的。即使在西方一些具有深厚民主传统的国家，例如美国、英国和法国，以上的要求在目前恐怕都是不能满足的。所以在目前，西方国家实行的民主制度，只能说是一种有缺陷的民主。

在一个小范围的群体里面，民主会较易获得成功

上述关于民主制度能够成功实行的假设在一个较小的人群里比较容易满足。因此，民主选举在少数互相熟悉的人当中举行会较易成功。譬如说在学校里选举班长，同学间都是互相了解的，大家对一个人的作风怎么样，能力怎么样，对班集体关心不关心，做事负责不负责都知道得一清二楚。这样，班长选举就建立在对候选人有深入了解的基础上，自然这样的民主是有意义的。相反，如果选举在一大群互不认识的人群里进行，要取得成功就较难。例如，假如我们要通过民主程序让全体师生给一所有规模的大学选一个校长，其结果的可靠性就要大打折扣。因为校长的候选人很可能是来自世界不同的地方，人们很难对他们有全面、完整的了解；再加上学校的本科生、研究生、教职员加起来可能有万人之多，很难保证每个人对校长候选人都有深入的认识。民主选举在这里就较难行得通了。

回顾历史，我们可以发现，美国的民主选举实际上是从小社区开始的。那时美国没有太多的欧洲移民，人们聚居在一个个只有几百人的种植园（plantation）里，彼此互相了解。一个种植园的领导人，通常就是从十多个有资历的长者里面选举产生。就像前面提到的选班长一样，这样的民主是有意义的。但是随着人口的增长以及社会的发展，现在美国已经发展到要几千万人选一个国会参议员（Senator）。这几千万人怎么可能认识候选人，怎么可能了解他的能力、作风、思想呢？民主选举必然会有一定的局限性。同样的，马克思所向往的巴黎公社民主也与现实脱节了。在马克思的时代，发动革命、建立巴黎公社的只是互相联系紧密的少数人，他们之间有很多互动，互相认识，民主可以成为管理公社的有效途径。但当涉及选举的人多了、复杂了，这种机制就没有办法好好运作了。

所以，民主的选举制度应该从基层开始。通过不断的实践，和随着社会条件的改善，可以逐步扩大。这样发展出来的民主制度就会有比较坚实的基础。

民主制度的优点与它的局限性

要了解民主不是一件简单的事，它有一定的复杂性。综合而言，民主的理想是美好的；但在实践上却又存在着许多问题。本章就是对民主制度在理论和实践上的优劣点作出进一步的分析。

民主制度的优点

我们在前面已经谈到，民主是一种美好的价值观。一个民主的政治制度，肯定比一个君主制度或者一个独裁制度要好得多。民主制度在理论上有很多的优点。

第一，它的可操作性非常明显。通过一种公开、透明的选举制度，可以大大地加强民众对政府的认同。这种选举制度体现了每个公民在政治上平等的精神。而且，选民在选举过程中对新的领导人会有相当的了解。这种民意基础会有利于领导人以后的执政。

第二，民主制度可以防止独裁。民主制度可以防止世袭，避免一个国家受到一个家族的长期统治。而且，民主制度规定了领导人有一定的任期，这在理论上就可以防止产生独裁。假如让一个领导人长期掌权，容易造成独裁作风，滋生腐败，有错也难改。事实上，从过去一些非民主的政权里可以看出，一些独裁者在统治的后期已经严重地跟现实脱节，在年老时更是变得十分昏庸，这样会为国家带来非常大的危害。

第三，民主可以防止灾难性的决策错误。在一个独裁的政治体制里面，如果一个强势的领导人作出了一个重大的错误决策，别人很难阻止。这就可能为国家带来严重的灾难。

第四，民主有利于人民对政府的监督。民主制度最大的优点，就是它赋予人民监督权。在一个民主的制度下，执政要依靠宪法，领导人会受到国会的监督，比较不容易在执政上发生严重的偏差。官员的贪腐也会受到一定的控制。民主选举产生的议员也可以监督政府，使政府不能做一些严重违反民意的事情。

第五，民主制度促进了政权的稳定性。民主制度的主要优点是它提供了一个用和平手段来进行改革的机会。当一届政府做出一些损害国家或民众利益的事情时，民众虽然不满，但却不会马上想到用暴力的办法来推翻政府，因为他们知道这一届的政府有一定的任期，他们可以在下一次的选举中把这失去民心的执政者赶下台。而同时，在下次选举时，许多候选人都会明白民众对上任政府有哪些不满，他们会有所警惕，在当选以后就会改变政策，想办法去纠正前任的错误。例如在美国，小布什政府在8年里实行了很多让美国选民不满意的政策，2008年大选时，总统候选人奥巴马的竞选口号就是“改革”。他的成功当选最终使美国政府从一个由共和党把持的保守派政府，变成一个由民主党控制的自由派政府。因此，美国政府在一系列问题上，包括对伊拉克的战争、如何平衡富人与穷人的利益、如何实施医疗保障等，都作出了明显的调整。这种通过和平手段进行重大改变的事情在非民主国家是很难发生的。它们在寻求改革的时候，往往要通过成本高昂的革命手段，这对该国的经济、政治稳定和民生都是极为不利的。

现行的民主选举制度也有着许多严重的问题

以上谈的都是民主选举制度在理论上的优点，但在实践上民主制度的成功还得依靠许多其他的条件，包括：人民有较高的教育水平，社会资讯能充分流通，有相对独立和客观的传媒，社会的安全得到保证，民选政府能有效地控制军队，国家具备独立自主的能力并具备成熟的民主传统等等。

有许多发展中的国家虽然都采用了民主的选举制度，但由于欠缺上述的条件，其成效往往不彰。政府的管治效率不但不高，贪腐也不见得减少。即使在一些公认已经实行民主政治制度的发达国家，例如西欧和北美洲等国，以及二战以后的日本，他们在社会发展上仍然有很多问题。假如我们把这些国家在最近50年所选出的领导人拿来评估的话，很难说他们都是一些杰出的政治家。事实上，在近年，这些民主国家都显露了许多巨大的问题，包括经济上逐渐失去竞争力，政府的赤字不断加大，社会上积累的问题长期得不到解决等。尤其是，他们的民主制度严重地忽视了平等。以美国为例，根据美国密歇根州大学Sheldon Danziger教授的研究，美国今天的贫困率不但比许多欧洲国家高得多，它从20世纪60年代以后就没有改善过。在过去的35年，大部分的穷人不能分享到美国的经济繁荣和生产效率增长带来的好处。因为政府的政策并没有尽力去帮助那些较少受过教育的工人和他们的孩子去摆脱贫困。[①]

在今天，大部分民主国家的民众对于政府的满意度越来越差。

① S Danziger, P Gottschalk: America Unequal. 1995，Harvard University Press.

从种种的迹象可以看出来，现行的选举制度已经暴露出它有严重的缺点。

第一，现行的选举制度虽有利于监察，却不利于施政

现行的民主选举制度虽然可以防范独裁，有办法把不称职的官员赶下台，并利用敌对政党之间的竞争来互相监督，但它同时也有很多缺点。其中最大的缺点就是施政的效率低下。试想一下，由于选举出来的政府官员或议员分别来自不同的政党，这些属于敌对势力的政客不但互相监督，彼此制衡，他们也会拖扯彼此的后腿，最终只能产生一个力量被削弱的政府。

现行的民主选举制度有利于监督，却不利于施政，因为该制度下的所有政党都把党的利益放在第一位。为了击败对手，他们常常刻意暴露、放大敌对政党政策的缺点，在某些本来居次要地位的问题上大做文章，甚至出现“为反对而反对”的情况。因此，敌对政党之间往往斗争不断，纠缠在互相攻讦里，难以合作，最后谁也不能把事情办好。

我们很容易在一些“民主国家”里找到无数党争妨碍施政的例子。例如在2008年的金融海啸后，美国发生严重的经济衰退，失业人数屡创新高。奥巴马当选美国总统后，希望能大刀阔斧地解决问题。甫上任就提出8000亿美元刺激经济方案，盼通过赤字预算，大量投资，两年内创造300万~400万个新职位，重振美国经济。但这个方案在众议院没有获得一个共和党人支持，幸亏民主党在众议院席位较多，才能通过。在参议院，共和党威胁使用filibuster（用程序性办法来拖延议案表决）来阻止法案的通过，迫使总统做出大量的妥协。最后使得议案面目全非，并大大地拖延了政府挽救经济政策出台的时间。在国家经济的紧急关头，在民众信心亟待重建的时刻，敌对政党间的斗争竟然让挽救的措施无法顺利进行，美国现行的制度显然不利于施政。

政党之间的斗争还可以使得一些政府部门瘫痪。比如20世纪90年代初美国总统克林顿主持白宫时，就曾经发生过共和、民主两党在国家财政预算上争论不休，以致出现预算迟迟不能通过，美国政府几个月都没有资金可用的尴尬局面。当时克林顿为了平衡财政赤字，否决了共和党议员一些花费巨大的提案，得罪了共和党。他后来提出的财政预算，共和党强烈反对。但克林顿所属的民主党也不肯让步，最终使美国在一个财政年度结束时，还不能通过下一年的预算。根据美国法律，没有预算政府就无钱可用。美国政府因此面临危机，连公务员的工资也只能先发欠条，度过了窘迫的几个月。

老实说，美国的民主制度还算是比较健全的了，在一些民主传统较浅的国家里，民主带来的施政问题要严重得多。例如在2009年，日本的下议院由自民党控制，而上议院则由民主党控制。在自民党的福田内阁执政期间，日本长期不能选出一位中央银行行长，因为自民党提名的每一个人选都一一被上议院的民主党人否决了。在同一时期的巴基斯坦，党争也使该国陷入了不能任命大法官的死胡同。央行行长、大法官这些职位对一国政府的顺利运作应该都很重要，但政党斗争却让这些位置长期悬空，长远来说是对国家不利的。

第二，当今民主政治制度选的往往不是领导者而是被领导者

当今的选举制度选出的政客往往不是一些有真正远见、能带领国家走向美好前景的领袖，反而是一些能迎合选民喜好的“被领导者”。道理很简单，一般的选民对于国家的事务都不会很了解，更谈不上有长远的战略眼光。因此，一个有远见、胸怀全局的候选人往往与选民的想法有差距。时下竞选的第一法则，就是找人做民意调查，去了解选民对于各种议题在目前的态度，从而“投其所好”。选民喜欢什么，候选人就主张什么。因此政党把大量的资源用在民意调查上。可是，大部分普通选民对国家或者国际事务的了解都是有限的，对许多问题的想法往往具有片面性，而且关心的主要是自己的利益。政客们受制于选举制度，只能尽量迎合。例如在美国一些州里，如佛罗里达，退休人士很多。政客们就尽量要求增加退休保障，去取悦选民，而不考虑整个美国财政的承受能力。在工业大州密歇根，政客们则特别在意工会的意见。假如他们明知道某一项保障劳工的政策会削弱美国相关行业的竞争力，却仍然会支持该政策实行，以达到讨好工会、争取选票的目的。这些行为的结果，可能是牺牲多数人的利益来满足少数人的要求。这样选出来的政客自然就不是能解决社会整体问题的人。

第三，频繁和难以预测的政府更迭导致施政缺乏连续性

民主选举通常几年一次，一党控制的政府在下一次选举时，未必能顺利连任，这就造成政府的施政难以延续。尤其是在一些采用内阁制的国家，政府换届可以十分频繁。最典型的例子是日本：从2006到2011年，换了6位首相。这样频繁的政府更迭导致政策缺乏连续性。上一届政府订立的政策可能刚刚开始实施，就轮到下一届政府上台执政，而把这政策取消了。

第四，政府难以作出长期的规划

在民主国家中，由于选举频繁，一个政府很难提出长远的政策。像中国那样一个接一个的五年计划，在民主国家里是很难实现的。许多由民主选举产生的政府，因为不能确保自己在下一任能否再当选，或者害怕自己政策的效果只能在多年后才显现，把功劳留给以后的政府，“为他人作嫁衣裳”，往往避免作出长远政策，转而做头痛医头，脚痛医脚的事情。执政者往往只能通过减税、增加福利，做一些民众普遍支持的表面功夫，以望在短期内讨好选民。

第五，主政者往往把大部分精力花在选举上，而非真正解决国家面对的问题

在民主国家里，经常要面对各种各样的选举周期。例如美国总统四年一选，国会众议院议员两年一选。这些总统、议员要寻求连任，就会把大部分精力花在选举上，不能好好履行自己的职责。据估计，美国总统选举从准备党内初选到最终两党候选人的竞逐，耗时起码两年。而总统任期只有四年，这就意味着一位谋求连任的总统在刚上任两年后，就要开始筹备下一次选举了。可是这位总统执政的前两年正值他与新任政府官员磨合的时期，自己还在“边做边学”。等到稍微熟悉一点，又要开始忙于下一任的选举。因此，这位总统的管理效率自然大打折扣。至于每任只能当两年的国会议员，就更是为选举疲于奔命了。常常是刚上任不久，就要为选举操心。于是他们作为议员，花在国家事务上的精力其实不多，他们的判断力更会受到外部势力的影响，因为选举制度要求他们一直要为支持他们当选的利益团体护航。

第六，有时候选举会制造更多的贪腐问题，并使得政客受利益团体操控

现在很多人极力主张民主，其中一个原因就是认为贪腐问题是因为缺乏民主。只要一个政府实行民主，官员的贪腐问题就可迎刃而解了。这当然是一个美好的想法，但同时也是很天真的。许多发达的民主国家在过去几十年里其实也有数之不尽的贪腐事件[①]。

事实上，在资本主义社会里实行的选举制度，有时候还会增加

① Donatella Della Porta, Yves Mény: Democracy and corruption in Europe. 1997, Continuum International Publishing Group.

了贪污腐化的现象。有些政客利用政治献金的名义，使得钱权交易更为公开。其原因显而易见：民主选举需要大量金钱，而候选人一旦当选了，就可以利用政府的公权力来操纵大量的资源，把利益输送到他的支持者手中。于是，这个机制便为官商勾结创造了良机。

在美国，下至地方的检察官、州长，上至国会议员、总统，很多公职都是通过选举产生的。但选举需要庞大的经费。根据Center for Responsive Politics（责任政治推广中心）的估计，2008年美国的总统和国会选举，耗资超过53亿美元。单只是总统竞选的成本就达到24亿美元。事实上，美国竞选的花费越来越昂贵。2008年总统选举的花费是2004年竞选总统费用的两倍，是2000年总统竞选的三倍。有人估计，现在美国即使选一个州的州长，成本大概也要超过5000万美元。这么多的钱从何而来呢？其一，候选人愿意的话，当然可以自己承担全部费用，美国早年的亿万富豪佩罗（Perot）就是如此。但这毕竟是少数。其二，身家不甚丰厚的人，只能靠有钱的后台（富豪、特殊利益团体），来支持自己的竞选开支了。如此一来，候选人一旦当选，必然要报答这些当年提供资金的个人或组织。所以这些选出来的政客，还未上任就要背上一大堆包袱。

要争取尽量多的选票，候选人就要发动大规模的宣传，也要和不同的团体联系。这两者都涉及到很多利益关系，让候选人受到不同利益团体的操控。政治献金成了民主选举的血液。那些不善于筹钱来卖广告，举行造势活动的候选人，在初选阶段就可能落败了。可以坚持到最后的，往往是那些得到大批特殊利益团体支持的候选人。于是等到选民作出选择时，他们只是选择不同利益团体的代言人而已。

事实上，当政客当选以后，必然会报答这些利益团体的支持。因为没有它们，他就不可能当选。当选者身陷利益团体的关系网中，很容易被他们影响和操纵。例如，代表军事工业的团体就会要求政府增加军费，制造紧张的国际局势；石油工业就希望当选人少谈环保，不要支持政府开发节能汽车、清洁能源；烟草业盼望当选人不支持关于吸烟与肺癌关系的研究，删除阻碍烟草业发展的法案；连同性恋团体也会争取自己在未来政府的影响力，追求像gay marriage（同性婚姻）这种符合自己利益的事情合法化。

美国有着数不清的特殊利益团体，包括大力反对管制枪支的美国枪会（American Rifle Association），美国医生协会（AMA），美国律师协会（ABA），美国保险业工会，军火工业协会等等，组成了强大的游说团体，在财政上支持了大批政客参选议员、州长和总统。因此，选举结果反映的，往往是各利益团体力量的平衡点，而非民众的真实意愿。选举在今天的美国已经成为一个由大量专家主持的庞大产业。美国有不少法案，就是由游说团体起草的。“游说政府”（Lobbying）已经发展成为华盛顿的一个重要产业。所以，选举制度没有使当官的更清廉，反而使政客受制于特殊利益团体。这是目前民主机制的一大缺陷。

也许有人会说，时代正在改变，2008年奥巴马当选美国总统就是一个选举与金钱脱钩的好例子。据说奥巴马的很多竞选经费是通过在网络向平民募捐、聚少成多得来的。他代表了一种选举的新气象。然而，这种筹集资金的方式却不一定能被大多数的其他候选人运用。奥巴马这一次的成功，恰恰证明了美国民众既认识到金钱对选举的重要性，又厌恶以往政客受制于利益团体的权钱交易，强烈希望改革。事实上，到了2012年，在奥巴马进行总统连任选举时，他的竞选经费有很大的一部分也是由财团提供的[①]。美国法律对于直接捐给候选人的政治捐款虽然有一定的限制（每人最多只能捐2500美元），但是对于捐给支持候选人的“政治行动委员会”（Political

① The 2012 Money Race: Compare the Candidates。 From the New York Times, http://elections.nytimes.com/2012/campaign-finance

Action Committee，简称PAC）的捐款却没有上限。奥巴马在2012年进行总统连任选举时，89%捐给支持他的PAC的捐款都是每笔10万美元以上[①]。不言而喻，竞选的经费，还是要来自利益团体。

第七，为了赢得选举，个人或政党的利益往往超越了人民的利益

选举制度除了降低政府施政的效率，还可能造成损害国家和人民利益的事情。有些政党为了自身的利益，为了赢得选举，不惜制造媚俗议题来导致社会的分化及族群的撕裂。例如台湾在陈水扁领导民进党时，每次大小选举都要搬出族群议题，把外省人标签成“不爱台湾”，把竞选的对手标签成“出卖台湾”，一次又一次加深台湾人的族群裂痕。

选举压力对国家的危害，还表现在政府的某些政策的取向上。例如最近金融海啸席卷全球，很多国家的政府都面对贸易保护主义抬头的压力。大多数有经验的领导人都知道：贸易保护主义对挽救全球经济有害无利。但考虑到自己必须面对国内的选举，很多领导人不得不为了取悦选民而推行一些贸易保护政策。这其实为国家的经济复苏造成更大的困难。

综合而言，在目前的世界，如何平衡好一个政党与国家的利益，始终是一个难题。要使到一个政党真正地为人民服务，不能光靠有竞争性的民主选举制度。除了推行民主以外，还需要有良好的法治，高素质的党员（和民众），德才兼备的政治领袖，有效的监督机制，包括资讯的流通，独立的、有正义感的媒体。而且，执政党和整个社会都必须充分重视一些正确的核心价值观，包括理性、责任、人道与公义。只有这样，才可以保证政府是为人民谋幸福的。

① 同上。

第七篇

如何在制度上体现新的价值观

本篇集中讨论价值观在实践方面的问题。例如，我们如何在制度上体现民主与理性的平衡？作者认为，政府的管理其实是一个复杂的系统工程。人民要做的事情主要是监督。作为民主改革的具体建议，本书提出一种新的政府管理模式——CEO模式。这种模式比较符合中国的国情，或许可以用来作为今后政治改革的参考。

如何使得未来的社会较为公平合理？我们必须打破权力和财富的世袭制度。在一个进步的社会，公义和健康都不应该成为商品。另外，生产者也必须支付保护环境的成本。在下面，我们探讨了一些具体的办法来体现这种新的价值观。

如何在制度上体现民主与理性的平衡

本书在前面已经指出，民主与自由必须建立在理性、责任、人道和公义之上。我认为，要把民主当作一种价值观，就不能简单地把民主定义为一人一票的选举制度（所谓“狭义的民主”），而应该把民主当作一种管理的精神（所谓“广义的民主”）。

现行选举制度的种种问题，归根究底，就是因为人们没有认识到公共服务其实是一项复杂的系统工程，它应该由专业的经理人团队来管理，而非巧言令色的政客。现在西方国家的选举，几乎已经变成一种大型的体育活动。而公权力（对政府资源支配的权力）就成了奖杯（或者奖金）。

当今西方国家实行的选举制度并没有很好地体现民主的精神，因为它涉及到很多利益问题。当一个候选人当上一个地区的领导人以后，他就能掌握大量的资源，并拥有很大的权力。通过这些权力，他可以取得很多利益。因此，我们就很难知道参选人参选是为了服务人民，还是为了一己私利。事实上，很多政客参选的动机，往往是为了满足自己的权力欲、金钱欲或者名望欲。那些充满野心的政客，是不是服务社会的最好人选呢？要使得选举成为一套有效的民意代表制度，必须想出一套办法，使选举不会成为获得利益的一种手段；使得控制政府资源的权力，不会成为选举胜利的奖品。这样，选举才可以变得干净，变得符合民主的精神。

民主在于体现人的地位平等和保证人民对政府的监督

民主与理性之间必须取得平衡。现在不同国家有着不同的政治模式；有些国家的选举办法好像形式上比别的国家更民主（例如采取直接选举）。但我们可以发现，那些看起来好像更加民主的政府，他们的管治不见得就更好。那么现在就有一个问题，既然形式上民主不是越多越好，怎么样才算是一个好的制度呢？我认为，民主主要是要体现人在社会里面地位的平等和人民对政府的监督，而不是看选举制度是直接选举还是间接选举，或者是候选人的门槛有多高等等技术上（technical）的考虑。民主的关键是防止政府的领导人变成一个高高在上的统治者，而不是用什么办法来选一个统治者来统治我们。

民主的内涵应该包含两大部分：第一部分是怎么样体现民主的精神；第二部分是在制度上保证政府的运作符合人民的利益。在一个民主的社会，首先必须体现一种民主的精神。什么才是一个民主国家或者民主政府？我认为有一个很重要的指标，就是政府的领导人和人民的地位是否平等。不论选举的程序如何，如果在一个国家里面，政府的领导人和人民是一种统治者与被统治者的关系，像以前的君主制度（封建制度）那样，这就不能说是一个民主的社会。但如果政府首长的地位跟老百姓是基本平等的，他只是经过一个法定的程序，在某一期限内成为政府的领导人；政府首长与他的家族并不拥有特权，他有一定的任期，他卸任以后也跟一般的老百姓没两样，那么这应该就是一个基本民主的国家。

事实上，在现代社会里面，政府从功能方面来讲只是一个公共服务的提供者（public service provider）。政府就像今天的电力公司、煤气公司、电话公司、或者某家医院等等，只是一个提供综合公共服务的庞大机构；它提供的服务包括公共安全、教育、基础建设和协调经济发展等等。所以，政府的行政首长其实只是一个公共服务机构的经理人，就像电力公司或者电话公司的总裁一样，跟其他人民应该是平等的。

政府的管理其实是一个复杂的系统工程

在讨论如何选出一位贤明的领导人之前，我们首先必须清楚地认识政府在社会中担当的角色。社会管理是一套复杂的系统工程（system engineering project）。政府要满足国民多方面的需要。这里面要做大量的行政工作。一个政府要做的事情往往非常繁复，兼且环环相扣。例如，要保障一个社会的安全，就要依赖国防、公安、海关、移民局等体系的工作与相互配合。要保证国民的衣食住行，政府就要在农业、工业、运输等方面投入大量的资源并提供妥善的管理。其他如教育、医疗、就业保障等工作莫不如此。管理社会这项工程的复杂程度，其实远远超过任何庞大的科技工程，如探月工程、三峡水利工程、航天工程等等。

但奇怪的是，目前有些国家对政府领导人的挑选，似乎要比挑选科技工程负责人随意得多。我们国家在选择探月工程的总指挥时，会由航天系统里面的一批专业人士先选出一个遴选小组，里面包括懂天文、火箭动力学、工程管理、通信等专家。这个遴选小组再选出工程的总指挥。再举另外一个例子，在选择三峡工程的总指挥时，遴选委员会也是由地质专家、水利专家等组成。然后，再由遴选委员会物色总指挥的人选。在上述这些系统工程里面，从来没有发生过由全民投票，让对水利、航天一无所知的老百姓去选总指挥的情况。目前西方民主选举制度的一大缺陷，就是无论候选人和选民都忽视管理社会的专业知识和相关经验。候选人可以是一些对社会管理完全没有经验的律师或者电影明星。这样的选举过程与其工作性质是极不匹配的，完全不能保证当选人能管理好这个庞大的社会服务工程系统。

政治制度作为一项系统工程的主要考虑

从一个系统工程的角度来考虑，怎样去建立一套政治模式，一方面能体现民主精神，使人民能够对政府进行有效的监督，另一方面又能够选出优秀的领导人，以保证施政的效率呢？要解决这个问题，我认为一套政治体制的设计起码要符合下面四个原则。

第一，具备良好的可操作性，那就是说，这套制度可以很简单、明确地在一个社会里面实施。有很高的透明度和具体规则。

第二，具备高度的行政效率。中国过去的文官制度强调“选贤与能”。一个优良的政治制度，应该有利于吸纳有能力和操守良好的人作为行政团队的领导者。而且，在一个良好的制度里面，它必须有利于高效率地执政，使政府能够最好地为人民服务。

第三，具备防止产生弊端的机制。必须在制度上让人民能够对政府进行有效的监督，以防止官员滥用权力、发生贪腐行为、执政者专制独裁等等。

第四，具备纠正偏差的能力。当行政团队一旦发生偏差的行为，或者发生严重的弊端时，这个制度里面有尽快纠正的机制。

现时许多发达的资本主义国家，都宣称可以透过竞争性的选举来落实以上的原则。但他们是否真的成功？首先，选举是不是挑选一位杰出行政首长的最好办法？我们都知道，一个出色的竞选者不一定是一位优秀的执政者，反之亦然。另外，选举是否是保证政府受到人民监督的唯一办法？

理论上，民主监督有两种办法。第一种是人民直接监督政府施政。当人们认为政府的施政不符合民意，或者当政府官员犯了重大错误，例如贪污、腐化或者失职时，人们应该有多种渠道反映，把不称职的官员赶下台。这些渠道可以包括投诉、造舆论、在网上批评、示威、诉讼，和通过议会的代表来弹劾。这些都是人们实现对政府直接监督的可行办法。通过各式各样的监督渠道，人民可以促使政府的施政更加顺应民意。

另一种民主监督的办法，就是让政客们互相竞争和监督，让政客们监督彼此的行为。这种监督是通过竞选机制达到的。举个简单的例子，一个市长掌握了很多资源、权力。其他政客自然也想得到这个位置。所以在一个市长的任内，会有很多觊觎这个职位的人去监督他，尤其是一些敌对政党的政客。如果现任的市长有任何施政的不当，或者贪腐事情，他的潜在对手必然会尽量揭露。同样，在不同的候选人之间，他们也会尽量揭发彼此的污点。于是，政客们的过错，便会暴露在人们面前。政客们也会因此有所忌惮，不敢做出太多损害民众利益的事情。

可是，这种通过政客之间竞选的监督并不一定是很有效的。首先，在竞选的过程里，这种互相的监控很容易被政客们扭曲，因为它纯粹建立于个人利益之上。为了抹黑对手，候选人往往从对手的言行中“鸡蛋里挑骨头”，甚至歪曲对方的话，试图造成负面影响。这样的监督不仅有失公正，还会引致不同支持者之间的冲突，在社会上造成一种互相攻讦的暴戾风气。另外，许多政客都有财团的支持，他们都不敢得罪财团。事实上，一个曾经收受过不当利益的政客，往往也不敢出头去指责另外一个政客的贪腐。

因此，通过竞选让政客们互相监督并不一定是最好的监督办法。它也不是唯一的办法。正如前面所说，人们还可以通过代议制、舆论、公投等对政府实行监督。那些方法可能比政客们互相监督更为有效和合理。

一个理想的民主制度必须满足多项的要求

根据上面关于系统工程的考虑，我们就可以针对政治制度设计一种合理的模式。这个模式需要满足一系列的具体要求。

第一，一个政府必须有一定的民意基础。要使得人民能够心悦诚服地接受管治，一个政府就必须具备公众的认受性，否则就不能满足上面讲到的民主精神，也难以得到人民全心全意的拥护。但是民意基础不等于一定要通过行政首长的直选，可以通过间接选举，也可以通过某些由民意产生的机构（例如议会）来任命一个行政团队。

第二，在行政领导与特殊利益集团之间必须设立多重的防火墙。在每一个社会里面都会有许多特殊利益集团（special interest group）。他们会想尽办法去影响甚至控制行政部门的领导人，以谋求得到更多的公共资源。现在有许多国家，行政首长是选出来的。这种选举需要耗用大量的人力和财力。于是一些特殊利益集团，往往会通过对候选人的资助，以达到在选举后能够影响施政的目的。有些势力庞大的特殊利益集团甚至会操纵选举。所以我们尽量要使选举的过程和以后的执政分开。防火墙设立的目的，就是使管理政府的人成为一个专职的管理人，而不需要变成一个政客，不需要花很多时间去选举。由于他不需要参加选举，他也就不容易受到支持选举的人的干扰，因为他不需要拿人家的选票和竞选经费，这一点就有利于防止贪污腐败。

第三，有利于挑选有能力的人来担任行政首长。一个理想的政治制度必须能吸收最有能力的人来领导政府的工作。这样才能建立一个行政能力很强的执政团队。因此对于行政首长的素质必须要有一定的门槛，不是谁都可以成为政府的领导人。他必须要有一定的经验、良好的教育和管理能力等等。而另一方面，对于让那些有能力为政府服务的人，不要设置太多的障碍。目前在许多国家，只要求在较低位置的官员具备称职的能力，例如要挑选一位卫生部长，一般要求他起码对医疗体系有一定的了解；要挑选一位教育部长，他对教育事业会有一定的经验。但对于国家的领导人，却不要求具备任何管理能力的门槛，只要能选上就行。这似乎并不合理。

第四，执政者要有一定的任期，这就使得某一个执政者不会长期控制政府的资源、占据控制国家（或地方）的权力，以免滋生腐败，或者形成一股专制独裁的恶势力。

第五，体现集体领导的民主原则。不能一个人说了算。在制度上迫使行政团队里面对于重大事情必须有一个集体决策的民主程序，杜绝由某一个人决定一切。这样子就可以少犯错误，使决策比较理性，也可以减少贪腐的可能。

第六，行政团队的施政应该经常受到监督。这种监督可以包括好几层，例如行政部门可以受到一个专业的高层监管机构（像专职的监察委员会）的监督，也同时应该受到民选议会以及全民的监督。

第七，行政与立法机构之间有良好的协调。为了避免在一个国家内，行政机关与议会之间经常发生矛盾或冲突，一个理想的政治制度必须保证这两者之间有充分的协调。在现时实行总统制的国家，经常发生总统和议会由敌对的政党控制，因此很难合作。有时是由于施政理念不同，有时是为了玩弄政治，行政与立法两方面不断地争斗，互相攻击、互相扯皮。最后搞到一事无成，以致许多国计民生的重大问题都不能解决。

第八，一个理想的政治制度必须有利于政府施政在中长期的规划。在一个社会里面，很多事情不是短期就能解决的。要解决好不论是经济问题、教育问题、医疗问题，或者国防问题，都必须有长期的规划，按部就班地去做，才能不断改善。但在目前许多采用选举制度的国家里面，政客们需要马上给现在的选民带来好处，因此只能牺牲该社会一些中期和长期的利益，来争取短期的收效。在一个良好的政治制度里面，这种情形应该要尽量避免。

以上这些要求，就是从系统工程的角度，看如何能使一个政府可以充分地满足人民的需要。具体而言，上面的第三点（吸收贤能）、第五点（集体领导）、第七点（行政与立法的协调）和第八点（中长期规划）的要求，就是为了增进执政的效率；上面的第二点（设立防火墙）、第四点（任期限制）、第五点（集体领导）和第六点（多重监督）的要求就是为了防止贪腐和独裁；上面的第四点（任期限制）、第五点（集体领导）和第六点（多重监督）的要求就是为了在制度内建立纠正偏差的机制。

区分挑选和监督两者不同的要求

对于民主的实践，最简单的可操作性就是通过选举来决定什么人可以代表一个社会的群体来执行政府的工作。但政府的工作其实包括两方面：一方面是立法和监督；另一方面是行政。立法当然是议会的事情，而行政就是行政部门的事情。人们要选举国会的议员，问题比较简单，因为议员并不需要有太多的资格（qualification），他只要能够忠实地反映民意就行了。但是对于行政部门的首长，要理性地执行一种民主的程序就比较复杂。要体现民主的精神，人民对于政府的制约可以包括对于官员的挑选和监督。我认为，在挑选官员方面，民众可以直接参与的空间是有限的；但在监督方面，人民可以有很多有效的渠道来参与。下面让我们比较详细地分别对这两方面来分析。

如果我们同意政府的职能只是一个公共服务的提供者，类似于电力公司、煤气公司等等，我们大可以不必直接参与对它的领导层的挑选。如何挑选一个称职的行政团队来管理好一个公共服务机构，是一个管理学或者系统工程的问题。很难让一大堆非专业性的人来参与。例如今天电力公司的总经理、电话公司的总裁、医院的院长等等，其实都是由机构来挑选，不需要我们客户来决定；只要管理者是称职的、能把公司管理好、能提供优良的服务就可以了。有人可能会说，政府和公司的情况不一样，因为我们公民有双重身份，既是公共服务公司的客户，同时又是股东。由于政府的经费来自我们纳税人，所以我们其实也是它的股东。而像电力公司等等，除非我们买了它的股票，不然我们并不是它的股东。这个问题也可以解决。事实上，在现在所有的大公司里面，CEO（行政首长）都不是股东直接选的，也不是员工选的，而是董事会聘任的。股东的权利，只体现在选举董事会里的董事。所以，我们也可以利用同样的办法，让人民间接地参与政府行政首长的挑选。就是说，为了体现人民作为股东的身份，我们可以选一个董事会（可以通过直接或间接选举），再由董事会来任命CEO。这样也完全可以符合民主的精神（稍后我们会进一步讨论，这样一个制度是不是比现在的总统制、内阁制少了一些民主）。

人民要做的事情主要是监督

即使是对于一些公共服务的公司，譬如电力公司或者自来水厂，如果它的服务不好，对社会造成损害，市民作为服务的对象，也可以提出批评，要求改善。如果那些公司无法有效改善，他们的领导层就必须鞠躬下台。我们对于政府的要求也是如此。如果一个政府的施政失当，或者它的行政团队违规了、贪腐了，或者做了一些严重损害社会利益的事情，那么我们就应该有办法去制裁或者撤换负责的官员。这就体现了民主的原则，也就是人民对于政府应该具备监督的能力。所以我认为，要体现民主的精神，主要是要有一种良好的制度，让人民去监督政府，但并不一定要求让人民直接挑选政府官员。一个民主制度，只须要求执政团队的产生有一定的民意基础，并受到人们的监督。如果政府施政失当，或者发生贪腐时，人民可以纠正或者撤换管理团队，这就够了。

具体建议——CEO模式

根据上述的构想，我们就可以讨论是否能建立一个具体的政治模式，来使我们能有效地实行一种理性的民主制度。一方面可以体现民主的精神，另一方面又可以充分满足系统工程的要求；使执政更为有效，同时保证人民能够对执政者行使有效的监督。

CEO模式的具体内容

现在国际上通行的政治体制，主要有“内阁制”（也称“议会制”，例如英、日、德等）和“总统制”（例如美国、菲律宾等）。我认为我们可以提出一种新的政治制度，暂时可称它为“CEO模式”，因为它非常像大企业里面采用的行政总裁（Chief Executive Official）管理模式（见表7-1）。

表7-1　建议的CEO模式与企业模式的比较

企业模式	CEO模式	一般的政府模式
股东	国民	国民
股东大会	民选议会	国会
董事会	行政委员会	—
董事会主席（董事长）	行政委员会主席	总统/国家元首
行政总裁（Chief Executive Official）	行政首长（CEO）	总理/首相
董事会里面的监察委员会	监察委员会	—

前面我们已经讲过，在内阁制里面，人民只选议员，而不选最高行政领导人（即首相或总理）；在总统制里面，人民既选议员也选总统。在CEO模式里面，人民只选国会议员，然后由当选的国会议员任命一些在社会上有公信力的专业人士，组成一个“行政委员

会”，它相当于一个公司的董事会。行政委员有一定的任期，所以不会长期占据职位。行政委员会（董事会）会再通过法定的程序去聘请一位“行政首长（CEO）”，作为政府的行政领导人，相当于首相或者总理的职位。CEO是政府行政部门的负责人，他直接掌握行政的资源。由于CEO是任命的而不是选举的，资源管理就跟选举脱钩了。

至于那些要通过选举才能上岗的议员，他们并不直接掌握行政资源。因此，那些支持议员选举的金主难以通过控制议员来图利。当然，金主可以影响议员去修订一些有利于他们的法律；但这种影响还是比较有限的，因为议员本身并不掌握资源的运用。议员也不可以直接影响掌握了资源的行政领导人，因为他是由行政委员会聘请的，而不是由议员直接任命的。这样，行政领导人在施政时就有了较大的自由，可以专心去考虑做出最好的决策，而不必太顾虑是否会影响选举。

在这种制度里面，我们事实上设立了两道防火墙：第一道是议员和行政委员会之间的防火墙，第二道是行政委员会和行政首长之间的防火墙。这样就会有效地阻止那些金主利用他们的金钱和势力，使支持他们的候选人当选，进而控制政府的资源。在许多民主国家中，经常会有一些特殊利益集团，甚至黑社会，通过资助竞选，从而控制了一些议会的议员，或者政府的首长（例如，市长、州长、总统等）。在我们建议的CEO模式里，由于设立了两道防火墙，行政首长与选举保有了一个适当的距离，这些特殊利益集团就比较难以对他控制。因此，这个制度为政府的廉洁和独立运作，创造了一个有利的条件。

在CEO模式里面怎样来体现人民对政府领导人的监督？

既然行政首长不是民选的，那么他是不是就不受人民监管呢？

绝对不是。因为在这个系统里面可以有多种办法来监管政府的领导人（见图7–1）。

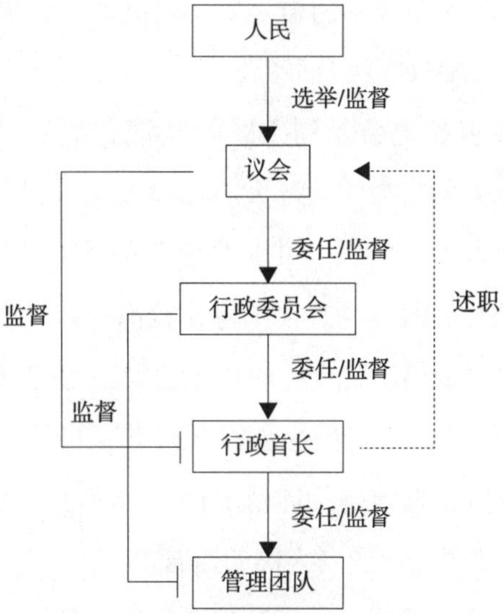

图7–1 CEO模式的结构和监察途径

第一，行政首长要向行政委员会负责。如果行政首长决策不好，管理不善的话，行政委员会可以纠正他甚至撤换他。所以行政委员会事实上是对行政首长的第一重监管。而且，在这个CEO模式里，其实是采用双首长制度。也就是说，行政首长只相当于政府的总理；除了行政首长以外，行政委员会的主席可以作为国家的最高领导人（相当于总统或国家主席）。因此，行政首长不能独断独行。在战略层面上，其实是集体负责。

第二，行政首长同时也接受议会的监督。在这个制度里面，可以要求行政首长定期地接受议会的质询。例如，可以要求行政首长每个季度或每年在议会上提出政府工作报告，并接受议会的质询。这就成了一种定期的监督。如果有特别的需要，例如施政上牵涉到要求通过重大的法案，就需要行政领导人向议会来推销这个政策；他必须说服议员们同意他的施政。实际上这一制度，已经在很多民主国家施行。因此，行政首长除了受到行政委员会的监管以外，还会受到议会的监管。此外，在特殊的情形下，议会也可以提出对行政首长的罢免；当然罢免的门槛是要比较高的，例如需要2/3的议员赞成才能罢免，否则政府就会不稳定。

第三，行政首长也会受到人民的监管。就是通过全民公决，人民可以罢免失去公信力的领导人。如果人民觉得政府的施政实在太差，对它完全失去了信任，可以发动全民公决来罢免行政首长。当然，发动全民公决的门槛必须定得比较高，成功罢免的门槛也需要很高，否则政府变得不稳定。一般而言，发动全民公决起码需要5%~10%选民的联署，要罢免行政领导人需要起码2/3的选民赞成等等。不同国家可以根据该国具体情况而定。有了这个机制，行政领导人就可以通过全民公决受到人民的监管。

所以，虽然行政领导人不是经过选举产生的，但是他也有一定的民意基础，就是由行政委员会聘任，而行政委员会是由民选的议会任命的。另外，他必须受到三重的监督，即行政委员会、议会和全体人民的监督。这样，主政者就不会成为独裁者。如果他渎职或贪腐，就会被罢免。

成立独立的监察委员会

如果有人认为在这个新的政治模式中，立法、司法、行政的三权分立还不足以制衡政府，我们还可以加入一个独立的监察委员会。这个监察部门既需要有很强的民意代表性，也需要具备专业的知识来对行政部门的运作进行有效的监督，并在组织上与行政部门保持距离以保证其独立性。有人可能说，许多国家的议会不是已经具备监察行政部门的权力了吗？为什么还要建立一个独立的监察委员会呢？原因是在我们建议的CEO政治模式中，CEO是间接由议会委任的，所以行政与立法部门的关系还是比较紧密的。于是会产生一种可能性，CEO和行政委员会的成员可能与国会里面大多数议员属于同一政党，或者至少两者之间存在一定程度的政治同盟。

事实上，在现在的一些国家，议会都不能有效地监督行政部门。例如英国的政治体制是由国会（Parliament）主导的：由国会多数党的领袖来出任首相，作为国家行政部门的首脑。这便使得国会很难弹劾政府，因为实质上二者是合二为一的。只要执政党控制国会的多数，行政首长便不会受到国会的弹劾。至于在三权分立的其他国家，比如美国，总统是独立于国会的。但即使在这种情况下，政党的作用也使得国会无法有效地弹劾总统。例如美国前总统克林顿在其第二个任期当中，发生了一桩性丑闻：总统否认与白宫一名女实习生有不正当的性关系，但之后被拆穿了他是向公众说谎，因此受到了美国参议院的弹劾。但在弹劾投票当中，所有共和党参议员都投票认为总统有罪，而所有民主党参议员都投票认为总统无罪。由于罢免总统需要2/3数，因此克林顿得以逃过一劫。如果有一个独立的监察委员会，其组成与国会不同，那么对于行政首长的监督就能够相对独立得多。

监察委员产生办法

那么如何使得监察委员会既能代表民意，又能保证其独立性呢？我的建议是在监察委员会中，一半的委员可以通过选举产生，而另一半的委员则由议会来委任。当选民在选举监察委员时，其取向可能与选举国会议员不同。选民在选举国会议员时，可能会依政党理念等进行投票，因为国会议员的职责是立法、预算审查和间接委任行政人员。而在选举监察委员时，选民会在更大程度上根据对候选人品格的评定来投票，而非看重政党取向。另外为了能够吸收社会贤达进入监察委员会，也可以加入部分委员由议会委任的制度，让这些人士不必经历竞选的折磨就可以为社会服务。而且，由于委任的监察委员主要是作为监督者，本身并不掌握任何政治权力或资源，国会在委任时，也可以不必过分考虑他们的政治背景。

对于监察委员的要求

对于监察委员，我们又需要什么具体的要求呢？他们应当至少具备以下的条件。

① 监察委员必须受过良好的教育。

② 他们必须与利益集团没有明显的瓜葛。

③ 他们应当熟知社会的运作，例如具备丰富的行政经验等。

④ 他们应当有广泛的知识，对世界有充分的认知。

⑤ 从他们过去的经历当中，可以看到他们具有良好的判断力。

⑥ 他们必须品德高尚，正直不阿，在社会上有一定的声望和公信力。

适合作为监察委员的人选

举例而言，以下这些社会贤达可以作为监察委员的适当人选。

① 退休议员、高官和一些专业人士（外交家、法官、医生等）。我们之所以认为退休的人士更加适合，主要有两个理由：首先，他们具备丰富的经验；其次，他们与当权者比较没有直接的利益关系。所以作为监督者可以较为客观。

② 教育家、学界代表、有名望的知识分子。

③ 非政府组织（NGO）的领导人员，例如一些慈善机构的组织者，或者公民团体的负责人。

④ 受尊重的传媒人物，如资深记者、编辑、时事评论员等（尤其是已退休者）。

⑤ 退休的企业家、工会领袖等。

对行政部门实行四层监管

在这样的政治模式中，掌握政权和政府资源的人，也就是行政首长，会同时受到四层监管：首先，CEO会受到行政委员会的直接监管；第二，CEO和他的执政团队会受到国会的监管，因为他们要定期向国会做施政报告，其施政能力会受到国会的不断监督；第三，CEO和他的执政团队会经常受到监察委员会的监管，防止其官员的贪渎行为；第四，如果由于某些政治原因，行政委员会、国会和监察委员会都无法对政府进行有效的监督，而政府又出现了严重违背民意的情况，人民就可以站出来采用全民公投的形式，将严重不称职的行政首长拉下马来（罢免）。

CEO模式和其他现行政治模式的比较

现行的民主政治制度主要有两种：内阁制和总统制。我们建议的CEO模式与这两种现有的制度其实相差得并不远，主要的分别就在于CEO既不是由选举直接产生，他和他的管理团队也不需要是国会议员；行政首长是一位专业的管理人，由民选的议会来间接任命。因此，CEO不需要是一位擅打选战的政客。CEO模式与内阁制和总统制相比有好几个优点。

第一，这个模式有利于选贤与能。在内阁制度里面，担任首相的人必须先要成为议员，而且往往是资深的议员，在议会里面连续当选了很多届。在议会里面，经常有很多党派。像日本，一个党（例如自民党）里面就有众多的派系。所以要成为首相，就必须是重要派系里面的龙头，所以他一定是资深的议员。这也就是为什么日本很少出现较年轻的首相。这些资深议员由于在政治圈里打滚几十年，经常要参与筹款，跟特殊利益集团搞关系，他们和利益集团往往会有千丝万缕的联系。他们当首相很容易会产生利益冲突。另外，一个资深的议员不见得一定具备很强的行政能力，他的长处可能在于搞政治，搞选举等等。所以这种内阁制度并不利于找一个行政能力很强、作风干净的人来当行政首长。

至于总统制也有另外一些问题。例如在美国，要成为大党的总统候选人必须过五关斩六将，经过层层初选，每个州都要去拉票。这个选举过程名义上大概要用一年的时间，但实际上往往要用两年或者更多的时间来做好准备。所以总统候选人成了一个专职的campaigner（竞选者）。要成功代表共和党或民主党参加总统选举，一个候选人必须是非常好的竞选专家。他要懂得怎样在选民中制造一个良好的形象，怎样找财源支持，怎样和不同团体搞好关系，怎样说出很漂亮的话，使自己在公众场合受到欢迎，怎样和媒体拉好关系等等。所以这种制度选出的领导者往往是三类人居多：一是律师；二是在社会上有高知名度的名人；三是善于搞公共关系的专才。这些人当然是很好的公关人物，但公关能力和治理好一个国家是两种不同的要求。所以如果行政首长靠选举产生的话，无论是内阁制还是总统制，选出的人并不是行政能力最杰出的人，而可能是一个圆滑的政客，或是公关能力非常强的人。

采用CEO模式可以征召国家里面最有能力的人来担任行政首长。在目前的一些西方国家里，由于选举的程序非常繁琐，还要到处为竞选筹款，十分损害人的尊严。只有那些权力欲非常强的人，才可以忍受这样的折磨。很多有能力但权力欲不是特别强的人都不愿意出来竞选政府的首长，宁愿在企业或者学术机构里工作。在现有的内阁制和总统制里面，竞选本身是一个“非人性化”（dehumanized）的过程。例如在台湾或美国的选举过程中，候选人做得最多的事情就是到处和人握手、亲吻婴儿等等。频频做这些跟领导政府无关的事情，只是为了拉票，使人觉得可亲。而这些“作秀”（表演）的程序，在CEO模式里面可以完全避免。这有个好处，因为无需经过繁琐的、非人性化的选举过程，许多有能力的人会愿意为政府服务。而且，这个模式也可以避免让一些专门搞选举的政客和专门做公关的人来占据政府管理者的位置。

第二，行政首长能够专心工作，做好管理政府的事情。如果一个政客的第一要务是选举，一旦选输了就没有工作（或者难以工作）的话，那么他的精神一定是花在选举上，而不是用在把政府管理好。一个不需要选举的行政首长，他的团队能专注做好管理政府的工作，去为人民服务。行政首长不需要花费大量的时间去跟选民打交道，争取选票。相反，在一个经常要打选战的社会里，政府的领导人往往成了一个领导他的党团去打赢选战的领袖。例如台湾地区的马英九，他在2008年当选“总统”以后，实际上花在解决台湾民生问题的时间似乎不多，而更大部分的精力似乎是用在到处辅选。

第三，施政比较不易受到利益集团的干扰。现有的选举制度对于政府的廉洁非常不利，因为选举过程里面需要极多资源，没办法不和特殊利益集团搞在一起。CEO模式正是为了防范这个缺陷，所以设立了两道防火墙，使行政首长不需要参与选举。这样行政首长就不需要争取这些特殊利益集团（所谓“金主”）的支持。这样一来，行政首长就不需要欠下大笔的选举债务（主要是人情债）。因此行政首长在施政过程中，就没必要受到利益集团的操控，他的决策能够比较独立。

第四，公共资源比较不易受到政党的操控。与内阁制不同，在CEO模式里，行政首长不是国会的多数党领袖，他是由行政委员会聘任的，与国会里面的多数党没有必然的关系。这样一来，掌控公共资源的人与国会的党派就可以保持一定的距离。在理论上，公共资源就比较不容易受到政党的直接控制。

第五，这个模式在施政方面有较好的稳定性和连续性。现在实行选举制度的国家大都会碰到一个问题，就是施政的不稳定性，这在内阁制里特别糟糕。因为在多党制的议会里面，出任首相的党派经常只占有微弱的多数，有时候甚至是由几个少数党组织起来联合执政。因此，执政者提出的政策不是一定会被议会接纳。而每次当执政党提出的政策被国会否决的时候，首相可能就要下台。这就使得政府非常的不稳定。最明显的例子就是日本，最近7年里面换了6个首相[①]。在这种情形下，日本政府最近一直没办法有效施政。

在这方面，总统制稍微好一些。但是由于每任总统只有4~5年时间，施政的连续性也不是很强。因为新总统的第一年只是在职训练，磨合好自己的领导班子；到第二、第三年才能够驾轻就熟。可是到了第三年又要开始筹备下一任期的选举。所以美国一位新任总统真正承担总统任务的时间，可能只有一到两年。而且每次由选举造成的政党轮替，不同届政府之间施政理念交集很少。像美国的两党政治，常是民主党和共和党交替执政。因为很多选民选了共和党的总统以后，发现共和党的许多施政方案并不令他们满意，所以下一届换民主党。等民主党执政后，发现他的施政也不满意，可能又再选共和党。

因此，我认为政府的管理团队最好不要跟政党之间的选举靠得太近。否则施政就很难有适当的连续性。在CEO模式里，行政部门独立于国会，政府超越了政党。赢得国会选举的政党可以不断地换，但只要政府的政策是正确的，与政党脱钩的执政团队还能够维持施政的连续性。在内阁制和总统制里，选举和执政关联很密切，“人亡政息”就变得非常频繁。但在CEO模式里，行政部门只是一个管理的团队，理论上不是由选举的结果来定生死的，政府的行政

① 自从小泉纯一郎下台以后，日本从2005~2012年，共产生了6位首相：安倍晋三，福田康夫，麻生太郎，鸠山由纪夫，菅直人及野田佳彦。

应该有比较好的连续性。

这样子，政府就可以实行中长期的规划。因为不需要面对选民做出短期的允诺，所以行政首长就可以兼顾长、中、短期的利益，有更大的空间来为政府做出各个阶段的规划。

CEO模式在中国的可行性

我认为这个建议的CEO模式基本符合中国的国情，与现行的体制也没有非常大的差别，可以用这个模式来作为今后政治改革的目标。当然，中国现在实行的是一党执政，而CEO模式是基于间接民主，但我认为这两者是可以平稳过渡的。而且从组织上来看，中国目前所采用的行政结构，与我们建议的CEO模式已经有相当多的相似之处。

现在中国采取的既不是总统制，没有全民选举；也不是内阁制，因为在宪法里面没有规定“人大”里面的多数党的领导人会自动当选为行政首长。这点与CEO模式相近。在上述的CEO模式里面，行政首长不需要由选举产生，他只是由民选的议会间接任命。政府在实际上是采用一种双首长制，就是行政委员会的主席和领导管理团队的CEO。现在我们再看看目前中国的政府组织，它的行政团队也是采取双首长制，即国家主席和国务院总理，这两个人都不是由人民直接选举的，他们是根据执政党提出的名单，然后由全国人民代表大会通过。它与上述的CEO模式有很多相似的地方。民选的议会就相当于目前的全国人民代表大会，行政委员会其实就相当于中央政治局，行政委员会的主席就相当于现有的国家主席，CEO就相当于国务院的总理。如果我们把中国目前的党和国家的架构合二为一，把党的领导组织纳入到政府里面，成为行政组织的一部分，那么CEO模式和中国目前的体制就会有相当的吻合（见表7–2）。

表7–2　　CEO模式与中国现行政治制度的比较

中国现行政治制度	CEO模式
全国人民代表大会	议会
中央政治局（常务委员会）	行政委员会
国家主席	行政委员会主席
国务院总理	行政首长（CEO）
纪律委员会	监察委员会

在目前，中国的政治制度已经要求了行政团队向议会负责。例如，中国的内阁人选，包括国务院总理和各部委的负责人名单需要受到人大的通过。另外，总理每年要向人大提出政府工作报告，并且要接受人大代表的质询，这就表示内阁必须接受议会的监督，这也与我们所说的CEO模式相似。

我认为上述的CEO模式对于今后中国政治制度的改革可以提供一条有用的途径。

第一，这个模式可以为中国政府提供一个办法来增强它的民意基础。在今天，中国政府的领导人基本是由党的领导人兼任，虽然它的合法地位是经由人大代表的通过而产生，但很多人，尤其在国际上，并不认为目前的人民代表大会具有广泛的民意基础。从理论上来说，人大代表是在各省市通过民主程序产生的。但现在由于党主持一切，所以名单往往是由党来决定的。如果要实现更充分的民意基础，就要让全国的公民通过选举产生人大的代表。这种选举不一定要直选。事实上，我认为根据中国现在的国情，直选是不恰当的。譬如河南省有9000万人，要通过直选产生100个左右的人大代表是很难的，但是我们可以采用间接选举。事实上，中国现在也准备在基层，就是村、区一级实施民选。如果这样的基层民主能够落实，中国就可以一步步地实行间接民主选举，例如让乡、区选出来的基层代表去选举县、市的人大代表，再让县、市人大代表去选出省的人大代表，省一级的人大再选出参加全国人大的代表。经过两到三层的梯阶，就可以达成人大代表具备民意代表性的目的，这就符合了CEO模式里面提倡的民主原则。

现在的国家主席是通过执政党的政治局来领导国家的工作。这就造成了党凌驾于政府的现象。在未来的政治改革里面，可以把政治局改为CEO模式里面的“行政委员会”，在名义上与党脱钩，而成为一个由人大任命的机构（当然，在实际的操作上也可以用现行的一个班子挂两个招牌的办法。也就是说，由人大任命的行政委员会名单可以与执政党的政治局名单重叠）。现在中国共产党有8000多万的党员，人大代表中肯定多数是共产党员，他们对于行政委员会的任命，完全有决定权，所以要把执政党的政治局成员推举为行政委员会成员，并不困难。这样做只是增加了它的民意基础。根据同样的道理，通过执政党在国会里面的控制，它完全可以选出他们推举的CEO和行政委员会的主席，即国务院总理和国家主席。所以CEO模式和中国国情并没有相距太远，它可以作为中国以后政治改革的一个方向，使得政府的政权不需要特别依赖党凌驾于国家的特殊地位，而取得更广泛的民意基础，更有利于政府的施政。

第二，有利于民主监督。为了一个国家的稳定，人民必须感觉到他有权力来监督政府的施政。在目前，国内民众能够发挥对官员的监督是非常有限的。也正是因为这种无力感，现在很多年轻人尤其是那些网民们，对于社会一些不满的现状，态度非常偏激。这样不利于社会的稳定与和谐。采用CEO模式可以改善这种情形。因为在这个模式里面，人民可以通过多重手段来对政府官员进行监管。例如，通过议会的选举，人民可以表达他对政府的意见。而且通过民选的议员，人民可以间接对官员进行监督。人民监督的另外一个途径是通过监察委员会。目前很少国家有设立这个机构。中国现在虽然有党内的纪律委员会，但它是从属于党委之下的，所以它也很难独立监督行政的高官。如果成立一个完全独立于行政部门的监察委员会，它就可以有充分的权力来对政府的官员进行监督。最后，CEO模式里面容许人民用公投的办法来弹劾（中央和地方的）行政首长。当然启动公投的门槛要非常高，但是起码有了一个机制，为民意提供了一个安全阀门。

另外，在CEO模式里面，可以避免出现执政者的专制独裁。首先，行政委员会的委员和CEO本人都有固定的任期。因此不会造成一个独裁者的长期垄断政权。其次，行政首长要接受行政委员会的指导。事实上，CEO模式是一种双首长制，CEO是行政首长，而行政委员会的主席则可以是政策方向上的领导者（相当于企业董事会的董事长）。行政委员会的委员，也会参与重要的决策。这样一来，政府其实是一种集体领导的形式，这样就可以防范执政者的独裁、专制，避免了个人的意志凌驾于整个政府之上。

第三，采用CEO模式可以保证政府的领导人不需要浪费许多时间来参与选举，可以专心做好改善民生的工作。也可以使那些有真实才干的政治领袖不会为选举而被淘汰。如果中国大陆采用CEO模式的政治体制，党和国家领导人就不需要担心他们要像美国、台湾、日本的政客那样，必须花很多时间来参与一些非常繁琐的选举程序。事实上，我们的国家领导人大多是实干型的，并不一定口才最好、最能得到选民喜欢。比如前总理温家宝，他讲话很慢，温吞吞的。他如果要和一位口才好的律师竞选，同台辩论，温总理恐怕没有优势。事实上，一个出色的执政者跟一个出色的竞选者，往往是属于两类不同的人。对于国家和人民而言，我们更希望任命一些出色的执政者，而非出色的竞选者来作为政府的行政首长。

第四，采用CEO模式可以解决今天中国在经济和政治之间的理论矛盾。中国的政治改革如果采用CEO模式的话，它会解决中国目前一个非常大的难题，就是经济和政治制度的不协调。目前，在实践上，政府为了促进经济发展，正在推行市场经济；而在政治理论上，执政党又自称奉行阶级斗争的马列主义。有些网民开玩笑说：右拐打左灯（车子向右拐却打了向左拐的指示灯）把老百姓都搞糊涂了。为什么不能改变这种不合理的情况呢？因为它有一个很大的难题：只有在无产阶级专政的基础上，共产党作为无产阶级的先锋队，党的权威才能得到保证。一旦放弃了这样的政治理论，执政党对于政权的控制恐怕马上会受到挑战（其实这种担心是多余的。执政党目前的领导权来自它的实力，而非理论）。我认为，要使中国在未来政治上有健康的发展，就必须解开这个死结。因此需要有一套办法，能够在不推翻目前的政治体制的前提下，使得政府有更合理的民意基础。采用CEO模式就可能是一个可行的办法。因为通过这个政治模式，中央政府领导层的认受性是来自间接民选的国会，它已经具有一定的民意基础，就不需要继续依赖无产阶级专政理论。执政党就可以当一个正常的政党，通过在基层里赢得选举，而赢得国家的执政权。事实上，目前中国共产党的组织那么大，党员那么多，近30年执政的成绩也非常好，完全可以在人大代表选举里面保持绝大多数。这样政权就可以建立在民意基础之上，也就不需要死抱着过去的苏联模式政治理论。这样子，中国社会就不需要再出现“右拐打左灯”的尴尬情况。

而且，一旦执政党能够言行一致，执政有公认的民意基础，以后就不需要再担心人民和媒体对它的挑战。对于言论自由的控制可以大大地放宽。现在之所以防范舆论的失控，就是因为有很多理论上的东西有矛盾，难以辩解，只能不让人们讨论。

如何打破权力和财富的世袭制度？

一个合理的社会，应该制约掌握权力的人对普通老百姓的控制。在政治权力方面，这个问题已经通过民主（或共和）制度的建立而基本上获得解决，但是对于如何制约那些掌握资源的人对社会的控制，却一直没有解决。

世袭是封建余毒

对于未来社会的发展，我们希望有一个更加公平合理的制度。在本书前面第一篇里已经提到过，在一个社会里面，总有一部分人掌握了权力，也有一部分人掌握了资源。在某些社会发展阶段，掌握权力的圈子和掌握社会资源的圈子是重叠的；在另一些阶段，这两个圈子则可能是分开的。从研究历史当中，我们可以发现，社会的发展往往是“掌控权力圈子”、“掌控资源圈子”和广大群众之间这三者相互博弈的结果。在这个博弈的过程中，掌控权力者和掌控资源者都会尽量利用各种影响力以求制胜。这些影响力包括有形的力量，例如武力或者财力，也包括精神上的影响，例如宗教、文化、道德等等。通过制造舆论或者进行教育，使得某一方的势力可以支配其他各方。

举例来说，在封建社会时期，权力的掌控者与资源的掌控者是合二为一的，就是君主和贵族。他们对于平民百姓的统治，固然需要直接或间接的武力，包括通过法律的制定和执行等等。但除了这些具有强制性的支配力外，他们也同时需要塑造一种道德上的价值观，来强化他们的统治。例如鼓吹平民对君主的忠诚，平民对贵族的崇拜等等。甚至民间的童话故事，也被利用来“洗脑”，制造了漂亮女孩应该嫁给王子的观念。这其实等同于从儿童时期就开始对人民灌输封建的等级思想。为什么王子是如此值得羡慕呢？就是因为在封建社会，权力和资源都是世袭的，今天的王子便是明天的君主，他们的支配地位是代代相传的。美女要嫁给王子的童话，正是在加强百姓对这种世袭制度的认受性。

在今天的市场经济里面，我们也可以看到同样的现象。例如现在许多爱情小说和影视作品就经常描述：美女最好嫁给现代的白马王子（开名贵跑车的富二代）。这同样会加强资本主义的价值观。

追溯世袭制度的来源，它基本是一种封建余毒。在封建社会里，一代传一代的世袭制度主要是为了维持掌控权力与资源者的利益而发展出来的。为了使人民接受这样的世袭制度，统治者创造出了一些神话，例如西方的“君权神授”以及东方的“天子受命于天”这样的观念。这种世袭制度促成了一个稳定的统治阶级。但这种世袭制度，在今天来看，并不是一种理性的制度。那些支持世袭制度的神话只是用于愚弄民众的谎言。

阶级是由世袭造成

到了资本主义社会，掌握政权的圈子与掌握资源的圈子开始脱离了完全重叠的状态。在资本主义的早期，掌握政权的主要是贵族，而掌握资源的是新兴的资产阶级。当资产阶级发展壮大的时候，他们为了打破君主权力的垄断，提出了所谓的民主制度，通过革命或宪政改革，把旧时掌握权力的圈子打倒了。所以在今天的发达国家，政权已经无法直接世袭了（尽管名义上的虚君制度依然在某些国家保留）。这当然是人类社会的一种进步。在未来的社会，我们希望不但支配政治的权力不能世袭，控制社会资源的圈子也不应该世袭。这样才不会在社会上形成一种特殊的支配阶级。为了让未来世界更加公平，让资源能够为整个社会所共享，应该打破财富的世袭制度。

但即使到了今天，放眼世界，社会上仍然有掌控权力或是掌控资源的阶层，而在掌控资源的圈子中，往往还存在很多世袭的现象。资本主义只是解决了政治权力世袭的问题，使得社会上无法产生一个独立于资产阶级的权力垄断集团。但是对于掌握资源的阶级本身，世袭制度却不但没有打破，还被一直保护着。上一代累积的财富，往往会传到下一代，造就一个个豪门望族。这些豪门的子弟，往往拥有与他们能力不相称的巨额财富，并成为许多大公司的主要股东。而绝大多数穷人的子女却缺乏足够的机会去摆脱穷困的地位。这种发展明显是不合理的，会造成社会的贫富两极分化。因此阶级的形成，世袭制度起到了至关重要的作用。

民主的政制只打破了政权的世袭

民主制度基本上打破了政治权力的世袭，但并没有完全根除。即使今天在一些发达国家，家族政治的现象也并非不存在。例如美国上任总统小布什（George W. Bush, Jr.），他的父亲老布什也曾是美国总统（1989~1993）。政治世家具有超乎寻常的影响力确实是社会发展中常见的现象。日本政坛亦是如此。首相安倍晋三是老首相岸信介的外孙，与另一位前首相吉田茂也有亲属关系。一个有趣的事例发生在2000年的美国总统大选，民主党与共和党对垒。共和党的候选人正是上文提到的小布什，而民主党的候选人是戈尔（Al Gore）。这两人都来自显赫的政治世家。小布什的父亲虽然贵为前总统，戈尔的家世也不一般，他的父亲是田纳西州的一位资深参议员。因此我们几乎可以这样讲，世纪之交的美国总统选举，候选人双方都是世家子弟（所谓“太子党”）。

不过我认为，上文中提到的例子不应该算作世袭。世袭的定义应该是父子之间（或者家族的成员之间）直接的私相授受，如同今日的北朝鲜，金日成传给金正日，金正日又传给金正恩。民主政治虽然并不能根除政治世家后人从政所获得的优势，但起码可以防止权力集中于某一特定的家庭，因而造成长期的垄断。至于是否要完全根除所有政治世家后辈取得优势的现象，也并没有这个必要。当今中国有很多人攻击“太子党”，批评高干子弟从政成为高官，其中可能也存在一些偏见。不论是拥有政治权力或财富的家庭，他们的子弟肯定会获得一些优势，这些优势包括可以受到良好的教育，有更广泛的人脉，以及更早地学习到做人处事的技巧。所以他们拥有较强的竞争力是自然而然的事情，这种现象是在所难免的。而如果人为地加以干预，阻止政府高官或企业高管的后代进入父辈所从事的领域，那就是剥夺了一部分人的权利，也不见得是公平的。

而且，在今日的发达国家中，政府的职位都有一定的任期。这样就可以避免某一个家族的人长期霸占一些极有权力的职位，形成对于某个部门或者某个地方权力的垄断。在今天的中国，还有一种高官的轮调制度，使得一些政府大员不会长期在某省或某市作为领导的一把手。这样也会有利于防止某个地区形成权力的垄断集团。

财富的世袭并没有被打破

现代民主政治的发展虽然打破了政权的世袭制度，却仍然保留着（甚至保护着）财富的世袭制度。未来的社会应该更加公平，这样的财富世袭制度是必须打破的。我们反对财富的世袭，并不是反对有钱人的后代成为有钱人。如果富人的子弟有能力，能够成功创业，当然完全有权利成为富人。我们需要避免的是，由于不合理的继承制度，使得一些富豪可以将其财富代代相传，形成一种垄断阶级，就像今天香港的许多大地产商家族。但是如果仅仅由于富豪家庭的后代具有良好的教育，在企业治理才能等方面具有一定的优势，凭借自己打拼依然能够出人头地，这就不应当被视作世袭，否则就构成了对这一部分人的歧视。

在资本主义社会里，私人财产被认为是神圣不可侵犯的。因而私有财产交由后代子孙继承，目前看来是天公地道的事情。但是对于整个社会来说，这样的制度真的是公平合理的吗？事实上，社会的资源，应当尽量进行循环利用。如果打天下的富豪是一位创业的能手，如美国微软公司的比尔·盖茨（Bill Gates）、中国比亚迪公司的王传福、华为公司的任正非等等，他们创造财富，是通过自己的努力和能力。但如果这些创业能手把财富统统传给自己的子女，单纯因为血缘的关系让他们继承企业领导权，这是否合理呢？首先，这些巨富的后人，对社会曾做过什么样的贡献，使得他们能够合理地拥有大批资源呢？此外，这些后人对企业又曾做出过哪些成绩，使得他们有资格作为企业的领导呢？这样的继承基本上是体现了一种封建社会的价值观，这样的价值观是落后的。

我们应当建立一个新的原则：当社会上杰出的个体累积了大量的资源，而这个人已经离开这个世界的时候，这些资源应该得到释放，回到社会上得以循环利用。而对于创业者建立的企业本身，这样做也是有好处的。中国有一句俗话叫“富不过三代”，这反映了一种历史经验。因为创业者的第二代有可能曾经随着父辈一起打拼，还具备一定的经营所需的经验与素质；但到了从小含着金汤匙出生的第三代，则往往已经没有拼搏的动力。由于娇生惯养，也往往缺乏应对挑战的能力。如果由这些人来管理父辈传下的企业，不但对于企业本身会造成危险，而且对于公司利益相关的各方（包括股东）都没有好处。

所以无论是从经济效益的角度来考虑，还是从社会公平的角度出发，财富的世袭制度都是不合理的。所谓私人财产不得侵犯的观点，只是控制财富的阶层试图通过世袭制度，来维持对财富的永恒占有，进而世世代代对社会进行控制的手段而已。这种价值观是应该打破的。比较理性的做法，便是征收高额的遗产税。在这样的情形下，拥有企业的家族便会做出相应的调整，例如将财富转移到由家族控制的慈善基金会，来保证他们对企业的控股权，但会请专业的经理人来管理他们的企业。这样不但可以鼓励富豪参与慈善事业，也可以完善企业的管理，为有才干的企业管理人才进入大企业的决策层留出空间。

调低所得税、调高遗产税有助鼓励竞争及社会公平

具体应当如何操作，来打破资源的世袭呢？答案很简单，就是提高遗产税。不过，遗产税率应该具有高度累进的特征。譬如说对于一家小商店，子承父业是很正常的事情，创业者的下一代也会很早参与业务的管理，这类的中小企业对于社会财富的集中度也不会有很大的影响。中小企业的业主也不是通过控制财富的集中而试图对社会产生影响的群体，他们并不是支配群体的一部分，因而不必征收高额遗产税来阻碍这些中小企业的世代相传。

然而涉及到大财团，也就是对于身家数以十亿计的群体，遗产税则应当是很高的。需要高到什么程度呢？举例来说，也许80%会是一个合适的上限数字。事实上，假设一位富豪的身家是10亿美元。即使从中抽取8亿美元的遗产税，留给后代的两亿美元也足够后代维持几代人的生活。如果后代极具进取精神，过亿美元的创业基金，已经具备了很好的基础，大大超过了一般创业者可能从风险投资中获得的数额。这样一来，便可以避免财富过于集中在某些家族手中，通过代代相传而形成对全社会都不公平的特殊阶级。

高遗产税的另一个好处，就是可以让社会调低所得税。在一个开放的社会中，收入必然是不平均的，有些人收入很高，更多的人收入不高，高收入者则往往具有大量的资本收入，因为人力劳动的收入再高，也不过是打工的角色，收入终究有限。为了社会的公平，政府必须承担二次分配的责任。而且政府承担了教育、医疗、退休保障等大量开支，需要财富资源，很大一部分必须来自于税收。可是为了经济的发展，政府不宜征收过高的所得税。如果政府征收过高的累进式所得税，如同今日北欧的福利国家模式，会不利于公民的创业进取。

于是产生了两个选择：第一种选择，是向目前辛勤工作的民众，收取其一大部分的收入纳入国库进行二次分配。第二种选择，就是不对积极工作的群体征收过高的所得税，而是对那些不再从事生产、却占有大量财富的人群进行征税。这种人群就是去世的富豪。社会中有许多富豪拥有大量的财富，往往是一生都无法消费完的。我们可以给这些人一个选择：要么在生前主动使用财富做些慈善事业，用于回馈社会；或者让政府征收高额遗产税，在这些富人死后强制收回他们大部分累积的财富，用于社会财富的二次分配。如此一来，征收富人高额的遗产税就会产生两种可能的结果：其一是政府无需在积极工作的人群身上征收大量的所得税，减轻了一般民众交税的负担。这有利于鼓励民众努力工作；另一个有利的结果，就是鼓励富豪从事慈善。现在许多富豪身后留下的财富，往往都是给后人（或者情人）打官司争夺，对社会毫无贡献（可能只对律师有好处）。当富豪明白无法在身后把财富全部留给子孙，而是被政府接收绝大部分的时候，他们可能会想到，与其经政府之手进行二次分配，不如在生前自己做些善事，将财富捐给学校、医院等等。这样一来，社会上更多的富豪就会投入慈善事业，从而促进社会的良性发展。

如何使得社会较为公平合理?

必须改变过分追求利益的价值观，否则许多社会的矛盾难以解决

在目前的资本主义社会里，人们非常强调市场竞争和追求利润。但过分重视利益会变成贪婪，极容易造成人性的扭曲和社会的矛盾。例如，中国现在正处于高速城市化过程中，需要不断拆迁去建设公共设施或者建造新住房。在建房的过程中明显地存在两个利益冲突方：楼盘发展商和被征地的拆迁户。从发展商的角度，土地价格越低，拆迁速度越快就越有利。因此为了压迫土地上原有的居民迁出，有时候拆迁者会使用不公平的、甚至是不合法的暴力手段。这就严重违背了社会的公义。可是在另一方面，有时候有些人得知某一区域会得到发展，想要狠狠地赚一笔，故意成为一种“钉子户”，提出各种刁难的条件阻止拆迁，甚至达不到目的就不惜以自残相威胁。这也并不公平。

有时候钉子户损害的不光是发展商，也会同时伤害其他人的利益。如果钉子户提出的要求过高，会导致项目无法完成。而其他已经同意拆迁，本应在项目完成时获得重新安置的居民，就可能因为钉子户的行为而长期得不到应有的安置。最近在广州就有一个真实的例子。在广州市越秀区，1996年有开发商征迁了珠光路一块6000余平方米的地块。在该地块上居住多年的约700位街坊因拆迁搬离老家，并等待发展商在该地块上建成新房后再搬回来居住。随后该发展商因无力开发导致该项目受搁置，700多街坊从此过上漂泊生活，一晃就是十多年。到了2007年，有新的开发商接手，却因一个住户对690万的补偿费仍不满意而不愿搬迁，致使项目无法开工，已拆迁的169户无法回迁。据了解，该钉子户认为赔偿金应达到每平方米十几万元。[①]

另一个例子，便是医生与病人的关系。本来医生的任务是救治病人，是一种高尚的职业。但是在追逐利益的资本主义社会中，医疗成为一种谋利的手段。以美国为例，有些医生为了多赚钱，就故意为病人进行不必要的手术，或进行不必要的诊断检测。而在病人方面，如果对于医生的治疗不满，也经常采取法律行动，雇用律师来状告医生，索取金额巨大的赔偿。而这些律师，由于可以从赔偿金中得到1/3甚至高达一半的分成，也会千方百计地去狠狠地敲医生一笔。这样一来，医生为图自保，就必须购买医疗事故保险（malpractice insurance）。由于这类医疗事故的诉讼日益增多，成本非常巨大，许多保险公司把这类保险金额也提得非常高，以至有些医生甚至因为付不起医疗事故保费而被迫歇业。其他继续执业的医生，也唯有将保费的成本转嫁到病人身上。因此美国的医疗费用不断提升，成为一种恶性循环。

在未来的社会里，我们必须在价值观上抑制对个人利益的过分追求。在西方社会以追求个人利益为基础的价值观之下，政府和人民之间必然会经常存在一定的冲突。以最近的法国为例，作为一个实行高度社会保障的国家，法国的庞大社保系统在近年已经入不敷出。为了弥补不断扩大的赤字，政府试图推动立法，把退休年龄从60岁延后至62岁。然而此举却引发了全国工会和很多年轻人的大规模示威抗议。不仅如此，示威人群更阻塞了很多交通要道，切断了汽油的供应，令许多飞机场被迫封闭，很多城市的垃圾也得不到处理，使得国家在示威进行的几周时间中近乎瘫痪。因此，这样的利益冲突，会对社会造成极大的损害。2012年在希腊也发生了类似的事件。

在一个过度重视利益的社会当中，正义和同情都可能被滥用。

---

①《广州日报》，2009年9月3日。

在资本主义社会里，有些人就以受害者的形象作为谋利或是谋权的借口。例如在美国，有很多民事索赔诉讼都是狮子大开口：受害人的一方通过他的律师，要求与所受损害极不相称的巨额“惩罚性”赔偿，数额可以到上亿美元。而在选举中，一些政客也往往借用受害者的形象来试图拉抬选情，以谋取政治利益。例如2004年在台湾地区，陈水扁竞选“总统”，在民意调查中大大落后对手。他在选举前一天却导演了一场枪击案，装扮成受害者。结果选举以微小差距险胜，赢得了4年统治台湾的权力。

政府必须提供社会安全保障

为了体现人道与公义的价值观，政府应当设立公平合理的社会保障制度，使得所有公民，尤其是相对弱势的社群，包括孤儿、老人、残疾人等等，都能得到一定的生活保障以及起码的尊严。这些社会保障包括国民义务教育、医疗保障、最低工资、养老保险、残疾人生活补助、婴儿和幼童的营养补贴等等。这些社会保障可以达到多重目的，它除了体现人道和公义的精神之外，还为社会提供了一个安全的心理环境。因为有了一个最低的生活保障，大部分的公民就减少了后顾之忧。另外，这种社会保障制度也有助于为所有公民营造一个比较公平的起跑点。在过去的社会，穷人家的小孩因为缺乏适当的营养，体质相对较差，而且他们往往缺乏受教育的机会，所以发展的机会也很少。这使得穷人很难跳出“代代相传”的贫困阶层。如果一个社会能为所有的婴儿和幼童提供一定的营养补贴，全民都能接受适当的义务教育，那么那些穷人的小孩，就可以有比较公平的发展机会。更重要的，这样可以保证社会下一代的素质得到改善。现在有许多发达的国家，像加拿大和一些北欧国家，都已经建立了比较健全的社会保障体系。但是在发展中国家，例如中国，在这方面仍然处在一个起步阶段，还需要做大量的工作来完善社会保障体系的建设。

政府必须完善资源的二次分配

要实行社会保障制度需要大笔的资源，那么这些资源要从什么地方来呢？在目前主要是依靠政府的税收，来承担社会保障的开销。政府的收入可以有多个源头，包括关税、企业的营业税、个人所得税、财产税、消费税、出卖土地使用权等等。在一个开放的社会里面，不同国民之间的收入差别可能会很大。要使得社会较为公平，政府有责任把收入差距拉到一个相对合理的范围。因此几乎所有发达国家都是采用累进所得税制度，即收入越高纳税的比例越大。因此政府花在社会保障上的开支，很大一部分是来自对富人的征税。这种制度一般称为政府的二次分配。

在所有那些实行社会福利制度的国家，个人所得税一般都是很高的[①]。高额的累进式所得税，虽然有助于促进社会的公平，但也存在一些自身的问题。例如，如果收入高的人需要付出过高的所得税，便会抑制人们通过积极工作来获得更高的收入。如此一来，社会中的一大部分人都会在政策影响下态度消极，失去进取的动力。此外，高额的税收也不利于民间资本的积累。

如果想要鼓励国民努力工作、积极创业，那么政府就应该减少收税，尽量藏富于民。只有尽量让人享受其劳动成果，才能发挥人们工作的积极性。因此，政府的二次分配必须合理，我们要在社会公平分配和提高经济的效率之间寻求一种合理的平衡。

公义和健康都不应该成为牟取暴利的商品

在一个过分重视金钱利益的社会，公义已经变成一种有价的商品。让我们看一个比较极端的例子。

① 例如2013年法国把最高的所得税率提高到75%，瑞典的最高税率为57%。

2009年10月24日，湖北荆州发生一起为了牟利而拒绝救人的事件。当天荆州宝塔河江段有两名男童在江边玩水时，遭大浪卷进江中。当时长江大学的十多名男女学生正好在附近游玩。虽然大多数同学均不会游泳，但仍决定以手拖手组成人链方式，步进江中救人。两名男童先后获救后，人链中却有名男生疑体力不支松手，造成多人被大浪卷走。其中3名大学生不幸溺毙。

在学生落水不足5米的地方就停着一艘机械渔船。参与救人的同学求其救人，有些同学甚至给渔船老板下跪，求他们捞救落水的同学。老板说，“长江上哪天不死人，不死几个人我们靠什么挣钱啊？”言下之意，除非给他大笔金钱，否则不会出动。要多少钱呢？当时老板说了，如果只捞尸体，白天12000元/人，晚上18000元/人，一手给钱一手捞人。据参与救人的同学说，“如果那艘渔船施救，没有人会死亡”[①]。这些渔民属于“荆州市长江水上打捞有限公司”，内地媒体引述消息人士的话说，该公司垄断了当地的打捞尸体业务。此次事件中船老大之所以放出了“不救活人”的狠话，就是因为牵涉了重大的金钱利益[②]。我国号称是一个社会主义国家，居然会发生这样“见利忘义”的事情，实在使人痛心。即使在一些发达的资本主义社会里，一般也不会见死不救。

不过，在资本主义社会里面，却有另外一些乘人之危来牟取暴利的现象，而且是堂而皇之地加以制度化。事实上，西方的资本主义社会早已把公义商品化。美国有一种很高收入的职业，是专门替人打官司的律师。它贩卖的商品是“公义”。也就是说，你给他钱他会替你争取公义，或者说，你给他钱他会帮你压制你的对手使他得不到公义。在一个号称“法治”的社会里面，民事和刑事的纷争都需要靠打官司来解决。一场官司中必然有原告和被告，两方同时

① 见《新京报》在2009年10月29日的报道。

② 见《大公报》在2009年11月3日的报道。

都会坚持自己是有道理的。但谁的道理能够在法庭上受到采纳、赢得官司，那就要看辩护律师团的能耐。而只有那些付得起高昂律师费用的人，才能请得起一个优秀的律师团队，来为自己争取公道，或者阻止对手得到公道。因此，在这个所谓“法治社会”，公义往往是由价高者得。

在西方社会，律师成了有钱人（或者大公司）压制对手的工具。因此，法律系统在本质上主要是为富人服务的。这并不符合公平正义的原则！我认为在未来社会里面，这种情形必须改变。律师应该是为了伸张正义、保护弱者、排难解纷而存在的一种职业。它不应该成为一种牟利的手段。所以在一个讲求人道与公义，理性与责任的社会，律师也应当像法官、警察、教师和其他公务员一样，是一种公职人员，其职责便是帮助原告和被告合理地运用法律，来在诉讼中得到公平合理的判决。

在资本主义社会里，还有另外一种“乘人之危”的高收入行业，它贩卖的商品不是“公义”，而是“健康”。这种利润丰厚的行业包括药厂，以营利为目的的医疗机构，保险公司和一些只顾赚钱的医生。今天在许多资本主义国家里面，健康已成了一种昂贵的商品。在一个进步的社会里，我们不能够容忍一种把健康商品化的制度。每个人的健康都应该受到一定的保障；合理的医疗服务应该成为每个公民应享的权利。但在目前的资本主义社会，医疗服务非常昂贵，只有有钱人才能享受到优质的医疗服务。这样并不公平。因此，我们不应容许医生成为一种以牟利为目的的职业，而应当像政府官员或者学校的教师等，成为一种公共服务的提供者。当医生的目的，应该是救助病人。所以医生理论上是一种以道德为核心，而不是以利益为核心的职业。我们希望在未来的社会里，志愿成为医生的人，都是一些品德高尚，愿意为救死扶伤而献身的人，而不是一些只为获得高收入的人。当然，训练医生的高额成本，也应该由社会承担。

生产者必须支付保护环境的成本

企业的经营需要付出多种成本，包括：土地使用成本，劳动力成本，研发成本，推销成本，融资成本，管理成本等等。但有一样非常重要的成本，现在的企业却往往不需要付出，而把它完全转嫁到社会的身上，那就是环境成本。

现在世界上环境问题之所以如此严重，有几个主要的原因。首先，资本主义社会里的生产者为了扩大市场，极力鼓励人们消费，这样就大大地增加了社会整体对于自然资源的消耗。其次，生产者为了追求最高的利润，往往只关注着怎样更好更快地生产出更多的产品，而不考虑资源（包括能源）的大量消耗以及对环境的破坏。在目前，生产过程中对环境所造成的损害，不论直接或间接，几乎完全没有计算在生产成本之内，企业更不会主动去承担。而且，生产出的产品在使用以后，往往变成大批废物。而对于这些废物的处理，生产者也并不承担任何的责任。

这样非常的不公平！为了减轻社会的负担，为了保护好环境，我们必须改变这种情形，要求生产者支付环境成本。例如，一些化工厂在生产过程中产生了大量的污水。这种污染的水从工厂排出之后，会对附近的环境造成严重的破坏。在一个进步的社会，我们应该要求化工厂承担净化污水的责任。一个工厂如果产生对环境的污染，它不但需要负担所有治理环境污染的费用，还需要加装设备来清除污染源，使这工厂在未来不会再污染环境。对于废气的排放，也必须有同样的要求。

另一个例子，就是大量制造废纸的报刊出版商必须分担废纸回收的成本。在一些资本主义社会，例如香港，有些报社每天使用大量的纸张来印刷报纸，厚厚的一大叠。其中大部分的纸张被用来印制广告和毫无用处的垃圾信息。这造成了大量的资源浪费和环境污染。首先，生产这些纸张需要砍伐很多树木，造成水土流失等环境破坏。其次，这些废弃的纸张成为垃圾，在处理过程中也造成环境的负担。为了改变这种情形，我们应该要求报社回收大量的旧报纸，加以循环再用。这样做虽然会使得报刊的成本稍为提高，但却有很多好处。报社会减少不必要的纸张使用，少登一些广告。另外也强迫出版商参与废纸的回收业务，促进废纸循环利用行业的发展。

同样地，我们也应当要求饮料商回收其产品的旧瓶旧罐。一个可行的办法是对饮料的容器瓶罐收取一定的押金，在消费者交还给回收点时返还，从而加强资源的循环再用（这种方法在世界一些发达的地区已经在实行。内地一些企业也通过返还一些金钱的办法来鼓励回收空玻璃樽）。

近年，人们对于地球的暖化十分关切，现在已经有充分的科学证据表明，地球暖化与过多的二氧化碳排放有关。二氧化碳其实就是化石燃料产生的废气。因此，那些经营和制造化石燃料的企业，应该负担一部分回收二氧化碳的成本。例如，我们应该要求一些石油公司和煤矿主去负担适当的环境成本，包括分配给他们植树造林的指标，来部分平衡其业务对环境造成的损害。或者，我们可要求他们补贴可再生能源的开发。

改善民生，开发民智，推广教育，让资讯流通

要更好地在社会中体现理性、责任、人道、公义的价值观，我们必须积极地创造几个条件：第一，是让社会民众整体知识水平提高；第二，是发展经济，改善民生；第三，是让资讯能够在社会上广泛地流通。为什么必须提高知识水平？一个无知的社会是可怕的，很容易是非不分，也容易受到野心家的操纵。所以要使得一个社会上的人崇尚理性，并重视人道与公义，我们应该普及教育，使得社会上成员的文化水平能够不断提高。过去社会中的很多问题，往往是由于群众的知识水平太低，人们缺乏足够的知识来对事物进行合理的判断。如果一个人受过良好的教育，对于是非的判断就会比较合理。而且一个受过良好教育的人，能更容易接受一些正当的价值观，并较可能将这些价值观实践到日常生活当中。

从历史上来看，贫穷与落后往往是造成社会不人道和不公义的根源。要使得一个社会变得公平合理，要使得人道和公义的价值观能够深入人心，我们必须改善一个社会的经济水平和知识水平。直到今天，在中国内陆一些非常贫困闭塞的地区，有时候还发生拐卖人口的事件。这一方面是因为贫穷，另一方面是因为民众的无知和资讯的封闭。如果人民的知识水平提高而且社会上的资讯也很发达，这种违背人道和公义的现象就不容易发生。

资讯的流通，不但对于一个社会的民智水平发展很有帮助，而且，在资讯充分流通的情形下，社会的黑暗面会容易得到暴露，因此会受到舆论的关注。这样就会有助于防止出现极端不人道与不公义的情形。过去在战争当中，有时候会发生极端不人道的事件，例如日本军队在侵华战争中进行的“南京大屠杀”，日本关东军的731部队在中国东北利用活人做细菌实验等等。当时日本对这些惨无人道的事件都尽量对外界隐瞒。不单只日本以外的人不知道，连日本大部分国民都不曾知晓。只有在第二次世界大战结束时，日军这些不人道行为的证据才暴露出来。在现代资讯流通的社会，战争中发生的事情会受到全世界媒体的关注。像日军在侵华战争中这类极不人道的事件在今天就不容易发生，因为那会受到整个世界（包括自己的国民）的谴责。例如，在近年美国攻打伊拉克的战争中，美军虐囚事件便迅速被媒体曝光，从而受到世界舆论的谴责。这样就使得其他驻防在占领区的美军不敢再做类似违反人道的事情。

因此，教育水平以及经济水平的提高、民智的开发与资讯的广泛流通，对于促进社会重视人道和公义的价值观会有极大的帮助。

第八篇

中国人要走自己的路

一个先进的文明必须有一套合理的、使人信服的价值观。今天中华民族正在重新崛起，我们必须建立起一套先进的价值观，使得我们有一个明显的道德高地。我们要建立的价值观一定要经得起历史的考验，而不是盲目地抄袭别人。这套价值观不但要有进步的思想，它还应当适合中国的国情，并能配合人类社会在未来的发展。当中国人能成功地树立这样一套进步的价值观，并能身体力行时，世界最终将与我们接轨。

价值观与文明

我们今天正在处于一个后冷战时代。西方的资本主义在当今世界似乎占据了主导的地位，但这并不意味着它必然就是一种成功的模式。事实上，在过去的20多年里，西方模式已经显现了许多缺点和局限性。无论从经济的发展方面、民生问题的解决方面，还是社会公平正义的实践方面，都出现了很多的问题。因此，虽然现在还有很多人认为西方的自由主义就是世界道德的标准，作者认为这种想法并非正确。本书在上面已经提供了许多具体的分析（详细讨论请看本书第三篇与第六篇）。

作者认为人类未来的世界是趋向一种以人为本的社会主义。在近30年，中国政府一直宣称要发展“有中国特色的社会主义”。它的具体内容究竟是什么？这非常值得研究。我希望这套有中国特色的社会主义，不但要吸纳社会主义中的平等思想，里面还应该包含一套进步的价值观。这套价值观应当是一种符合中国国情，符合中国文化，也符合人类在后工业社会发展的道德标准。

东西方文明的差异

我们要发展的价值观应该跟过去冷战时代的所谓东方和西方都不一样的。在冷战中的“东方和西方”，所指的是苏联集团和欧美的资本主义集团。从中国的角度来看它们其实都是“西方”。因此，冷战中的东方与中国所代表的“东方文明”完全是两回事。无论是“东方”的苏联集团还是“西方”的欧美集团，所代表的都是西方文明的两种不同的发展模式。

从比较文明的角度来看，以中华文明为代表的东方文明和以欧美国家为代表的西方文明的确是有显著的差别。例如，近代的西方文明比较强调个人的权益，鼓励人与人的对抗；而传统的东方文明则比较关心群体的利益，更加强调社会的和谐。这个群体可以是一个家庭或者家族，也可以扩展到所谓“乡党”，更可以扩大到整个国家。在东方的思维方式下，个人的利益必须要受到群体利益的适当制约。

在西方近代的自由主义思维中，往往把“重视个人利益”的想法加以合理化。自由主义强调个人的权利，而比较少提到个人对社会的义务。相反的，东方文明比较强调个人对社会的义务，而不鼓励追求个人应享的权利。另外，在社会成员之间的互动过程中，西方社会更多地强调竞争，善于对立（rivalry）；而东方文明则更强调合作，善于妥协（compromise）。儒家的所谓中庸之道，主要就是在教导人们不要太偏激，应当考虑多方的角度，尽量求取一种共赢的最佳方案。

因此我认为，21世纪中国人的价值观，除了要考虑到今天人类社会的快速发展之外，还要考虑到中国的国情与中国的文化。我们最好能同时学习东方和西方文明的长处，并在二者之间找到一个合理的平衡。

一个文明的生命力

在人类的历史中，曾经产生过多种不同的文明。其中有些还保存到今天，有许多却已经消失了。这些不同的文明，在历史上都曾经有过它辉煌的时代，但许多在后来都没落了。所以，一个“文明”（civilization）其实也很像一些生物的“物种”（species）一样，有它的生命周期。在生物演化的过程中，一些物种在某一个时空环境里可能会具备强大的竞争力，因而得到蓬勃的发展，欣欣向荣；但是随着时间与环境的改变，这个物种可能会失去它的竞争力；它会日渐衰落，成为濒危生物，甚至最终消失。不过，有些物种有着坚强的生命力，在经历过衰败以后，它能够重新适应环境，甚至发展得比以前更好。这些物种不容易在地球上消失。那么，今天的中国人必须问一问自己：中华文明是属于哪一类呢？在过去两个世纪，它经历过衰落的阶段。它是否具备优秀的本质和强大的生命力，可以在经历低谷之后重新奋起呢？

所谓优秀的本质或坚强的生命力靠的是什么呢？首先，是该文明本身的文化内涵（相当于文明的基因），看它是否适合人类社会的发展；另外一点，是该文明是否具备很强的适应和学习能力。也就是说，这个文明是否能够总结经验，去适应客观环境的改变，并能吸收其他文明的优秀成分，来丰富自己的文化内涵，进而加以创新？中华文明是一个非常古老的文明，它的文化内涵当然有它十分优秀的地方；我们今天能不能重新崛起，就要看我们有没有足够的改造能力和创新能力。

软实力上的发展取决于三种主要元素：人心、制度及环境

一个社会的盛和衰可以使用硬实力和软实力两个指标来衡量。硬实力指的主要是其经济力量和军事实力；软实力指的是其文明、文化、道德与人民的凝聚力及幸福感。在过去的一二百年间，中国正处于一种衰落的状态，不但挨打，还不断挨骂。很多外国人（也包括一些中国人）一直认为中国是一个野蛮、落后的社会。今天这种情形已经起了很大的变化。在改革开放以后，中国在硬实力方面的发展已经很不错了，尤其在最近十几年中国在经济和国防力量上，都有长足的进步。不过在软实力方面，我们的发展却仍存在着许多问题。从国内外传媒的报道来看，今天中国的社会仍然存在很多腐败和落后的现象。在过去100多年，很多人把中国社会种种的落后现象，归咎于中国人的国民素质；并认为这种素质的低下，是由于传统文化的腐朽所造成。我认为这是倒果为因。从清末以来，中国社会明显落后于其他国家是事实；中国人的国民素质令人不尽满意也是事实。但究其原因，主要是教育的不普及和农业社会经济的破产，而不能怪罪我们的传统文化。事实上，中华文化是一种非常优秀的文化，它对培养人心向善是十分有利的（详细讨论请看本书第五篇）。

现在又有些人把中国的落后归咎于中国没有全盘采用西方的政治和经济制度，批评它缺乏民主选举，没有实行全面的私有化经济。我认为这些想法都是片面的。一个社会在软实力方面的发展会受到很多因素的影响，不是只要采用了资本主义制度就能够解决所有的问题。相反地，在今日中国人口过多，资源过少，教育又不够发达的情形下，全面采用资本主义只会为社会带来更多的不公不义。

我认为，一个社会在软实力上的发展取决于三种主要元素，就是人心、制度及环境。人心指的是人的精神面貌，包括人的素质与当时人们的价值观；制度指的是当时的社会制度，包括政治制度、经济制度、法律制度以及社会整体的规范等；环境指的是自然环境和社会环境。这三种元素事实上是紧密相扣的。例如，人心在很大程度上决定于环境，所谓“存在决定意识”。同时，人们的行为模式也会受到当时的政治、经济体制的影响。而制度，也不是独立存在的；它也必须适合于当时的社会环境，包括它的生产力、生产关系和人民的教育水平等等。要使得一个社会的软实力得到良好的发展，人心、制度和环境这三种元素都必须改善，而这种改善也需要互相配合。

人的精神面貌往往取决于环境和教育

对于一个社会的整体表现，给人印象最深刻的，就是人的精神面貌，即所谓“人心”。人心其实包括一个社会里面人的素质与他们的价值观。多种因素可以影响人的素质，包括教育的普及程度，民众的知识水平，文化传统，政府的公民教育等。人素质的高低在很大程度上体现在民众是公平还是自私。一个素质高的社会，大部分人应该都是重视公平的。人作为一种动物，先天上是偏向自私的，谋取私利是一种动物的本能。要使人变得比较公平，就需要通过教育、文化的熏陶，去培养一种重视公平公正的价值观。

要培养一种良好的价值观还需要一个适当的环境。举例而言：假如社会上大部分人都是守法的，一般的人也就比较愿意守法。相反地，如果许多人都不守法，一个守法的人就会吃亏，因此他就只好不去守法了。其实，环境可以在多方面影响人的精神面貌。环境包括生存环境、经济环境和社会环境。如果一个人的生存有保障，有一定的安全感和自信，人的精神面貌就可以表现得比较正面。相反地，当一个人的生存受到威胁、在经济和安全上都没有保障、对自己缺乏自信的时候，其精神面貌就会偏向负面。因此，一个社会的贫穷落后会严重影响到人的精神面貌。古语有言：“衣食足而后知荣辱。”在一个生产力不发达的地方，当人的生活变得非常困难，人就容易变得自私甚至残酷。

在中国一些贫穷落后的地区，近年发生过很多耸人听闻的社会病态事件，包括河南大批农民因为“卖血脱贫”感染艾滋病[①]，山西有黑砖窑使用拐卖人口当奴工等等。据报道，社会上的一些黑中

---

① 上世纪的90年代初期，河南农村非常贫困。有一些血液制品企业在河南设立采血浆站，非法采集原料血浆，利诱贫困河南农民去“卖血脱贫”。由于采血卫生条件极差，违规操作，引起交叉感染，致使许多卖血农民感染上了艾滋病毒。

介，在全国各地绑架或拐骗青少年和老人、智障者，贩卖到这些黑砖窑做苦力[①]。事实上不单是中国，在一些经济不发达国家的农村里，经常会发生人口拐卖[②]。这些犯罪事件的发生，主要是因为社会的贫穷落后。不过除了贫穷以外，这些犯罪的起因还包括社会环境鼓励了贪婪，法制不健全，教育水平严重不足，以致一些人缺乏必要的道德观。因此，要使社会进步，我们必须从多方面努力。

人的精神面貌也可以受到制度的影响

人心也可以受到制度的影响，这种影响可以是直接或者间接的。首先，制度会影响到社会的发展，而社会的发展又会进一步影响到人的精神面貌。譬如，假如一个社会采用了一种违背经济原则的制度，严重地妨碍着生产力的发展，这个社会就会变得贫穷落后，间接地影响到人的精神面貌。其次，一个坏的制度可以造成人性的扭曲。譬如，假如一个社会采用一种鼓吹暴力、有着高度政治压力的制度，又或者这个制度鼓励人与人之间互斗，它肯定会对人性有所压抑，甚至会造成扭曲。这样的一个社会，不可能有理想的精神面貌。

我认为，具备相对良好的制度，是改善人心的一个必要条件。所谓“良好的制度”，就是它比较开明，容许较多的自由和具备较强的包容性，因此不会妨碍这个社会的经济发展和文化发展。在古代的封建社会，如果有一个贤明的君主，采用一种开明的君主制度，有时候也可以建立一个盛世。在近代一些民主并不发达的西方

---

① 在魏巍2007年所写的《惊闻山西“黑砖窑”事件》一文中写到：山西的“黑砖窑”事件震骇国人。我是从河南电视台热心记者付振中同志的报道得知的。他曾三赴山西，暗访黑砖窑上百家才第一个揭开这层黑幕的。据报道，社会上的一些黑中介，在全国各地绑架或拐骗青少年和老人、智障者，贩卖到这些黑砖窑做苦力。其中年纪最小者仅8岁，大者13岁。他们都由黑心窑主雇的打手手持棍棒监管。每天劳动十七八个小时，如果哪个稍许怠慢，即以棍棒相加。

② 国际劳工组织2005年的报告估计，全世界在被拐卖从事强迫劳动的约有245万人，其中60%以上都在亚洲，绝大多数是妇女和女童。强迫劳动包括强迫妇女卖淫，强迫儿童行乞、偷窃，还有一些农村男性被黑中介拐卖成为“包身工”，山西黑砖窑事件就是一个典型。

国家（例如，19世纪的德国、英国和美国），当时大部分国民都没有参政权，但由于较为开明，也可以取得蓬勃的发展。当然，一种更理想的社会制度，是在权力和财富上都打破小圈子的垄断，在政治和经济上都做到公平、公正，真正地体现着自由、民主、法治精神的社会。如果中国能真正实行一种以人为本的社会主义，那我们肯定会朝着这个方向发展。

一个政府如何能改善人心？

要改善一个社会里面国民的精神面貌，主要的责任在于政府，因为只有政府才有足够的行政资源和足够的公权力去促进整个社会改变。我认为一个负责任的政府，可以从下列三方面去努力，来改善国民的精神面貌。

政府要建立一个有利的社会环境，来增进国民的安全感和幸福感

第一，政府必须要保障国家的安全。一个政府首要的职责就是维护国家的独立自主。如果一个国家经常受到外力的威胁，或者受到外敌的侵略，像中国在满清末年和民国初年的时候，人民不可能感到安全。

第二，政府要有效地促进经济发展，解决民生问题，使人民能过上有尊严的生活。政府要为国家奠定雄厚的物质基础，来保障社会的长期发展，使人民的日子过得越来越好。

第三，政府要维持一个良好的治安环境，使人民能放心地生活，不必担心自己人身和财产的安全。

第四，政府必须提高国民的文化知识水平。一方面要普及教

育，另一方面要促进科学技术的发展，并培养民众的文化修养，以提高国民素质。

第五，政府必须保护好并进一步改善自然环境，使得人民能过上健康的生活。

第六，政府还要着力改善社会上的精神环境，创造一个公平合理的氛围，为人民提供一个宽松、和谐的心理环境。

第七，政府要为人民创造条件，使得他们有更多发展的机会。这些机会不单包括就业和创业，更要包括国民在德、智、群、体、美各方面发展的机会，使得所有愿意奋斗的人，都能追求他合理的梦想。

政府要在制度上不断改善

这些制度包括政治制度、经济制度、司法制度和其他配套的社会制度（例如教育制度、医疗保障制度、户口制度、社会保障制度等）。当然，制度的建立必须适合当时的客观条件，要循序渐进，不断完善。我国今天正在处于一个快速工业化的过程。综合国力不断提高。这是一个难得的历史机遇期。当一个社会的环境发展得越来越好的时候，制度上也可以有相应的改变，这样就可以形成一种良性循环。我认为，制度上的改善应该朝着下面的三个方向发展。

第一，它要尽量保证这个社会的公平公正。这涉及到法律的完善，对公检法部门的有效监管，建立公平合理的税收制度等。

第二，要在制度上尽量让国民享受到充分的自由，尤其是思想上的自由。

第三，要在社会上创造一种民主的氛围，在施政上更好地落实民主的精神。

要达到这些目的，我们需要在制度上尽量贴近民意，并建立有效的监督，去防范某些官员施政时出现专制独裁。

政府要宣扬一种正确的价值观

我们必须认识到，制度和环境只是辅助的条件，人心的改善还要落实到国民的价值观上面。即使一个社会有了普及的教育、民生基本得到满足、安全也有一定的保障，国民的精神面貌还要看他们的价值观如何。政府可以通过学校教育和社会教育，来把一套进步的价值观灌输到国民的心里。更重要的，要使得教育起到作用，政府必须言行一致，不能说一套、做一套。事实上，政府不单要倡导一套正确的价值观，还要身体力行，起到示范作用。就拿廉洁和俭朴为例：政府应该尽量避免铺张浪费，起一种带头作用。如果官员崇尚奢侈，如何要求老百姓俭朴？如果官员不廉洁，如何要求商人不去行贿犯法？

价值观直接影响到人心和社会风气。本书的目的，就是探讨如何去建立一套合理的价值观。在现时，几乎所有发达国家都是资本主义国家，因此有些人认为资本主义的价值观就是我们要追求的理想价值观。在本书的前面，我们已经清楚地指出，资本主义社会并非人类的终极社会。资本主义社会的道德观也并非是最先进的。事实上，人类正在进入一个新的发展阶段，就是后资本主义社会，因此我们需要一套更为先进的价值观。资本主义社会的价值观以追求个人利益为基础。在这样的价值观之下，那些争权夺利、巧取豪夺的心态必然会到处泛滥，因为许多人认为只有这样子才会成为竞争的优胜者。要适合未来社会的发展，我们需要建立一种以追求社会群体利益、以及人与自然和谐为基础的价值观。在这种价值观里，人道与公义会受到更多的重视。在这个意义上，我认为中国的固有文化更加适合未来的人类社会，因为它比西方的文明更加重视群体的利益以及人与自然的和谐。所以本书一直在反复地说明：我们应该重新认识和发扬中华文明所提倡的一些正面的价值。

中国人今天要走的路，也就是人类社会未来发展的方向

一个大国必须要有它的道德高地

每一个国家、每一个社会都要有它的道德制高点（moral high ground）。中国作为世界上的一个大国，我们尤其要有一个明显的道德目标。现在中华民族正处于一个重新崛起的过程，我们不但要发展强大的硬实力，包括现代化的国防、活跃的经济、先进的科技和富足的生活水平，我们更需要强大的软实力。我希望未来的中国，不但要使得老百姓能过得上好的生活，还要在道德上有一种领导作用，可以得到世界上其他国家人民的尊重（respect）。这种尊重必须要来自他人心底下的心悦诚服，而不是依靠展示武力与财富，更不能通过宣传一些虚假的“形象工程”。

中国人必须不断发展自己的文明——文明是一个民族的灵魂

每一个经得起历史考验的民族，都必须有它的自我认同能力（identity）；而这种认同主要来自于它的文明。因此文明可以说是一个民族的灵魂。在一个社会里面，硬件的发展当然重要，它可以保证我们的安全，使我们社会的经济能够快速地发展，保障我们民生的需要。但是如果要使一个国家的人民有一种强大的凝聚力，就必须在精神上建立一种共通的认同感，这就要依靠一个民族的文明！假如我们失去了共通的文明，那么所谓“中国”只是一个地理的概念，“中华民族”也只不过是人类学上的一种分类，不会使我们产生特殊的感情。事实上，中国的版图在历史上不断改变，而中华民族里面也掺杂了很多不同民族的基因，这些都不是固定不变的东西。是什么使我们觉得自己是中国人，因而产生一种特殊的感

情？这主要还是因为我们认同一种共同的文化；而这种文化（或者文明）能使我们感到自豪。

尽管人类的生产力会越来越发达，我们社会的经济基础和科学技术会不断地改变，我们不能丢掉自己的文化基因。当然，这也不表示我们就要死抱着祖宗的东西不放。文明应该是与时俱进的。因此我们应当实事求是地把那些错误的、落后的东西淘汰掉，把好的东西发扬；而且还应当把别的文明拥有的优秀价值，当作营养吸收过来。这才能够使得我们的文明与时俱进，不断地壮大。

中国未来在整个人类社会中的地位

要丰富我们的文明，需要不断地改革和创新。我们今天要走的路，其实也就是人类社会未来理应发展的方向。对于一个社会的价值观来说，不可能说中国人有一种特殊的要求，而别的国家就没有这种要求。在本书中，我们主张现代中国的价值观应该建立在“追求群体的利益”和“人与自然的和谐”的基础上面，难道别的国家就不需要“追求群体的利益”和“人与自然的和谐”吗？事实上，中国人只占世界人口的1/5，如果只有中国人单独追求人与自然和谐相处，这个世界也不可能出现人与自然的和谐。必须要全人类都一致认同人与自然应当和谐共处，人类才能够保护好地球，去维持一个健康的自然环境。

所以我们要追求的，并非单独发展我们自己国家的利益，而去牺牲别人，就像过去西方帝国主义那个样子。我们要追求的，是一个人类社会共同发展的目标。我们希望在中国建立一套适合现代社会发展的价值观，不单只为了有利于我们国家的发展，同时还可以起到一种示范的作用，去吸引别的国家朝着同一个方向去努力。事实上，我们这套价值观的目标：“安全、健康、快乐”，同时也应该是别的民族、别的国家所能享受和追求的目标。精神文明的发展不是一个零和游戏，不会产生“我们希望安全，你们就不能安全；我们希望健康，你们就得不到健康”；或者“你追求快乐，我就不能快乐”的情形。我们追求的是一种互利共赢的价值观。

现在人类所面对的世界充满着各种挑战，包括安全上的挑战（例如毁灭性的武器和恐怖主义），环境变坏的挑战，资源短缺的挑战，人口压力的挑战等等。怎样去面对它们？中国人不可能独善其身。我希望中国人发展出来的价值观能起到一种积极的引领作用，使得人类整体会朝着一个可持续性发展的方向去前进。我认为：只有重视理性与责任，人们才能解决未来社会必须面对的问题；只有学会和平共处，重视人道与公义，我们才能建立一个和谐的社会。当中国人能成功地树立这样一套进步的价值观、并能够身体力行时，世界其他国家也就会向我们学习。这样，世界最终将自然地在精神上与我们接轨。

附录

背景故事

以下是一些补充书稿内容的背景故事，它们相当于一些比较详细的注脚。

背景故事一（相关章节：第5章第4节：这是文化的问题吗？）

中国的科技近代为何落后于西方？

剑桥大学有位学者李约瑟（Joseph Needham）出版了一套《中国科学技术史》（Science and Civilization in China）。根据他的研究，在15世纪之前，中国的科技发展一直是领先世界的。但以后由于中国缺乏与欧洲在学术上的交流，没有派人去欧洲学习他们的科学与技术，就逐渐与世界脱节了。到了19世纪，中国变得严重地落后于西方国家。

为何在最近的5个世纪中国的科学技术比欧洲落后？这主要是由于明清两代的君主没有重视与欧洲交流的结果。明朝郑和七下西洋是1405~1431年。之后明朝就立刻开始海禁（1431年）。直到1509年广州开港，才容许葡萄牙等欧洲国家来华贸易。1523年又开始颁海禁令。之后断断续续，时禁时开。

到了16世纪，西方的一些科学和军事技术已经超越了中国。明朝末期，有些耶稣会传教士到中国传教，也大量传入西方的科学技术。随着西学传入，使得中国的少数士大夫开始认识到西方学问之中有其优于中国之处。明神宗万历十年（1582年），利玛窦奉命前往中国教区工作。他向中国进献《坤舆万国全图》、自鸣钟、日晷、西洋大炮、望远镜、火枪、西药等贡品，先后在北京、肇庆等地展出。利玛窦不仅传播天主教，还与一些士大夫合作翻译西方书籍或著书介绍西学，例如利玛窦就曾与徐光启合译《几何原本》。随后，从西方引进的佛郎机火炮、红衣大炮都迅速在中国制造和使用。

这种交流后来不幸中断了。到了清朝，中国更加闭关锁国。顺治十二年（1655年）到康熙二十二年（1684年）海禁十分严格，直到平定台湾后，清廷方开海禁。仅仅过了30多年，全面开海的政策又开始收缩。面对日益严重的“海寇”活动和西方势力在东亚海域的潜在威胁，康熙五十六年（1717年）颁布南洋禁海令。后来雍正五年（1727年）局部开放了海禁，开放了粤、闽、江、浙四口通商口岸。乾隆二十二年（1757年），清高宗下令关闭江、浙、闽三个海关，指定外国商船只能在广州一地通商，并对丝绸、茶叶等传统商品的出口量严加限制，对中国商船的出洋贸易，也规定了许多禁令，这就是人们通常所说的“闭关政策”。此后闭关政策更加严厉，直到鸦片战争爆发为止。

虽然海禁并不全面，但即使有贸易，也只是消费商品的交易。主要是中国把它的瓷器、茶叶、香料、丝绸等出口。中国并没有进口西方的科学技术，更没有进行文化上的交流。中国也从来没有派人去欧洲学习他们的文化和现代科技。中国由于是一个以农业经济为主的国家，没有很强的动力去学习外国的工业生产技术。而欧洲从16世纪开始，进行了现代的科学革命。按传统的说法，欧洲的科学革命从文艺复兴前就开始了。它对后来的启蒙运动也起了很大影响。一般认为科学革命开始的标志是1543年哥白尼的《天体运行论》（De revolutionibus orbium coelestium）和安德雷亚斯·维萨里的《人体的构造》（De humani corporis fabrica）在同年的出版。后来牛顿在1687年出版《自然哲学的数学原理》（Philosophiæ Naturalis Principia Mathematica）更标志着科学革命辉煌的一页。中国由于缺乏与欧洲各国交流，在这一场科学革命中就完全缺席了。

背景故事二（相关章节　第8章第2节：奴隶的来源）

大西洋黑奴贸易

自从哥伦布“发现”新大陆以后，欧洲各国大批向美洲殖民。在欧洲开始孕育启蒙运动的“自由、人权、平等”思想的同时，欧洲许多国家（包括西班牙、英国、法国、荷兰）也正在积极地进行着帝国主义扩张。欧洲殖民者强占美洲当地印第安人的土地，建立大批的种植园（plantation）和大量的采矿。当地的印第安人因为不堪奴役而大批死亡，欧洲殖民者开始大量进口非洲黑人以补充必需的劳动力。这就为欧洲奴隶贩子创造了一个利润丰厚的奴隶贸易市场。

从17世纪开始，跨大西洋的黑奴贸易变得非常兴盛。1686~1786年的100年间，约有25万非洲黑人被贩卖到英属北美殖民地。独立战争前夕，英属北美殖民地奴隶约有50多万人。到了1860年，美国黑奴人数已发展到了400万之多。现在的学者估计在整个奴隶贸易中，总共有1100万非洲黑奴被卖到了美洲。

奴隶的来源主要是非洲西部和中部。欧洲人通过捕猎手段绑架了大批的非洲黑人，用火红的烙铁在他们身体上烙上标志，然后装上贩奴船运往美洲大陆。奴隶贩子为了多赚钱，总是超额载运奴隶，把奴隶塞进船舱，使他们像“汤匙”一样卷曲着身体，人挨人地挤在一块。由于船舱拥挤、潮湿，空气污浊，经常出现传染病。患传染病的奴隶往往被投入海里，活活淹死。例如，1874年一艘叫做“戎号”贩奴船一次就把132个患病的奴隶抛入大海。如果航行途中遇到风暴等恶劣天气，延误航期，致使船上淡水、食物不够时，奴隶贩子也会把部分奴隶抛入大海。

恶劣的运输条件使大批的黑人在到达美洲以前就死在途中。抵达美洲以后，黑奴被奴隶贩子用木枷和锁链锁住，被剥去了衣服，供种植园主像挑选牲口一样挑选，被选中的黑人就被派往种植园当奴工。

大多数黑人奴隶的生活极其悲惨。那些在田间终日劳动的黑奴，每天被迫劳动18～20个小时是常事，同时他们要受到监工们野蛮对待。据说，有1/3的黑人在移居的头3年就会死去；大多数人活不到15年。在许多地方，黑奴的平均寿命是7年。

参考资料：

1. 维基百科，百度百科：大西洋奴隶贸易

2. 《飘》PK《汤姆叔叔的小屋》：哪个南方更真实？，2008年11月5日，《新历史》http://news.ifeng.com/history/special/blackman/200811/1105_4997_864590_1.shtml

背景故事三（相关章节　第10章：回顾资本主义社会的价值观）

欧洲启蒙运动

启蒙运动是17～18世纪西方世界发生的一场影响深远的思想文化运动，有很多著名的思想家参与其中。他们提出了很多革命性的新思维，在很大程度上影响了后来西方思想的发展。

启蒙运动的发生，与当时欧洲一些历史性的改变密切相关。在16世纪以后，由于航海技术和工商业的发展，逐渐形成了一个新兴的资产阶级。他们与欧洲的传统贵族有一些利益和权力上的冲突。此外，欧洲在14～16世纪的文艺复兴以后，学者们开始崇尚理性，自然科学取得很大进展。教会的很多神话开始受到怀疑。而且，基督教新教的兴起也导致原来的天主教教会的影响力大幅下降。因此，以前欧洲教会对于人们思想的束缚再难以继续维持。

参与启蒙运动的思想家主要是西欧的学者（包括法国、英国，也有个别的美国学者，例如富兰克林）。在法语中，“启蒙”的本意是指“光明”。1784年德国哲学家康德所著《什么是启蒙》（What is Enlightenment）指出，启蒙就是使人们脱离未成熟状态，把人们从迷信或偏见中解放出来。启蒙学者反抗欧洲传统的封建统治和宗教对思想的控制，宣扬“自由、平等、博爱”。他们强调用经验加理性思考而使知识系统独立在宗教的影响之外，希望建立一个合乎理性的社会。

启蒙运动虽然是一个思想的革命，但对历史的发展有着直接的影响。许多历史学家认为启蒙运动直接导致了18世纪发生的大西洋革命（Atlantic revolution），包括美国的独立战争、法国大革命和拉丁美洲的独立运动。这些革命又让启蒙运动在各地广泛传播，从而有了极大的影响力。

启蒙运动有多位重要的代表人物，包括英国的培根（Francis

Bacon，1562~1626），斯宾诺莎（Baruch Spinoza，1632~1677），约翰·洛克（John Locke，1632~1704）；法国的伏尔泰（Voltaire，1694~1778），孟德斯鸠（Baron de Montesquieu，1689~1755），卢梭（Jean-Jacques Rousseau，1712~1778）等。伏尔泰在法国普及了牛顿在科学上的成果，并写了很多评论文章来对比法国和英国的政治制度，大力提倡宗教和政治上的自由（liberty）。孟德斯鸠发表了《论法的精神》（the Spirit of Laws），将政治体系分为三类：共和制（republic）、君主制（monarchies）以及专制（despotism）。他推崇英国式的君主立宪制，并提出权力的平衡（balance of power）的重要性。他的“三权分立”的思想对大洋彼岸的美国宪法产生了很重要的影响。他也被认为是现代法治的奠基人之一。卢梭的想法则更为激进，他的名著《社会契约论》（On the Social Contract）里认为权力完全属于人民，反对君主的独裁统治。

总的来说，启蒙运动用“天赋人权”的口号来反对“君权神授”的观点，用“人人在法律面前平等”来反对贵族的等级特权，用经济自由来反对国家垄断。这些新思想和受其影响的社会革命打破了教会对思想的控制，约束了君主和贵族的权力，从而大大地推动了西方社会的发展。他们所推崇的“人权、自由、法治”到今天已经成为西方社会十分推崇的价值。

参考资料：

1. Wikipedia，Age of Enlightenment，孟德斯鸠，Jean-Jacques Rousseau

2. Cole, Joshua，Coffin, Judith G，Western civilizations : their history & their culture，New York，Norton，2012.

3. 百度百科：启蒙运动

4. 互动百科：启蒙运动

5.《南方周末》“在历史中体验思想——《西方现代思想史》读后（下）”

背景故事四（相关章节　第12章第2节：对资本主义一些尝试的修正）

凯恩斯和他的经济理论

早期的资本主义推崇亚当·斯密的自由经济理论，反对政府对于经济的任何干预，认为市场会解决它自己的所有问题。但是，历史的实践却证明这个理论是不正确的。事实上，从19世纪开始，欧洲的一些实行资本主义的国家一直得不到平稳的发展。大概每隔20年就会经历一次经济的衰退。这种经济发展的不稳定性，也就是马克思批评资本主义的重要理由之一。到了上个世纪20年代末期，经济的衰退尤其严重，美国经济陷入了大萧条（Great Depression）之中。股市暴跌，产值下降，失业率高企，造成严重的社会问题。为了找出应对之道，很多经济学家积极地寻求新的经济理论来解决资本主义的困境。英国经济学家凯恩斯正是其中最为知名的一位。

凯恩斯全名约翰·梅纳德·凯恩斯（John Maynard Keynes），出身于一个大学教授的家庭。父亲是哲学和政治经济学的教授。凯恩斯毕业于剑桥大学国王学院，自己曾经担任公职，出任英格兰银行董事，并且是多个慈善信托的顾问；他自己也是一个很成功的投资者。凯恩斯十分擅长言辞，雄辩滔滔，同时他的文笔也很出色，是一名理论与应用兼具的经济学家。

凯恩斯在1936年发表的代表作《就业、利息和货币通论》（General Theory of Employment, Interest, and Money）现在已成为宏观经济学的重要经典。他不同意18世纪亚当·斯密反对政府干预市场的经济思想，主张政府应积极扮演干预经济的角色。政府可以透过财政和货币政策来解决经济衰退的问题。

这部作品引起了经济学界的革命，使人们对于政府在经济学中的作用有了全新的看法。凯恩斯认为商业市场中并不存在一只能把私人利益转化为社会利益的“看不见的手”。资本主义发生的危机和当时大规模的失业不可能靠这只看不见的手来消除。只有依靠政府对经济的全面干预（即“看得见的手”），资本主义国家才能摆脱经济萧条。为此，凯恩斯主张政府应该实行大胆的赤字预算（而不是量入为出的谨慎理财），扩大公共工程，增加货币供应量等来刺激有效需求（effective demand），从而增加就业。

凯恩斯所建议的措施得到当时美国总统罗斯福采纳，成为他的新政（New Deal）的主要内容。罗斯福这种政府积极干预经济的政策帮助了美国经济的复苏，让美国走出大萧条。有人认为凯恩斯的理论奠定了二战后许多资本主义国家蓬勃发展的基础。凯恩斯的理论直到今天还有很大的影响力。2008年，美国发生金融海啸，美国政府的对策也基本上是采用凯恩斯的理论。

就学术贡献而言，凯恩斯为宏观经济学的研究开拓了一个新的途径。学者们围绕他的理论展开了很多讨论，他的理论也被不断扩充和发展。后来的学者在凯恩斯理论的基础上建立了一些新的模型，这些模型已经成为今天经济学教科书里的主要内容。

参考资料：

1. 维基百科：约翰·梅纳德·凯恩斯

2. 百度百科：约翰·梅纳德·凯恩斯

3. Olivier Blanchard, Macroeconomics, Pearson Prentice Hall, 2006, pp576-586。

背景故事五（相关章节　第18章第2节：在一个高度互相依存的社会里，个人的安全必须依赖其他人的诚信与责任心）

近年发生的几件食品安全的事件——毒奶粉、毒饮料、毒大米

今天我们每个人的衣、食、住、行，都要依靠社会上其他的人来满足。因此，我们在衣食住行上的安全，就与那些供应商的责任心息息相关。但是，在今天的“市场经济”里面，有些企业往往只注重追求利润，而不关心消费者的健康和安全。于是，在利益的诱惑下，就会出现一些害群之马的供应商。他们完全忽视了自己的责任和诚信，而使得许多消费者深受其害。这种情形在各个社会都可能会出现。下面就是一些近年的例子。

三聚氰胺毒奶粉事件

2008年中国爆发了一起三聚氰胺毒奶粉事件，引起了人们对于食品安全的严重关注。2008年从3月份开始，包括武汉、长沙、甘肃等全国至少8处地方医院传出儿童食用某品牌配方奶粉后出现结石的病例。9月11日，中国卫生部发布官方消息：经调查，高度怀疑石家庄三鹿集团股份有限公司生产的三鹿牌婴幼儿配方奶粉受到三聚氰胺污染。截至2008年9月21日，因使用婴幼儿奶粉而接受门诊治疗咨询且已康复的婴幼儿累计39,965人。

三聚氰胺（分子式：C3H3N6）是一种低毒性的化工产品，无味白色单斜晶体，含氮量高达66.6%。实验证明，长期给动物喂食含有三聚氰胺的饲料会出现肾结石、膀胱结石并诱发膀胱癌。

为何牛奶里会出现三聚氰胺？据了解，在收购牛奶时，奶农和奶站有时会稀释牛奶来提高收益。而乳品行业就要利用检测含氮量的方法来确定蛋白质含量。此时不法奶农就会添加三聚氰胺以提高含氮量从而通过蛋白质检测。

三鹿奶粉事件曝光后，国家质检总局随即紧急开展了婴幼儿配方奶粉的三聚氰胺检查。彻查全国所有生产奶粉的109家企业，共检验了491批次产品。在22家企业69批次的产品中，检测出了不同含量的三聚氰胺，包括三鹿、伊利、蒙牛、雅士利等著名乳业品牌。其中以三鹿的含量最高。9月18日前后，国家正式公布三鹿事件处理决定，三鹿原董事长田文华被拘留，石家庄市委副书记、副市长和三名局长被免职。2008年12月16日三鹿宣布破产。

塑化剂毒饮料事件

塑化剂事件在2011年5月底发生在台湾，据说是30年来台湾最严重的食品掺毒事件。涉及的塑化剂是一种有毒的化工业用塑料软化剂，被普遍认为会危害男性生殖能力、促使女性性早熟。

2011年3月，台湾卫生署食品药物管理局的一名检查员杨明玉在执行“行政院”“加强取缔伪劣假药专案”时，意外发现了可疑异常讯号。经过追查，她发现一家名为昱伸的香料公司在其生产的食物添加剂“起云剂”中加入了塑化剂DEHP。这种起云剂被广泛应用到许多不同的食品之中，包括运动饮料、果汁饮料、茶饮料、果浆果酱类、胶锭粉状5大类食品，此外还包括保健品、药品。2011年5月23日，昱伸香料公司的负责人赖俊杰被彰化地检署拘捕。截止到2011年5月30日，受台湾塑化剂风波牵连的厂商已达206家，因受到污染而被迫下架的产品多达522项。台湾食品界龙头“统一”、悦氏运动饮料、知名药企“宏星制药”在内的多个名牌企业都未能幸免于难。

短短一个星期，台湾30年来苦心经营的食品安全的口碑就被彻底摧毁。

日本毒大米事件

2008年9月5日，日本米粉加工销售企业三笠食品公司，被发现非法倒卖残留农药超标和霉变的“非食用”大米。这些大米中含有超标的黄曲霉毒素及杀虫剂甲胺磷，是作为工业原料从国外购入的。当初，农水省曾与该公司签订合同，规定这些大米仅限于工业用途。

2008年9月6日，三笠食品公司社长冬木三男召开了记者说明会坦言承认，是他亲自下达倒卖“非食用大米 ”的指示。他称，此举是为了打破严峻的经营状况，以赚取差额利润。据查，该公司在五六年前就开始从事这一非法买卖，甚至采用真假账本以掩盖事实。

9月16日，日本农林水产省公布的中期报告显示，自2003年以来，三笠食品公司把44%有毒的非食用米作为食用米倒卖流入市场，共计约622吨，其中大部分已被消费。报告显示，除学校食堂以外，问题大米还出售给了餐饮及制酒等行业共370个单位。

9月19日，日本农林水产大臣太田诚一为此引咎辞职。

参考资料：

1. 维基百科http://zh.wikipedia.org/wiki/%E4%B8%89%E8%81%9A%E6%B0%B0%E8%83%BA

2. 《我国食品生产企业面临的安全问题及对策建议》http://www.doc88.com/p-773871836411.html

3. 维基百科：2011年台湾塑化剂事件

4. 南方周末（2011）《“每天都在给儿子喂毒”——塑化剂潜伏台湾30年》

5. 互动百科：日本毒大米事件

6. 财经网：日本“毒大米”案涉案人被捕 http://www.caijing.com.cn/2009-02-11/110055204.htm

背景故事六（相关章节 第19章第3节：人道主义最危险的敌人是帝国主义）

海地的悲剧

海地是位于加勒比海的一个岛国（在伊势班尼奥纳（Hispaniola）岛的西部）。1492年哥伦布发现该岛。当时岛上有大约100万的印第安人居民。西班牙人用了不到10年时间就征服了全岛，并在该岛建立美洲最早的殖民地。哥伦布规定每个年满14岁的印第安人每3个月要交出定量的黄金，否则就砍断双手。在奴役、屠杀和疾病的多重折磨下，印第安人很快就濒临灭绝。西班牙人殖民不到25年，岛上的九成印第安人已经被消灭了。在哥伦布发现该岛50年后，岛上的印第安人已不足500人，这些人在随后的几年也死亡殆尽。

后来法国的势力渐渐扩展到了海地。西班牙人打不过法国人，于是把岛上西部1/3的土地割让给法国，取名圣多明哥（Saint-Dominque），这就是今天的海地。法国人取得海地以后，为了把农场扩大，于是从非洲进口大量的黑奴。海地不但是欧洲人最早输入黑奴的地方，也是输入黑奴到美洲最多和最集中的地方。18世纪末期，每年在大西洋两岸交易的黑奴有1~4万人，其中1/3是运到圣多明哥。在海地干活的黑奴最高数量曾经达到80万人。法国人利用黑奴在这片肥沃和温暖的土地种植甘蔗、咖啡、棉花、烟草和靛青。圣多明哥（海地的前身）被称为“加勒比海的明珠”，是法国最富裕的殖民地。在1780年代，海地大约生产欧洲消耗的40%的糖和60%的咖啡。这使法国的农场主累积了巨额的财富。

在海地干活的黑奴总数量经常维持在50万以上，而作为统治阶层的白人只有32000人。为了管理这些奴隶，法国人对待这些黑奴是非常残忍的。奴隶每天平均的劳动时间为18~19小时，稍有不满意就可以施以酷刑甚至用非常残忍的方法处死。根据估计，这些在海地干活的黑奴1/3活不过两年，平均活不过7年。

1791年，海地的黑奴爆发了大规模起义。海地的独立战争长达13年，黑奴战斗的对象不仅是法国军队，还包括前来助阵的英国和西班牙的军队。在1789年宣布了《人权宣言》的法国，在1791年派出军队对海地的黑奴进行残酷镇压。法国大革命后，法国在1803年与英国开战。趁着这个机会，黑奴组成的革命军终于把海地的法军击溃。1804年1月1日，海地宣布脱离法国独立，成立海地共和国。海地是第一个黑人成功反抗白人的殖民统治而获得独立的黑人国家。

法国眼看大势已去，无法将海地继续作为殖民地，但并不甘心。凭着武力威胁，法国向海地提出3000万美元的赔偿金。海地最终被迫答应给法国1200万美元。这在当时是一个天价的赎金！我们可以做一个比较。在海地宣布独立的前一年，法国把北美洲的大片土地卖给美国，就是所谓的“路易斯安那交易”（The Louisiana Purchase）。这片土地相当于美国今天1/4的国土（是海地面积的78倍），法国只卖了1500万美元。所以法国对海地的勒索是非常厉害的。到了今天，海地还是世界上最贫穷的国家之一。

参考资料：

1. 漫谈海地：一个被西方列强殖民的样板，http://city.udn.com/3011/3818191?tpno=0&cate_no=0

2. 新华网：拉美第一个独立的国家：海地的500年血泪史，http://big5.xinhuanet.com/gate/big5/news.xinhuanet.com/mil/2010-01/27/content_12883632.htm

背景故事七（相关章节：第21章第4节：什么是法治？）

英国的《大宪章》

13世纪英国贵族与国王订立的《大宪章》（Magna Carta）在今天被认为是欧洲走向法治（rule by law）、民主（democracy）和自由（liberty）的里程碑。不过，如果小心研究历史，我们会发现《大宪章》只是英国贵族与国王之间斗争得出的妥协。贵族企图用宪章来限制国王的权力。不过当君主的权力比较强的时候，国王并不会认真执行宪章。

英王约翰在13世纪初即位。他与当时的贵族出现了严重的矛盾：首先，英国的贵族要求国王夺回被法国占领的领土。约翰在与法国的战争中，由于指挥失当，却屡屡被打败。其次，约翰违反惯例，征取过多的税金，甚至直接没收封臣的地产。于是，对国王不满的贵族联合起来反对约翰王，要求限制国王的权力。

1215年5月17日，贵族占领了伦敦。他们挟持国王约翰，强迫他同意贵族提出的要求。于是，英王约翰被迫签署1215年的《大宪章》。

《大宪章》全文共61条。许多内容是为了保障封建贵族的权益。1215年大宪章中最为重要的条文是第61条，即所谓“安全法”。它规定：由25名贵族组成的委员会有权随时召开会议，具有否决国王命令的权力；并且可以使用武力来占据国王的城堡。

被迫接受城下之盟的英王约翰从来就没有要履行《大宪章》的意思。等到贵族离开伦敦返回各自的封地之后，约翰立即宣布废弃《大宪章》。随后英国陷入内战。约翰在内战期间病死。9岁的亨利三世即位，皇室大臣以亨利的名义再发出大宪章，但当中部分条款，包括第61条被删去。

亨利三世也与贵族们矛盾不断。13世纪中叶，贵族再次联合起来反对亨利三世的统治，并取得胜利。贵族开始用直接选举的方式产生议会。国王权力被大大地削弱。虽然亨利三世的长子（后来的爱德华一世）联合保皇力量最终夺回了政权，然而此时《大宪章》已深入人心，被许多人认为是英国的法律。后来的国王已经很难将它完全推翻。

爱德华一世在位期间发动了许多战争。包括参加了第8次十字军东征，打败威尔士，以及征服了苏格兰。这些战争造成的巨额费用使他必须要对贵族加税。而作为回报，他在1297年颁布了修订的《大宪章》，并增加了国会日常会议的次数。

近世纪当英国成了世界霸权以后，它的一些学者为了彰显自己国家的历史地位，把《大宪章》宣扬为现代法治的始祖。一些17、18世纪的学者和法学家们对《大宪章》非常推崇。当时一位著名的法学家爱德华·库克（Sir Edward Coke）对《大宪章》做了很多细致的解说，对后来人们对《大宪章》的理解有很大影响。不过他对《大宪章》的解释主要在宣传国王的权力受限于法律，而忽略了最初的历史背景。有一些19世纪以后的历史学家就认为，《大宪章》其实是爱德华·库克创造的神话。

在历史上的英国社会，有三个主要的阶层：就是国王、贵族和平民。《大宪章》只是企图界定国王与贵族之间权力的平衡，但完全没有起到保护平民的作用。事实上，《大宪章》中没有一条是涉及到当时的农奴（serf）的法定权益的。

参考资料：

1. Wikipedia, Magna Carta: http://en.wikipedia.org/wiki/Magna_Carta

2. 英国大宪章今译，雷多和译

3. BBC History, Historical Figures

4. Henry III（1207~1272）

5. http://www.bbc.co.uk/history/historic_figures/henry_iii_king.shtml

6. Edward I（1239~1307）

7. http://www.bbc.co.uk/history/historic_figures/edward_i_king.shtml

8. Henry VIII（1491~1547）

9. http://www.bbc.co.uk/history/historic_figures/henry_viii_king.shtml

背景故事八（相关章节　第26章第2节：哪一部分的传统文化应该被抛弃？）

中国科举制度

“选贤与能”是中国文化中一种优秀的政治理想。科举制度是中国古代选拔人才的一种考试制度，目的就是要发掘“贤与能”的官员。

科举制度最早起源于隋朝。在有科举制度以前，古代基本是用“推荐”的方式来选拔人才。汉朝的官员一部分来自世袭，另外一部分通过“察举”制度来提拔。察举就是由官吏把地方上的人才推荐给中央政府。魏晋南北朝时期，实行“九品中正制”，那就是指派官员去各地担任“中正”，负责评审当地读书人的才能和德行，将他们分为9个等级（九品），然后再按品级推荐他们去做官。不过在这种制度下，被选拔的人才往往属于世家子弟。普通读书人难以出头。

隋统一全国后，隋文帝把选拔官吏的权力收归中央，废除九品中正制，开始采用分科考试的方式选拔官员，他令“诸州岁贡三人”参加考试，合格者可以做官，这标志着科举制正式诞生了。

唐朝继承并发展了这一制度。唐朝的科举分为常科与制科两类。常科每年举行，制科则是皇帝临时设置的科目。武则天主政时，首创了由皇帝主持，复核进士资格的殿试和取武将的武科举。武科举在宋朝和明朝都有推行，直到清末被废除。

宋代进一步改良了唐朝的科举制度，确立了一套相当完整的体制。科举分为地方的乡试和在京师进行的会试及殿试。为了保证考试公平及公正，严格防范考生作弊，先是糊名，让考官不知是谁的卷子；再用誊录，以防考官辨认考生的字体。另一方面，宋代取士的数量大增，每科进士通常达数百人，并且放宽了应考条件。对偏远地方的考生还给予路费。

元代的科举制度基本沿袭宋代。到了明朝，统治者对科举高度重视，考试方法有极严格的规定。文章必须用八股的形式，《四书》必须用朱注，内容只能代圣人立言，不能谈及秦朝以后的事。这样就使得科举制度扼杀了人的创造力。

清代的科举制度与明代基本相同，但满族人享有种种特权，做官不必经过科举途径。清代科举在雍正前分满汉两榜取士，旗人在乡试、会试中享有特殊的优待。鸦片战争后，人们开始发现当时的科举制度完全与现代世界脱节。李鸿章提出建议：设立洋学局，教授格致、测算、舆图、火轮机器、兵法、炮法、化学、电器等科目，若学生学有所成，则和科举出身获得同等地位。传统科举制度渐渐衰落。

1901年，清政府先废除考试用八股文，开始考一些时论和策论。到了1905年，正式停止科举考试。自此延续千年的科举制度正式宣告废除。

科举究竟是一个好的制度还是一个坏的制度？相对于同期西方的封建社会，中国的科举制度其实是十分先进的。从积极方面来说，相对于世袭、举荐等制度，科举考试无疑是一种比较公平、公正的选拔官员制度。而且，科举使得社会各个阶层的知识分子都有机会被选拔成为官员。这就大大地拓宽了社会上人才的流动性，对于促进社会整体的稳定起了良好的作用。

科举制度同时强化了中国传统社会对教育的重视，也提高了读书人的社会地位，为当时的封建社会培养了大量人才。

在消极方面，科举所造成的恶劣影响主要在其考核的内容与考试形式。自隋唐至宋，科举考的主要在诗赋、策论与经义中变换。诗赋重才，策论重能，经义重德。但是纸上谈兵并不一定显出一个人的真实才干。《四书》背诵如流，品德不一定高尚；论政头头是道，不一定有行政才能。

由明代开始，科举的考试内容更加陷入僵化，变成只考八股文，而不重考生的实际学识。大部分人以通过科考为读书唯一目的，变得十分功利。如此一来，科举考试对科技的进步有着严重阻碍作用。

参考资料：

1. 百度百科：科举制度

http://baike.baidu.com/view/13684.htm

2. 维基百科：科举

http://zh.wikipedia.org/zh-cn/%E7%A7%91%E4%B8%BE

3. 科举是如何废除的

http://www.people.com.cn/GB/paper447/16115/1424175.html

4. 科举制度 http://www.mdnkids.com/book_100_history_stories/9.shtml

背景故事九（相关章节　第26章第3节：民国初年要打倒的是代表旧势力的“孔教”，而不是真正的儒家思想）

历史悲剧人物陈独秀

陈独秀是21世纪初年中国新文化运动的旗手，中共创党领袖。可是后来他却被中共开除党籍，并被国民党拘捕下狱。晚年贫病交迫。他的一生可谓充满了悲剧色彩。

陈独秀1879年（清光绪五年）出生于安徽安庆。1897年考入杭州求是学院（浙江大学前身）学习法文和造船。1901~1908年，陈独秀共3次赴日，入东京正则英语学校学习，后入早稻田大学学习欧洲文化，受到了西方社会主义思想的影响。1915年他来到上海，创办月刊《青年杂志》，次年更名为《新青年》，自任总编辑。陈独秀在这份杂志的创刊号上面发表《敬告青年》一文，大力推崇“德先生”（民主Democracy）和“赛先生”（科学Science），批判儒教和传统道德。陈独秀成为了新文化运动的倡导者，在青年人中影响很大。这些思想在后来著名的“五四运动”中得到大力宣扬，成为该运动的一个重要内容。

1917年蔡元培当上北大校长以后，陈独秀被聘为北大文科学长。他把《新青年》移到北京，积极提倡民主与科学，提倡文学革命，反对封建的旧思想、旧文化、旧礼教。

1919年发生了“五四运动”。同年，李大钊介绍共产国际远东局外交人民委员部远东事务全权代表吴廷康与陈独秀认识。1920年，陈独秀与各地的先进分子联系，发起成立中国共产党。1921年7月在上海举行的中共第一次全国代表大会上，他虽然没有出席，但被选为中央局书记。从中共一大到五大，陈一直担任中共中央总书记，是中国共产党早期的最高负责人。

陈独秀最初并不同意中共加入共产国际。中共刚刚成立时，共产国际代表马林提出中共应加入共产国际，并接受共产国际的经济援助。陈独秀则认为“人家的钱不能要，拿了人家的钱就要跟人家走，我们一定要独立自主干，不能受制于人。”但当时中共的确有很大的经济困难，而且它的活动也需要国际力量的支持。1921年10月4日，陈独秀被上海法租界的巡警逮捕。3周后，陈独秀获释。陈独秀了解到自己能顺利出狱，主要依靠共产国际代表马林的营救。马林花了很多钱，打通了会审公堂的各个关节，并请了著名的法国律师巴和出庭辩护。这让陈独秀意识到要有效推进中共的工作需要和共产国际合作。

1922年7月，中共二大召开，通过了中共加入第三国际的决议案，从此中共成为共产国际的一个支部。在以后很长的一段时间里，第三国际成了中共的实际领导者。1922年，共产国际指示中共与孙中山的中国国民党合作。

1927年，在北伐攻占上海后，国共分裂。许多共产党员被蒋介石杀害。共产国际训令临时组成的中共中央政治局召开会议，批判陈独秀对国民党妥协退让，犯有严重的“右倾机会主义”错误。

1929年，发生“中东路事件”，张学良的东北边防军与苏联因东北的铁路特权问题发生武装冲突。共产国际远东局要求中共中央提出“武装保卫苏联”的口号，并组织大规模的反对国民党和拥护苏联的群众示威。对此，中共中央毫不犹豫地做出了积极的响应。对于这种做法，陈独秀专门致信中共中央提出批评，主张在这个时候片面宣传“拥护苏联于我们不利”，绝不能简单地认为“广大群众都认同苏联是中国解放的朋友”（《陈独秀给中共中央的信》）。中共认为陈独秀路线错误而将其开除党籍。

1932年10月，陈独秀在上海被国民党政府逮捕，判刑后囚禁于南京。抗战爆发后，他于1937年8月出狱，先后住在武汉、重庆。1942年5月在贫病交加中逝世。

陈独秀本质上是一个抱有理想的知识分子。尽管经历了悲剧性的一生，但他对20世纪的中国的确产生了深远的影响。他的一生经历过很大的起落，既为追求理想创立了中国共产党，但最后又无法见容于中共。他后来认识到斯大林的苏联并非社会主义国家，斯大林只是一个反民主的独裁者。陈独秀晚年虽然贫病交迫，但还是拒绝依附当时的政治势力。在动乱时代，如何解决理想与政治现实的矛盾是一件非常困难的事情。陈的一生虽然在政治上是失败的，但却无愧于作为一个有良心的知识分子。

参考资料：

1. 维基百科：陈独秀，第三国际

2.《陈独秀被开除出党的前前后后》http://news.ifeng.com/history/1/renwu/200812/1203_2665_904805.shtml

3.《陈独秀：背叛自己信仰的中共创始人》http://blog.tianya.cn/blogger/post_read.asp?BlogID=1632467&PostID=23378524

4. 陈独秀因反对“武装保卫苏联”被开除出党http://news.ifeng.com/history/2/200707/0713_336_155087_4.shtml

5. 中国共产党新闻：陈独秀拒绝共产国际经费援助始末http://cpc.people.com.cn/GB/85037/85038/7547550.html

后记

一个大国的崛起，需要有民族自信、文化自信。这种自信将从何而来？这是今天的中国人必须思考的问题。

本书的主要目的，就是激发读者在精神层面上探索中国社会今后发展的方向。今天的中国应该如何构筑一个新的道德高地？我们能否创造出一套新的文明来引领人类社会未来的发展？

自从改革开放以后，我们的国家在经济和国防上都已取得了极大的成就。不过，在这个快速发展的过程中，也产生了一些新的问题，包括贫富两极化，贪污腐化严重，许多人丧失了理想等等。要克服这些问题，不但需要在制度上的改革和不断完善，更需要在思想上的发展和创新。

在过去一个世纪，中国的传统文化已经失去了以往的指导地位。中国目前宣称推行“社会主义市场经济”，是人类历史上一种新的发展模式。但其精神内涵究竟是什么？我们只知道不能依靠过去从苏联输入的僵化社会主义理论，也不能依靠从西方国家输入的资本主义理论。但如何能使得我们的社会有一个被广泛认同的道德理想或者行为准则？本书作者认为：我们迫切需要建立一套新的、能够适合现代社发展的价值观体系。

事实上，人类社会是不断进步的。在今天的社会，不但生产力已经发生重大的变化，人类各种活动的社会化程度也大大地提高。社会结构和人与人的关系也因此发生了根本性的改变。不论是东方还是西方，从旧有社会发展出来的价值观已经无法满足未来社会的需求。在这个新的社会里，人们要更加关心个人与群体利益的平衡，更加重视社会发展的可持续性。因此，我们非常需要发展出一套与之相适应的新价值观。

今天许多关心民族前途的中国人都正在思考：现代的中国需要建立怎样的价值观？要回答这个问题并不容易。本书的作者认为，这套价值观需要符合一些必要的条件。第一，这套价值观必须具备充分的科学性并有足够的说服力。它可以经得起反复辩论，而非靠单向的宣传。第二，这套价值观需要有深厚的文化基础，最好能植根于已有的中华文化之上。第三，它必须能够配合中国社会的快速发展。在不到半个世纪的时间里，中国不但从农业社会进入工业社会，它已经局部地进入了后工业社会（资讯社会）。这套价值观必须跟得上时代的需要。第四，它应该吸取目前资本主义社会的成功和失败两方面的经验，使我们知道在下一步的发展该如何去改善。第五，这套价值观应有助于促进社会的和谐与幸福。我们必须抛弃一些浮躁的、过分追求个人功利的价值观，否则许多的社会矛盾无法解决（关于这套新的价值观的具体内容是什么，请看本书第四篇）。本书让我们思考以下几大命题。

如何科学地看待个人与社会的关系?

一个人的价值观往往取决于他的社会观。本书的特色之一就是用一种生命科学的观点来看待个人与社会的关系。随着社会的高度发展和城市化，人与人之间变得紧密且互相依存；社会越来越像一个由许多细胞组成的生命体。个人与群体的关系就相当于细胞与人体之间的关系。我们都知道，一个人体是由千千万万个细胞组成的。每个细胞都是独立的生命个体，有自己发展的能力。不同的细胞有明确的分工，但彼此之间又高度的互相配合，这样才能让我们身体的种种功能得以实现（例如消化、呼吸或者思考等等）。而另一方面，人体又提供了让每个细胞生存所必需的条件，包括养分和能量的供应、体内环境的维护、免疫能力等等。所以细胞与人体是非常紧密的互相依存。如果某部分的细胞受损，人就会生病，甚至死亡。而如果人体受到重大的伤害，体内大量的细胞也会死去。

而在现代社会里，个人与群体的关系与上述细胞与人体的关系也非常相似。社会里每一个人都有他独立的生命；但人们又必须紧密地合作才能保证社会的正常运行。如果一个社会出现重大问题，里面的人就要付出痛苦的代价。因此，随着人类社会的现代化，个体与群体的关系变得越来越紧密。群体的利益变得越来越重要，因为个体的安全和幸福已经融入到群体的命运之中。

这样的社会观可以说是一种“以人为本的社会主义”。在这个社会模式里，没有高高在上的统治者。每个人都应该是平等的（就像身体里每个细胞都有平等的地位）。政府只是一个庞大的公共服务提供者；而高级官员只不过是这个公共服务机构的管理层！

现代的中国应该如何应对民主与自由的挑战？

中国的领导人曾经多次提出，我国今后的发展离不开民主改革。这同时也是目前大部分老百姓的企盼。但如何能使这种改革适合中国的国情，并避免一些外国通用的选举制度出现的缺陷？这是一个很大的挑战。本书作者认为，在一个现代社会里，我们既要重视民主与自由，又要超越民主与自由。

我们为何要重视民主与自由？

首先，历史已经充分表明：人类社会是朝着以人为本的方向发展的。重视民主和自由自然有利于体现“以人为本”的精神。其次，世界的大趋势是从野蛮到文明，逐渐打破各种权力的垄断。因此，政治的权力应该越来越社会化，也就是民主化。再次，民主有利于监督和制衡。可以避免领导人做出疯狂的事情，并减少官员的贪腐。最后，自由是每个人尊严的保障。而且自由也有助于社会的发展和创新。

事实上中国在近代已经朝着民主的趋势发展了。例如在武力的掌控方面，在过去100多年，军权的控制已经由君主或军阀，转移到了一个共和政府的手中。现在是由文人当军队的最高统帅（就是军委主席）。另外，政权的控制也在逐渐地社会化。统治者由帝王转变为共和国的政府首长；由终身的独裁者转变为有任期的领导人；由个人的独断独行转变到集体领导，基本上依宪法施政。

那么，为何我们要提出“超越民主与自由”？现在对于民主往往有一种误解，就是把它等同于某些选举制度。民主其实有狭义和广义之分，广义的民主是一种主张集思广益的精神，而狭义的民主只是主张采纳某些竞争性的选举制度。这些选举制度其实还有很多改善的空间。我们现在可以看到一种很讽刺的现象：许多高调鼓吹民主选举的社会（不论是发达国家还是不发达国家），施政都很困难。因为他们选出的政客，往往只关心打赢选战来争得权力和资源，而非真正服务于人民！

本书从几个方面探讨了现代中国的价值观为何要超越民主与自由。首先，作者分析了不同价值观在不同社会发展阶段所显示的重要性，从而理出它们的主从关系。这些分析表明：有很多根本的价值观对现代社会的发展其实比民主与自由更为关键。这些核心价值包括理性、责任、诚信、人道、宽容、公平和正义。其次，我们从价值观的可操作性方面探讨了民主与自由在实践上的优点和局限。从这些讨论里面，读者可以看出民主与自由并不像一些西方国家宣传那样神圣和万能。最后，西方的资本主义社会强调竞争，偏向“个人主义”（Individualism），因此会优先考虑个人的权利。他们自然要强调民主与自由。不过到了现代社会，人们变得高度地互相依存。这时候合作比竞争更加重要，群体的利益应该比较优先。有利于群体发展的价值观也就比争取个人权利的价值观更为重要。因此，我们必须在价值观上掌握好适当的分寸，尤其是要在民主与理性、自由与责任之间取得合理的平衡。

中国人今天的优势在哪里?

现代中国要重新建立一套理想可行的价值观是一项极大的挑战。这不但需要社会各界的努力，包括政府、传媒、知识界、娱乐界、教育界等等，更需要大量有利的条件。幸运的是，我们今天的确掌握了许多重建价值观的优势。首先，我们有硬实力的支撑。经过30多年的改革开放，以及最近几届政府的不懈努力，中国现在已有了强大的国防和经济实力，可以保证国民的安全并满足其基本生活需要。其次，我们已经进入了一个民族复兴的阶段，中国人今天可以有充分的自信来开创自己未来的道路。最后，我们有很好的文化传统。中华文化是一个宝藏，其中的道德思想非常发达。许多现代社会的核心价值正好也是中国固有文化里面十分重视的价值（详细的讨论请看本书第四、五篇）。

中华民族本来有着深厚的文化，今天在我们的周边国家（包括韩国、日本等）仍然保持着极大的影响。可是在大陆和香港这个前殖民地却被很多人遗忘了。由于中国在近代经历了很多挫折，许多中国人对自己的文化失去了信心，甚至出现了一些误解。例如，有些人认为中华文化排斥科学。其实中国文化十分重视理性和科学精神。在《大学》篇里，就提到知识分子的进修可分为“格物、致知、诚意、正心、修身、齐家、治国、平天下”8个层次。其中的“格物、致知”就是主张用一种科学的态度来研究自然和社会。今天许多人也许不知道：中国古代的学者对科学其实是非常重视的。在15世纪以前，中国的科技发明在世界上是领先的。近代是受到明、清两代无知的统治者断绝与外国交流，才变得落后。

作者认为：许多中华文化里面的优秀价值可以在现代社会起到非常积极的作用。我们前面提到许多有现代意义的核心价值，包括诚信与责任、人道与宽容、公平与正义，它们在中国的传统文化中都受到极大的推崇（详细的讨论请看本书第四、五篇）。在思想领域上，中华文明有许多地方其实要比西方文明先进。西方文明植根于基督教，它的道德观来自于对一个无所不在的神的敬畏。而中国文化认为道德来自教育、个人的修养、以及先天的良心，并不依靠一个拟人化的神。我们今天应该用一种科学的态度来重新审视自己的固有文化；过时的可以抛弃，而优秀的就应该积极地发扬。

总结而言，本书作者认为中国人一定要走自己的路！一个先进的文明必须有一套合理的、使人信服的价值观。今天中华民族正在重新崛起，我们必须充满自信且积极地发展自己的文明。我们要建立的价值观一定要经得起历史的考验，而不是盲目地抄袭别人。只有这样，中国才能真正地重新崛起，并赢得世界上其他民族的尊敬。

张东才

写于香港科技大学

2014年6月